평화통일의 첫걸음, 백범의 마지막 말과 글

백범
어록

김구 지음 | 도진순 엮고보탬

돌베개

백범어록

평화통일의 첫걸음, 백범의 마지막 말과 글

김구 지음 | 도진순 엮고보탬

2007년 11월 12일 초판 1쇄 발행

펴낸이 한철희 | 펴낸곳 돌베개 | 등록 1979년 8월 25일 제406-2003-018호
주소 (413-832) 경기도 파주시 교하읍 문발리 파주출판도시 532-4
전화 (031) 955-5020 | 팩스 (031) 955-5050
홈페이지 www.dolbegae.com | 전자우편 book@dolbegae.co.kr

책임편집 이경아 | 편집 김희동·윤미향·김희진·서민경·이상술
표지디자인 박정은 | 본문디자인 이은정·박정영 | 인쇄 한영문화사 | 제본 한영제책사

ⓒ 도진순, 2007

ISBN 978-89-7199-294-4 (03910)

이 도서의 국립중앙도서관 출판시도서목록(CIP)은 e-CIP 홈페이지
(http://www.nl.go.kr/cip.php)에서 이용하실 수 있습니다.(CIP제어번호: CIP2007003419)

* 이 책에 수록된 사진 중 출처를 별도로 표시하지 않은 것은 백범김구선생기념사업협회에서 제공한 것입니다.

대한민국 임시정부 환국 기념 사진
(1945. 11. 3)

임시정부 개선 환영식 (1945. 12. 19)

반탁운동의 기수

신탁통치 반대 전국대회에서 연설하는 백범

남조선대표민주의원 개원식의 우익 3영수(1946. 2. 14). 이승만이 서서 취임사를 발표하고 있으나, 우측 옆의 백범은 허공을 응시하고 있다.

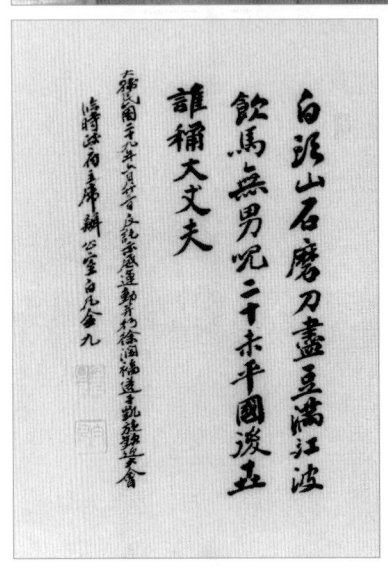

1947년 서윤복 선수의 보스턴 마라톤 제패 기념 사진. 앞줄 왼쪽 세 번째부터 손기정, 김구, 서윤복, 이승만, 남승룡 〔위〕

1947년 6월 23일 반탁시위운동 겸 서윤복 선수 개선환영대회일에 백범이 쓴 남이 장군의 「북정」北征. 여진족을 물러친 남이 장군의 기백으로 반탁운동을 촉구한다는 의미이다. 〔아래 왼쪽〕

백범이 서윤복 선수에게 써 준 족패천하足霸天下. 다리로 천하를 제패하였다는 의미. 현재 서윤복의 모교 숭문고등학교 교정 중앙에 서 있다. 〔아래 오른쪽〕

평화해방 1주년 시민경축대회에서 나란히 앉아 있는 이승만과 백범 (1946. 8. 15. 군정청 광장)

장덕수 장례식에 참여한 백범. 백범은 침통한 표정이며, 이승만과의 정치적 거리만큼 멀찍이 떨어져 있다. (1947. 12. 8)

歷 史 的 刹 那

역사적 찰나, 38선상의 백범
(1948. 4. 19. 오후 6시 45분)

1948년 4월 22일, 평양 모란봉 극장의 남북연석회의에서 축사를 하는 백범. 단상에 선명한 태극기가 교차되어 있는 것이 이채롭다.

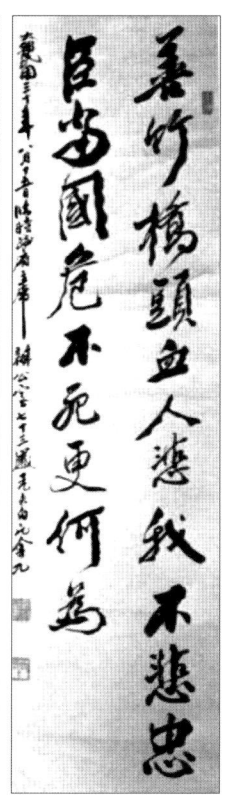

개성 선죽교를 찾아서. (1946) [왼쪽 위]

사육신묘를 찾아서. (1948. 8. 2) [왼쪽 아래]

대한민국 정부 수립일, 그는 선죽교에서 죽은 정몽주를 기리는 휘호를 썼다. (1948. 8. 15) [오른쪽]

善竹橋頭血　선죽교에 낭자한 피자욱을 보고

人悲我不悲　사람들은 슬퍼하나 나는 슬퍼하지 않노라.

忠臣當國危　충신이 나라의 위기를 만나

不死更何爲　죽지 않고 또 무엇을 하리요.

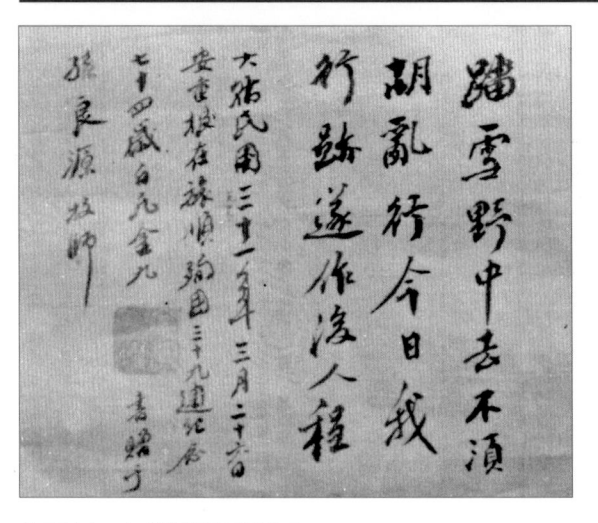

踏雪野中去	눈 덮인 들판을 걸어갈 때
不須胡亂行	함부로 어지럽게 걷지 말지어다.
今日我行跡	오늘 내가 디딘 발자국은
遂作後人程	언젠가 뒷사람의 길이 되리라.

1949년 3월 26일 안중근 의사 순국 39주년 기념일에, 전남 여수 애양원의 손양원 목사를 만나서 써 준 이양연의 시. 당시 백범은 이 시를 서산대사의 시로 알고 있었는데, 목사님께 스님의 시를 써 준 것이 흥미롭다.

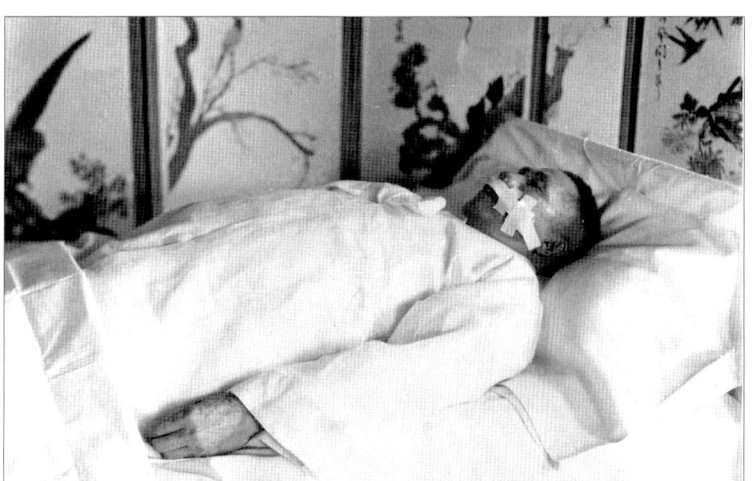

오열하는 사람들. 세계적인 사진작가 칼 마이던스Carl Mydans가 백범 서거 불과 몇 분 후(a few minutes after his death) 서거 현장에서 경교장 뜰을 촬영한 것으로 유리창에 총구멍이 선명하다. 『라이프』Life 지에 수록된 것. (위)

서거 직후 수습되어 누워 있는 백범의 모습 (아래)

"등잔 밑이 어둡다"는 경구는 불행히도 우리 역사의 위인이나 지도자에게 퍽 잘 들어맞는다. 교과서를 비롯한 역사서에 수많은 위인들이 등장하고 그들의 이름을 잘 외우고 있지만, 막상 그들의 내면에 대해서는 잘 모르고 있는 경우가 허다하다. 로댕의 '생각하는 사람'이 유명한 것은, "보이지 않는 것을 드러내고 싶다"는 그의 소신에 따라, '사람'이 아니라 '생각'을 조각했기 때문일 것이다. 이름 석 자만으로 훼예포폄을 농단하던 족보적 차원이나 육체적 생몰연도를 암기하는 수준을 넘어서, 그들이 남긴 말과 글이 정신적 경험으로 전수되는 선진적 사례는 아직 우리에게 그리 익숙하지 않다.

　　백범 김구, 누구보다도 친근한 이름이지만, 그의 정신세계는 여전히 우리에게서 멀리 있다. 백범의 내면에 접근할 수 있는 것으로『백범일지』와『백범어록』이 있지만,『백범일지』는 비교적 널리 읽히는 반면, 그의 어록은 상대적으로 경시되고 있다.『백범일지』는 백범이 생존할 당시 스스로 정리해서 출간하여 일관된 체제로 정비되어 있는 반

면, 『백범어록』은 급작스런 그의 서거 이후 다른 사람들에 의해 이리 저리 편집되어 비체계적이고 산만하여 그럴 수도 있을 것이다.

그러나 그의 어록語錄이 일지逸志보다 경시되는 더 근본적인 이유는 아마도 우리의 정신세계가 지니는 시대적 한계와 관련되어 있을 것이다. 개항기에서 항일독립운동기를 배경으로 하는 『백범일지』의 내용은 기존의 우리 사회가 포괄할 수 있는 범위 안에 있는 데 비해, 분단과 통일 문제를 직접 다루고 있는 『백범어록』의 상당 부분은 냉전적 분단의 질곡을 넘어서기 때문에 쉬이 접근되지 못했던 것이다. 다른 말로 하면, 우리의 백범 이해에서 '어두운 등잔 밑'은 독립운동기가 아니라 분단 전후 '최후의 백범'이며, 그 못다 한 꿈은 만년晩年 어록을 통해서만 바로 조명될 수 있다. 그러니까 백범의 만년 어록은 파란만장한 백범 생애의 총결산이자 그가 암살될 수밖에 없었던 원인을 보여 주며, 그리하여 백범을 바로 추모하는 출발점을 드러낼 수 있는 것이다.

엮은이가 백범의 만년 어록에 대해 관심을 가진 지는 꽤 오래되었다. 1992년, 분단과 통일 문제로 박사논문을 마무리할 무렵, 나는 반공 반북의 반탁에서 통일 민족주의자로 전환한 백범의 마지막 행적을 그의 만년 어록을 중심으로 추적하고 있었다. 당시 출간된 『백범어록』들을 원자료와 비교하면서 날짜나 내용에서 적지 않은 오류를 발견하고, 학위 논문 집필 이후 기회가 되면 『백범어록』을 다시 편찬해 보리라 마음먹은 적이 있다.

그러나 그 이후 관심이 백범에 관한 전면적인 연구로 확대되고 『백범일지』를 새롭게 출간하는 등 일이 번지면서 어록에 몰입할 겨를

이 없었다. 다행히 1998년 대한매일신보사의 후원으로 조동걸·윤병
석·신용하·이만열·김삼웅·윤경로·김희곤·한시준·최기영 등 사학계
의 권위 있는 교수님들과 더불어 '백범김구선생전집편찬위원회'에 참
여하여, 『백범김구전집』 12권을 편찬한 바 있다. 이 작업을 통해 기존
의 『백범어록』에서 누락되었던 자료들을 대부분 보완하였고, 적지 않
은 착오와 오류들도 수정하였다.

전집 작업을 통해 화급한 문제들을 보완했음에도 불구하고 오늘
다시 『백범어록』을 편찬하게 된 이유는 다음과 같다. 먼저, 전집 12권
은 분량이 방대할 뿐만 아니라 난해한 원문 자료를 그대로 수록하여
웬만한 수준의 전공자가 아니면 참고하기 힘들다. 그것보다 더 큰 문
제는 어록의 생명력 때문이다. 물을 떠난 고기가 살 수 없듯이, 언어
의 파편은 당대의 상황적 맥락과 결합해야 본 의미를 찾을 수 있으며,
그래야 언어는 껍질의 파편을 넘어 본래 함의했던 생명력을 얻을 수
있을 것이다. 백범의 어휘들이 당대의 정치 사회적 맥락과 분리되어
마치 길 잃은 고아처럼 떠돌아다니거나, 또는 골동품으로 박제되어 진
공의 유리벽 안에서 추앙되기만 한다면, 이런 어휘들은 기필코 거세去
勢되어 우리의 현실과 다시 분리될 뿐이다.

그러므로 본 『백범어록』에서 가장 유의한 부분은 그의 만년 어록
을 당대의 역사적 맥락과 결합시키는 것, 그것을 통하여 어두운 등잔
밑인 백범의 마지막 모습과 그의 못다 한 꿈을 온전하게 드러내는 것
이다. 이를 위해 첫째, 수록된 자료마다 일일이 간단한 해제를 추가하
였다. 이미 알고 있던 자료들도 이 해제를 참고하면 다른 의미로 다가

올 부분도 없지 않으리라 기대해 본다.

둘째, 1945년 8월 해방 이후 정치·경제·교육·민생 등에 대한 백범의 성명이나 어록이 자료의 근간을 이루지만, 때에 따라서는 백범의 내면을 바로 이해하는 데 필요한 인터뷰, 전문電文이나 휘호揮毫도 포함했고, 다른 사람의 기사도 수록했다. 이러한 자료들 중에는 『전집』에 소개되지 못한 귀중한 어록들도 포함되어 있다. 또한 어록의 내용들과 직접 관련되는 사진을 일일이 찾아 총 100여 장을 수록하여 어록에 현장감을 더하였다. 우선 이 사진들과 설명만 보아도 본 어록의 특징을 알 수 있을 것이다.

셋째, 고민 끝에 시기를 기준으로 자료의 장절을 구분하였다. 『백범일지』에 포괄할 수 없는 최후 백범의 면모를 바로 이해하기 위한 기초는 역시 시기별 배열이라고 판단하였기 때문이다.

넷째, 목차에서 쉽게 알 수 있겠지만, 1948년 이후, 다시 말하면 통일 민족주의자로 전환한 시기의 어록을 대폭 보강하였고, 서거하고 난 이후 발표된 유고들도 포함하였다. 백범에 대한 추종이나 비판을 떠나서 그의 최후 면모를 바로 아는 것이 필요하기 때문이다.

다섯째, 원 자료는 한문과 고어로 해독이 어려운 부분이 많아 현대문으로 일일이 교열하였으나, 사료적 가치가 있는 원문은 책의 마지막 부분에 별도로 첨부하였다. 아울러 본문에 서명만 표기된 출전의 서지 사항도 별도로 첨부하였다.

1949년 6월 백범이 서거하자, 그의 최측근인 엄항섭은 "월인천강"月印千江이란 단어를 상기시켰다. 육신은 비록 사라졌지만 그 정신

은, 마치 달이 뭇 강을 비추듯이, 우리들 마음의 강에 달처럼 영롱한 흔적을 남긴다는 월인천강, 참으로 아름다운 말이다. 엄항섭은 백범의 월인천강으로 "민족의 대통일 대평화 자주 민주에 의한 새 역사의 첫 페이지가 열릴 것"이라고 다짐했다.

엄항섭의 희망대로 이제 한반도에서 반세기 이상의 냉전이 무너지고 있으며, 대평화 대통일도 기대할 수 있는 시점에 와 있다. 이러한 표면만 보면 과연 백범이 월인천강 하는 것으로 쉬이 단정할 수도 있겠지만, 늘 그렇듯이 현실은 과거보다 복잡하고 또한 엄밀하다. 하여, 강과 관련되는 또 하나의 명구, "같은 강물에 두 번 발을 담글 수 없다"는 헤라클레이토스Herakleitos의 경구를 월인천강과 나란히 제시하고 싶다. 즉 과거의 경험으로 현재를 그대로 재단할 수 없다는 경구로, 백범과 그의 어록에 대한 교조적이거나 맹목적인 태도를 경계하고 싶다. 우리가 백범과 그의 어록이 지닌 한계까지 냉철하게 인식하고 있을 때, 백범의 사상은 과거를 넘어 현재의 강에서도 다시 의미 있는 달로 떠오를 수 있기 때문이다. 한반도의 평화와 남북의 통일이 운위되는 오늘날, 평화와 통일의 메시지를 담고 있는『백범어록』은 그 필요성만큼이나 바른 읽기가 더욱 요청된다 할 것이다.

올해는『백범일지』가 첫 출간된 지 60주년 되는 해이며, 아울러 백범이 참여한 남북연석회의 60주년을 앞두고 있는 해이다.『백범일지』가 환갑이 되는 의미 있는 이때, 그 자매편이라 할 수 있는『백범어록』을 '평화통일의 첫걸음, 백범의 마지막 말과 글'이라는 부제로 엮어 낼 수 있게 되어, 오랫동안 미룬 숙제를 해낸 것같이 홀가분한 기

분이다.

한 권의 책은 소중한 인연의 결합으로 탄생하는바, 이『백범어록』도 여러 분들의 도움으로 뜻 깊은 이때에 빛을 보게 되었다. 먼저, 엮은이와 더불어 백범김구선생전집편찬위원회에 참여했던 여러 교수님들께 사의를 표하고 싶다. 이 책은 이분들과 더불어 편찬한『백범김구전집』에 여러모로 도움을 받았다. 또한 귀한 자료와 사진의 수록을 허락해 주신 백범김구선생기념사업협회, 애양원 손양원목사기념관에 감사드린다. 돌베개 출판사의 이경아 팀장은 끊임없는 독려로 엮은이의 방심과 태만을 점검하며 일정을 지켜 주었고, 원 자료와 현대문 번역의 자구 하나하나를 꼼꼼하게 점검해 주었다. 이러한 여러 분의 도움에 답하는 유일한 길은『백범어록』의 정본을 만드는 것이라는 각오로 작업에 임하였지만, 자료의 선정, 해제 및 윤문에서 미흡한 점이 있다면 그것은 전적으로 엮은이의 몫이다. 앞으로 계속 보완하겠다는 약속으로 고개 숙여 인사드린다.

가을이 남긴 자취를 보면서
엮고보탠이 도진순

18

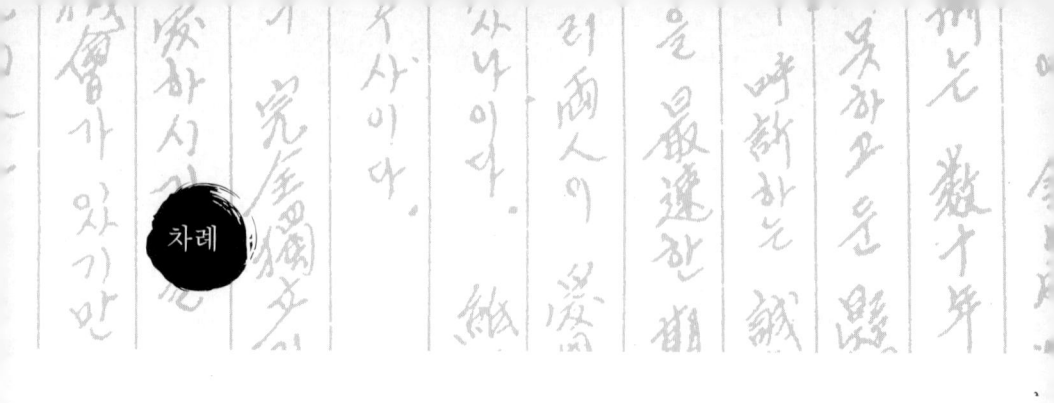

23

一年 한곳이서 苟同奮鬪한 蕭誼와 四昇

懇念 解梁이 遠帶貫任과 愛國者가

誠意와 熱情을 가써 祖國의 앞우미서 南北

앤 期間內에 成就시키기를 懇請하나

愛國者들가 함께 이갓의 成就를 爲하여 불

誠慈諳長하나 未盡所懷하나 하오라도

光와 同胞의 自由幸福을 爲하야 兒州

光 祝禱하떠서 不遠한 將來에 우리미

기만 渴望하오 붓을 놋나이다

月　日

金弘壹

1945. 11~12

환국과 환영

을 希望이 보이지 아니합니다. 그러면 잇지

고 約束된 獨立을 抛棄하겠읍니가.

우 이곳에는 三八線以南以北을 別個國으로

다. 그렇게 맨들라고 努力하는 사람도 없

사람이 없지 아니하리라고 생각됩니다. 그

主席을 希望하는 사람을 希望하지도 아니하

하고 이것을 遠慮하는 사람도 많이 있읍니다

버젓나이가. 남이 一時的으로 分割해 논 祖

覺이나 行動으로써 永遠히 分割해 놓을

覺이여 우리가 우리의 몸을 반쪽에 낼지

이친 祖國이야 잇지 참아 더 보겠나 있지

航艤 듬云하는 몸이가 잇지 않갓더라 하있

국내외 동포에게 고함

임시정부의 당면정책

1945년 8월, 백범은 광복군 제2지대와 OSS의 합동훈련을 시찰하기 위해 중국 시안西安을 방문했다가 종전終戰 소식을 듣게 되었다. 임시정부는 충칭重慶에서 8월 18~19일 양일간 제39차 의정원회의를 열고 귀국 문제를 논의했으나, 임시정부 존속 여부에 대한 의견 차이로 백범이 돌아올 때까지 휴회했다. 8월 21일 오전 시안에서 충칭으로 돌아온 백범은 오후 의정원회의에 참석하여 "일이 많고 보따리 쌀 때 총사직은 불가하다" 며 임시정부 유지의 입장을 밝혔다.

9월 2일 일본이 항복문서에 서명하자 바로 다음 날인 9월 3일, 백범은 충칭에서 임시정부 주석 김구 명의로 「국내외 동포에게 고함」을 발표했지만, 국내에는 임시정부 귀국 직전인 11월 11일에야 보도되었다. 이 성명은 해방 직후 백범의 첫 공식 입장을 보여 주는 자료이며, 이에 포함된 「임시정부 당면정책」은 임시정부를 중심으로 건국을 추진하는 '임정법통론' 臨政法統論을 잘 보여 주고 있다. 임시정부는 1941년 「건국강령」을 발표하여 나라를 찾는 복국復國과 나라를 세우는 건국建國 단계의 강령들을 정리한 바 있는데, 이 성명서는 복국에서 건국으로 전환하는 과도기의 강령을 구체화한 것이라 할 수 있다. _『신조선보』 1945. 11. 11; 『한국독립운동사 자료』 2(임정편 II); 『자료 대한민국사』 1; 『백범김구전집』 8

친애하는 국내외 동포 자매 형제여!

파시스트 강도의 최후 보루를 고수하던 일본 제국주의자가 9월 2일 항복문서에 서명을 하였다. 일본 제국주의자의 패망으로 온 세상이 기뻐 뛰는 중에 조국의 해방을 눈앞에 목도하면서, 삼천만 한국 민족이 기뻐 뛰는 중에 본 정부가 근 30년간 주야로 그리던 조국으로 출발하기 직전, 일찍이 조국의 독립을 위하여 본 정부를 애호愛護하고 독려하던 절대다수의 동포와 본 정부와 더불어 이곳저곳을 떠돌면서 공동 분투하던 동포들 앞에 본 정부의 포부를 고하려 할 때, 본 주석은 비상한 감격을 금하지 못하는 바이다.

한 나라의 흥망과 한 민족의 성쇠는 결코 우연한 것이 아니다. 우리의 국운이 끊어지게 된 데에 치욕적 요소가 허다했다면, 금일 조국이 해방되는 데에는 각고의 고통과 장절壯絶한 노력이 있었다는 것은 삼척동자도 알 수 있는 것이다. 만일 허다한 우리 선열의 고귀한 뜨거운 피와 중·미·소·영 등 동맹군의 영용英勇한 전공이 없었다면 어찌 조국의 해방이 있을 수 있었으랴? 그러므로 우리가 조국의 독립을 눈앞에 전망하고 있는 이때, 마땅히 먼저 선열의 업적을 추모하여 만강滿腔의 경의를 올릴 것이며, 동맹군의 위업을 선양하여 열렬한 사의를 표할 것이다.

우리가 처한 현 단계는 「건국강령」에 명시한 바와 같이 건국의 시기로 들어가려 하는 과도적 단계이다. 다시 말하면 광복의 임무를 아직 완전히 끝내지 못하고 건국의 초기가 개시되려는 단계이다. 그러므로 현재 우리의 임무는 번다하고 복잡하며, 우리의 책임은 중대한 것이다. 따라서 조국의 독립을 완성함에 우리의 일언일구一言一句와 일거

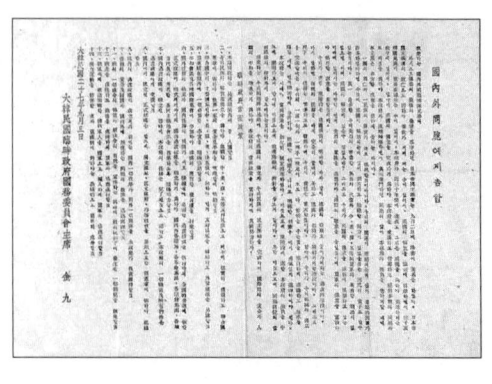

「국내외 동포에게 고함」. 일제의 항복 조인식 다음 날(1945. 9. 3), 백범은 임시정부 국무위원회 주석의 자격으로 건국방략을 발표했다.

수일투족이 모두 다 영향을 주는 것을 명백하게 인식하고, 매사를 치밀하게 분석하여 명확한 판단을 내리고, 명확한 판단 위에서 용기 있게 처리해야 한다.

본 정부는 당면정책을 아래와 같이 제정하여 반포하였다. 이것으로써 현 단계에 처한 본 정부의 포부를 국내외에 천명코자 하며, 이것으로써 동포 여러분이 나아갈 당면 노선의 지침으로 삼으려 하는 것이다.

친애하는 우리 동포 자매 형제여!

우리 조국의 독립과 우리 민족의 민주 단결을 완성하며, 국제간의 안전과 인류의 평화를 증진하기 위하여, 본 정부의 당면정책을 수행하기에 공동 노력하자.

임시정부 당면정책

1. 본 임시정부는 최단 기간 내에 곧 입국할 것.
2. 우리 민족의 해방과 독립을 위하여 피로써 싸운 중·미·소·영 등 우

27년간의 망명 생활을 끝내고 임시정부 청사 앞에서 기념 촬영을 하는 임시정부 요인들(1945. 11. 3).

방 민족과 절실히 제휴하고, UN헌장에 의하여 세계의 안전과 평화를 실현하는 데 협조할 것.

3. 연합국 중 주요 국가인 중·미·소·영·불 5국과 먼저 우호협정을 체결하고, 외교 관계를 별도로 개척할 것.

4. 동맹군이 한반도에 주재하는 동안 필요한 일체 사안에 적극 협조할 것.

5. 평화회의 및 각종 국제집회에 참가하여 한국의 응당한 발언권을 행사할 것.

6. 국외 임무의 결속과 국내 임무의 전개가 서로 연결되는 데 필수한 과도 조치를 집행하되, 전국적 보통선거에 의한 정식 정권이 수립

되기까지 국내 과도 정권을 수립하기 위하여 국내의 각 계층, 각 혁명당파, 각 종교 집단, 각 지방 대표와 저명한 각 민주영수 회의를 소집하도록 적극 노력할 것.

7. 국내 과도 정권 수립 즉시 본 정부의 임무는 완료된 것으로 인정하고, 본 정부의 일체 직능 및 소유 물건을 과도 정권에 이양할 것.

8. 국내에서 건립된 정식 정권은 반드시 독립국가, 민주정부, 균등사회를 원칙으로 하는 새로운 헌장에 의하여 조직할 것.

9. 국내의 과도 정권이 성립되기 전에는 국내 일체 질서와 대외 일체 관계를 본 정부가 책임지고 유지할 것.

10. 교포의 안전 및 귀국, 국내외 거주 동포의 구제를 신속 처리할 것.

11. 일제의 일체 법령의 무효와 새로운 법령의 유효를 선포하는 동시에, 일제 통치하에 발생된 일체의 죄와 벌을 사면할 것.

12. 일제의 적산敵産을 몰수하고 국내 일본인을 처리하되, 동맹군과 협상하여 진행할 것.

13. 일제에 의해 강제로 전쟁에 동원된 동포 군인을 국군으로 편입하되, 동맹군과 협상하여 진행할 것.

14. 독립운동을 방해한 자와 매국노에 대해서는 공개적으로 엄중히 처분할 것.

대한민국 27년(1945) 9월 3일

대한민국 임시정부 국무위원회 주석 김구

꿈에도 잊지 못하던 조국 강산

환국 성명

1945년 해방 이후 해외 지도자들의 귀국 경쟁이 시작되었다. 이승만李承晩 박사는 1945년 10월 16일 일본 도쿄를 거쳐 귀국했지만, 백범과 임시정부의 귀국은 그로부터 한 달 이상 지연되었다. 국내에서는 11월 초 백범이 귀국한다는 오보가 있었고, 11월 5일 백범이 충칭을 떠나자 상하이에 "잠시" 머문 후 곧 귀국할 것으로 대서특필되기도 했다. 그러나 하루가 긴박한 해방정국에서 백범은 무려 18일간 상하이에 머물게 되었다. 그 핵심 이유는 임시정부에 대한 인정 문제였다. 즉 주한미군과 미군정은 임정을 정부로 인정하지 않고, 그 요인들을 미군정의 자문기구로 편입하고자 했다. 11월 19일 결국 백범은 "임정 요인들은 개인 자격으로 귀국하며, 귀국 이후에도 정부로서 행세하지 않으며, 미군정에 협조한다"는 서약서를 하지John R. Hodge 주한미군사령관에게 제출했다.

이러한 과정을 거치고 난 이후 11월 23일 오후 4시 40분, 백범과 임정 요인 제1진 15명이 김포공항에 도착했으며, 백범은 죽첨장竹添莊(이후 경교장京橋莊)으로 이동했다. 백범과 임정 제1진의 귀국은 사전에 전혀 알려지지 않았고, 귀국 이후 오후 6시 방송으로 간단히 보도되었을 따름이다. 백범은 당일 저녁 엄항섭嚴恒燮을 통해 환국 성명을 발표했다. 귀국 직후 백범의 성명이나 기자회견에는 꿈같은 환국의 환희도 표현되어 있지만, 임정을 인정하

32

상하이에 도착한 백범 일행. 이승만은 10월 16일 귀국했지만, 백범과 임시정부 요인들의 귀국은 상당히 지연
되어 11월 5일에야 충칭을 떠나 상하이 장완江灣 비행장에 도착했다. 중앙에 꽃다발을 목에 걸고 태극기를
손에 든 백범이 있고, 그 왼쪽이 이청천李靑天 장군, 그 옆의 여자는 백범의 맏며느리이자 안중근 의사의 조카
딸인 안미생安美生 여사이다.

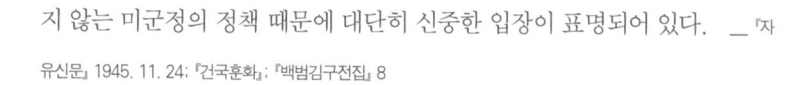

지 않는 미군정의 정책 때문에 대단히 신중한 입장이 표명되어 있다. __ 『자
유신문』 1945. 11. 24; 『건국훈화』; 『백범김구전집』 8

27년간 꿈에도 잊지 못하던 조국 강산을 다시 밟을 때 나의 흥분되는
정서는 형용해서 말할 수 없습니다. 나는 먼저 경건한 마음으로 우리
조국의 독립을 전취하기 위하여 희생되신 유명 무명의 무수한 선열과,
아울러 우리 조국의 해방을 위하여 피를 흘린 허다한 동맹국 용사에게
조의를 표합니다. 다음으로는 충성을 다하여 삼천만 부모 형제 자매와

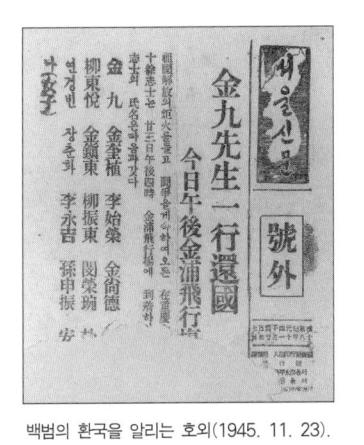

백범의 환국을 알리는 호외(1945. 11. 23).
백범과 임정 요인의 환국은 비밀리에 추진되었기 때문에 국내 입국 사진은 남아 있지 않다.

우리나라에 주둔해 있는 미소 동맹군에게 위로의 뜻을 보냅니다.

나와 나의 동료들은 과거 2, 30년간 중국의 원조하에서 생명을 부지하고 우리의 공작을 전개해 왔습니다. 더욱이 이번 귀국에는 중국의 장제스蔣介石 장군 이하 각계각층의 덕택을 입었습니다. 또한 한국에 있는 미군 당국의 융숭한 성의를 입었습니다. 그러므로 나와 나의 동료는 중·미 양군에 대하여 최대의 경의를 표하는 바입니다. 또 우리는 우리 조국의 북부를 해방해 준 소련에 대하여도 동일한 경의를 표합니다.

이번 전쟁은 민주를 옹호하기 위하여 파시스트를 타도하는 전쟁이었습니다. 이 전쟁에서 승리의 유일한 원인은 동맹이라는 약속을 통하여 상호단결 협조함에 있었던 것입니다. 그러므로 이 전쟁을 영도하여 큰 전공을 세운 미국도 승리의 공로를 독점하지 않고 동맹국 전체에 돌리고 있는 것입니다. 우리는 미국의 겸허한 미덕을 찬양하거니와, 온 힘을 다해서 같이 싸운 동맹국에 대해서도 일치하게 감사하는 마음을 가지고 있습니다. 그들의 일처리는 다 우리에게 큰 교훈을 주고 있다고 확신합니다.

나와 나의 동료는 모두 일개 시민의 자격으로 귀국했습니다. 동포 여러분의 부탁을 받아 가지고 노력했으나 결국 이와 같이 대면하게 되

니 대단히 죄송합니다. 그럼에도 여러분은 나에게 벌을 주지 아니하시고 도리어 열렬하게 환영해 주시니 감격의 눈물이 흐를 뿐입니다.

나와 나의 동료는 오직 완전히 통일된 독립 자주의 민주국가를 완성하기 위하여 여생을 바칠 결심으로 귀국했습니다. 여러분은 조금이라도 거리낌 없이 심부름을 시켜 주시기 바랍니다. 조국의 통일과 독립을 위하여 유익한 일이라면 불 속이나 물 속이라도 들어가겠습니다.

우리는 미국과 중국의 도움으로 여러분과 기쁘게 대면하게 되었습니다. 곧 소련의 도움으로 북쪽의 동포도 기쁘게 대면할 것으로 확신합니다. 여러분도 함께 이날을 기다리십시다. 그리고 완전히 독립 자주할 통일된 새로운 민주국가를 건설하기 위하여 공동 분투합시다.

한갓 평민의 자격으로

귀국 회견

미국의 임시정부 불승인 정책으로 인해 매우 조심스런 귀국이었음에도 불구하고, 귀국 직후 백범은 당연히 뉴스의 최대 초점이 되었다. 귀국 당일(11월 23일) 백범은 죽첨장에서 기다리고 있던 이승만과 회담한 다음 신문기자들과 간단한 기자회견을 가졌다. 귀국 제2일(11월 24일) 김구는 하지 미군사령관, 아놀드Archibald V. Anold 미군정 장관을 방문하고 난 뒤, 오후 1시 반 군정청 출입기자단과 공식 기자회견을 가졌으며, 그날 저녁 8시에는 경성방송국 마이크를 통해 2분 동안 전 국민에게, "한갓 평민의 자격으로" 귀국했다는 환국 인사를 했다. 제4일(11월 26일)에야 하지 사령관이 김구를 군정청 기자들에게 공식적으로 소개하면서 "개인 자격"의 귀국임을 다시 한 번 환기했고, 김구도 "침중沈重한 표정", 즉 가라앉은 모습으로 간단하게 인사했다. 방송 인사와 인터뷰 등에서 알 수 있듯이 당시 백범은 대단히 신중한 입장이었다. ㅡ 『자유신문』·『중앙신문』 1945. 11. 24～27: 『백범김구전집』 8

36

● 11월 23일 기자회견

문 38도 문제에 대하여?

답 나는 조선이 남북 두 점령지대로 분열되어 있는 것을 좋아하지 않는다. 그러나 장차 이 구분은 철폐되리라 믿는다. 미국과 소련은 우리나라를 위하여 반드시 옳은 일을 해 줄 것이다.

문 어떤 자격으로 입국했는가?

답 나는 지금 연합국에 대하여 임시정부의 승인을 요구하지는 않겠으나, 장차에는 승인을 요구할는지 모르겠다. 나와 나의 동지는 개인 자격으로 환국한 것이다.

문 국내에는 정당이 많은데?

답 조선 내의 정당 수를 감소할 필요가 있다고 생각한다. 그러나 조선 내의 정당은 하나로는 안 되고 유력한 정당 몇이 있어야 할 것이다.

문 장차 어떻게 통일하겠는가?

답 일간에 각 정당 대표와 회견하고 전반적 정세에 관하여 상의하고 각 정당 간의 통일을 성취시킬 것을 기대한다. 조선을 위하여 민주주의의 정체가 좋다고 믿는다.

문 공산주의에 대해서는?

답 조선이 공산주의 국가가 될 가능성에 관해서는 무엇이라고 말할 수 없다.

문 입국이 지연된 것은 중공과의 관계라고 들었는데?

답 우리의 환국이 지연된 것은 중국과 미국 당국 간에 교통편에 관한 협의가 있었던 까닭이고 그 외 별다른 이유는 없었다.

문　삼천만 동포가 한가지로 선생과 임정 요인 일행의 귀국을 학수 고대했으나, 서울 도착 시간을 몰라 비행장에까지 출영도 못해 드려 대단히 죄송합니다. 입경 첫날 밤을 보내시고 다망하신 제2일을 맞이 하셨는데, 소감을 말씀해 주시면?

답　피차에 시간 여유가 없는 것은 유감으로 생각할 뿐이다.

문　그간 국내 정세는 자못 다단한 중에도 시급한 것은 정치의 통일 전선을 획득하는 것인데, 주석 선생 역시 이 문제에 관해서는 완전한 자주독립을 위하여 필요한 것이라고 생각할 것이니 통일전선 결성에 대한 포부를 말씀해 주십시오.

답　오늘은 시간 관계로 말을 못하겠다. 이 박사 역시 그에 대한 방 침이 계실 줄 알지만, 나에게 이 박사 이상의 수완이 있다고는 신빙하 지 말아 주기 바란다. 나는 제군이 아는 바와 같이 30년간 해외에 나 가 국내와 연락이 없었고 국내 사정에 어두운 만큼 현재 정세에 대해 서 정확한 판단을 내릴 수 없다. 오늘은 다만 국사를 위해서 노력해 온 신문기자 제군에게 감사를 드리고자 이 시간을 만들었을 뿐이다.

문　통일전선에 있어 친일파와 민족반역자에 대한 문제는?

답　통일전선을 결성하는 데 있어 불량한 분자가 섞이는 것을 누가 원하랴. 그러나 여기에는 두 가지 일이 있을 줄 안다. 우선 통일하고 불량분자를 배제하는 것과 배제해 놓고 통일하는 것, 두 가지가 있으 나 결과는 동일할 것이다.

문　그러나 악질분자가 중요한 자리를 차지한다면 통일 후의 배제

1945년 11월 24일 미 군정청 출입기자단과 첫 기자회견하는 백범. 매우 신중한 입장이다(『자유신문』, 1945. 11. 25).

判斷은 實情안 然後

民族反逆者處決은 愼重考慮

金九先生記者閔첫會見

는 곤란하지 않은가?

답　여하간 정세를 모르니 대답할 수 없다. 이것은 중대한 문제인 만큼 경솔히 말할 수 없다. 전 민족에 관한 것인 만큼 신중히 해야 한다.

문　국내 정세를 어떻게 정확히 파악하시렵니까?

답　눈과 귀가 있으니, 이 두 가지 기관을 통하면 될 것이다.

문　정계의 요인들을 언제 어떻게 만나 보시려는지요?

답　그렇게 급히 할 것은 없다.

문　맥아더Douglas MacArthur 장군과는 어떠한 연락이 있었나요?

답　현재 조선에 군정이 있는 이상 완전한 우리의 정부가 있을 수 없다는 것을 이해한다고 말하였다. 다만 우리 일행이 온 만큼 해외 임시정부도 입국한 것이요, 이것을 외국에서 인정하는 것은 시간문제이다.

문　인민공화국과 군정과의 관계에 대하여 어떻게 생각하시나요?

답　그것은 말하지 않겠다.

문　이 박사의 독립촉성중앙협의회에 대해서는?

답 그 역시 말할 수 없다. 모르는 것은 말할 수 없다는 것이 나의 원칙이다.

● 11월 24일 저녁 방송 귀국 인사

친애하는 동포들이여!

27년간이나 꿈에도 잊지 못하고 있던 조국 강산에 발을 들여놓게 되니 감개무량합니다. 나는 지난 5일 충칭을 떠나 상하이로 와서 22일까지 머무르다가 23일 상하이를 떠나 당일 경성에 도착되었습니다. 나와 임정 요인 일동은 한갓 평민의 자격을 가지고 들어왔습니다. 앞으로는 여러분과 같이 우리의 독립 완성을 위하여 진력하겠습니다. 앞으로 전국 동포가 하나 되어 우리의 국가 독립의 시간을 최소한도로 단축시킵시다. 앞으로 여러분과 접촉할 기회도 많을 것이고 말할 기회도 많겠기에 오늘은 다만 나와 동료 일동이 무사히 이곳에 도착되었다는 소식을 전합니다.

● 11월 26일 기자회견

하지의 소개   오늘 아침 조선의 위대한 지도자 김구 선생을 여러분에게 소개하게 된 것을 큰 기쁨과 영광으로 생각한다. 김구 선생은 그 일생을 조선을 위하여 헌신하셨으며 어떤 때는 국내에서 또는 해외

1945년 11월 24일 저녁 8시 경성방송 마이크를 통하여 "한갓 평민의 자격으로 귀국하였다"고 인사하는 백범(『자유신문』 1945. 11. 26).

에서 여러 방면으로 조선의 해방 독립을 위해서 노력하셨으며, 이번 해방된 고국에 개인의 자격으로 오신 것이다. 선생께서는 조선을 극히 사랑하시는 위대한 영도자로, 불타는 그의 애국적 정열에 대하여 조선 주둔 미군을 대표해서 경의를 표하는 바이다.

백범의 인사　　오늘 이 자리에서 신문기자 여러분을 대함에 먼저 유쾌하고 감사한 생각을 금치 못한다. 지금 여러분들이 본인에게 제일 알고 싶은 것은 하지 장군의 말과 같이 조선의 장래와 건국 사업에 어떠한 정책이 있는가 하는 것이다. 그러나 유감스럽게도 본인은 귀국한 지 불과 수일밖에 안 되어 국내의 제반 사정을 확실히 알지 못하며, 또 임시정부의 각료들이 다 귀국하지 못한 까닭에 구체적인 계획을 수립하지 못했으므로 확언할 수 없다. 앞으로 국내에서 조국 해방에 애쓰신 선배와 국사를 위해서 노력하신 여러 분들을 방문도 하고 소집도 하여 시급한 자주독립과 건국방략을 의논하는 한편, 미국 주둔군 당국자와도 절실히 협의한 후 구체적인 정책을 세울 것이다.

보이지 않는 전율할 손이 있으니

우파 청년과의 담화

1945년 11월 30일, 20개 청년 단체 대표들이 모여 독립촉성중앙청년회를 결성하고, 그 대표자 김창엽金昌曄 외 25명이 백범을 방문했다. 백범은 약 20분 동안 이들을 만나 격려했다. 격려사의 내용은 신문마다 다소 차이가 있지만, 신탁통치에 대한 강한 우려, 임시정부 중심의 단결 강조 등은 공통적이다. 이 글은 12월 말부터 시작되는 백범의 반탁운동을 이해하기 위해 필요한 자료이다. __ 『동아일보』·『자유신문』 1945. 12. 1; 『중앙신문』 1945. 12. 2; 『백범김구전집』 8

내가 고국에 와서 가장 기쁜 시간이 여러분들을 만나는 이런 시간이다. 어떤 단체이든지 모두 나라가 잘되기를 위한 것이지만, 그것이 너무 많으면 안 된다.

우리가 해방되었다 하나 우리의 배후에서는 전율할, 보이지 않는 무서운 손이 있다. 지금 우리 등 뒤에는 조선 독립에는 상당한 시간이 필요하다느니 혹은 어떤 수속이 필요하다느니 하는 말이 있는데, 이것은 대단히 무서운 말이다. 우리는 그것을 없애 버리도록 해야 할 것인데, 세

계에서는 한국인이 단결할 줄 모르
므로 위임통치를 해야 하느니 하는
말까지 생겼다.

밖에서 듣기로는 국내의 경우
4, 50 단체로 나누어졌다고 했다.
해외의 우리들도 한국독립당이니
민족혁명당이니 하는 열렬한 애국
단체가 4, 5개 있었으나, 그것을 모
두 임시정부라는 한 보자기에 싸
넣어 가져온 것이다. 그 많은 것을
그대로 고국에 돌아와서 내어 놓으
면 본국 동포는 얼마나 낙담할 것
인가. 만일 그대로 내어 놓으면 단
체가 많아져서 그 뒤에 따라오는
위임통치니 무엇이니 하는 것이 무섭다.

백범과 독립촉성중앙청년회와의 담화에 대한 보
도(『자유신문』 1945. 12. 1).

나는 단체가 하나도 없어도 좋다고 생각한다. 그리하여 모조리 우
리 임시정부를 지지하는 한 뭉치가 된다면, 내일이라도 열강이 우리의
완전독립을 승인할 것이다. 오늘 청년 단체가 연합함으로 이 주석은
감격하고 만족하게 느끼는 바이다. 이러한 힘으로 나가면 다른 단체들
도 단결하는 희망이 있을 것이므로 여러분의 분투를 비는 바이다.

나를 지팡이 삼아 건국의 영웅이 되라

좌파 청년과의 담화

백범의 귀국 직후 좌우를 불문하고 경쟁적으로 백범과 임정에 우호적으로 접근했다. 공산주의자 박헌영朴憲永이 환영사를, 홍남표洪南杓가 「김구 전기」를 발표했으며, 정지용鄭芝溶은 임정 요인을 환영하는 시 「그대들 돌아오시니」를 발표했다. 11월 30일, 우익 청년 단체인 독립촉성중앙청년회의 대표들이 백범을 면담하고 가자, 사흘 뒤(12월 2일) 좌익 전국청년단체총연맹 서울시연맹의 남녀 대표 100여 명이 백범을 찾아왔다. 이 자리에서 백범이 "자애 넘치는 어조로 청년의 임무의 중대함"을 말하니, "대지도자를 만난 청년들은 감격의 눈물을 머금으며 깊이 맹서하는 바 있었다"고 한다. ― 『서울신문』1945. 12. 3; 『신조선보』 1945. 12. 4

나의 칠십 평생을 두고 본 바에 의하면 어느 국가이고 사회이고 또 개인이고 간에 청년 시기의 생장 가치 여부가 성패를 결정한다 할 수 있다고 생각한다. 어느 나라나 청년이 무기력하고 퇴영적일 때는 그 나라는 망하고, 청년이 진취적이고 발랄할 때는 그 나라는 흥한다는 것은 여러분도 역사로나 신문을 통하여 잘 알고 있을 것이다. 나는 청년

시기에 청년만이 가질 수 있는 그 추진력을 가지기에 힘썼는데 어느 정도로 싸웠는지는 나 역시 알 수 없으나, 상하이에서부터 지금까지 독립운동 선상에 있어서만은 청년과 접촉하였고 청년들을 애지중지하여 왔다.

여러분도 아시겠지만 이봉창李奉昌 의사와 윤봉길尹奉吉 의사도 청년이었다. 윤봉길 군은 시간 있을 적마다 나를 찾아 주었고, 어느 날 나에게 "선생님, 저는 나라를 위해 바친 몸이니 나라를 위해 영광스럽게 죽게 해 달라"고 울며 탄원하여 나를 울렸다. 또 어느 날 나에게 자주 오던 청년이 권총을 내놓고 통곡하기를, "일본 영사관에서 김구는 고약한 놈이니 죽이라는 명령을 받고 지금까지 기회를 엿보았는데, 선생님과 한두 번 대하고 말씀

백범과 좌파 청년과의 담화에 대한 보도 (『서울신문』 1945. 12. 3).

을 들어 보니 차라리 내가 죽을지언정 내 손으로 선생을 죽일 수는 없노라" 하며 왜놈이 준 권총을 나에게 바치고, 자신은 남태평양으로 가니 이 총을 가지고 왜놈을 죽여 달라고 울며 말하였다.

나는 아무것도 가진 게 없고 겨우 더덜곱난(加減乘除)이나 아는 정도의 무식한 사람이나, 항상 청년들을 소중히 알고 사랑해 왔다. 오늘

찾아온 여러분은 청년층의 대표인 줄 안다. 여러분은 신지식으로 무장하고, 능력 있고 힘 있고 오직 발전 향상하는 사람들이다. 저 노골老骨 김구가 우리 청년들을 토대로 지표로 신임하고 지금껏 싸워 왔구나 하는 생각 아래, 나를 지팡이 삼아 건국의 영웅이 되어 주기 바란다. 앞으로 목숨이 붙어 있는 날까지 여러분을 돕고 여러분을 지팡이 삼아 여생을 건국에 바칠까 한다. 청년인 여러분들이 앞으로 직접 간접으로 면담 혹은 서신으로 연락을 주면, 그것을 참고해서 싸워 나가겠으니 나를 도와주기 바란다.

새로운 한국을 건설합시다

임정 환영대회 답사

백범이 귀국한 지 근 한 달이 지난 12월 19일 오전 11시, 서울운동장에는 15만의 군중이 모인 가운데 임시정부 개선 환영대회가 개최되었다. 백범과 임정 요인 입장, 태극기 게양, 애국가 제창, 이화여전梨花女專 합창단의 환영가 제창, 홍명희洪命熹의 환영사, 러치G. A. Lerch 군정장관의 축사, 송진우宋鎭禹의 환영사에 이어, 김구 주석의 답사, 이승만 박사의 답사가 있은 후, 만세삼창으로 대회는 폐회되었다. 백범은 답사에서 3·1운동과 임시정부의 정통성을 강조했다. __ 『동아일보』·『서울신문』 1945. 12. 19; 『조선일보』 1945. 12. 20

친애하는 동포 여러분!

나는 오늘 이 성대한 환영을 받을 때에 무엇보다도 먼저 우리 임시정부를 대표해서 오랫동안 왜적의 통치하에서 갖은 고난을 당해 온 국내 동포 형제에게 가장 친절한 위문을 드립니다. 나와 임정 요인들이 오늘 이 자리에서 동포들의 이와 같이 열렬한 환영을 받게 될 때 과연 형언할 수 없는 감격이 있고 흥분이 있습니다. 수십 년간 해외에서 떠돌던 우리들이 그립던 조국의 땅을 밟게 되고 사랑하는 동포들의 품에

안기게 된 것은 참으로 무한한 영광이외다. 여러분도 아시는 바와 같이 우리 임시정부는 3·1대혁명의 민족적 대유혈투쟁 중에 생겨난 유일무이한 정부였습니다. 그야말로 전 민족의 총의로 조직된 정부였고, 동시에 왜적의 조선 통치에 대한 유일한 적대적 존재였습니다. 그러므로 우리 임시정부는 과거 27년간 일대 혁명의 정신을 계승하여 전 민족 총단결의 입장과 민주주의 원칙을 일관되게 고수해 왔던 것입니다.

임시정부는 결코 어느 한 계급 어느 한 정파의 정부가 아니라 전 민족 각 계급 각 당파의 공동한 이해 입장에 입각한 민주 단결의 정부였습니다. 그러므로 우리 정부의 유일한 목적은 오직 전 민족이 총단결하여 일본 제국주의를 타도하고 한국에 진정한 민주공화국을 건립하자는 데 있었습니다.

그러나 우리들의 분투 결과는 즉시 완전한 독립을 취득하지 못하고 소위 "상당 시기에 독립을 보증한다"는 동맹국의 성명서 한 장을 얻어 가지고 입국하게 되었습니다. 이것은 실로 유감천만이어서, 금일 우리가 이 성대한 환영을 받게 되는 것이 도리어 부끄러운 점이외다.

임시정부 개선 환영대회에 참여한 학생들. 입구의 환영 아치에 "환영 대한민국 임시정부 개선" "Welcome" "대한민국 임시정부 만세" "임시정부 영수제위 만세" 등의 문구가 보인다.

사랑하는 동포 여러분!

반反파시즘 세계대전의 승리로 우리의 국토와 인민은 해방되었습니다. 그러나 이 해방은 무수한 동맹국 인민과 전사들의 고귀한 피와 땀의 대가이며, 또한 망국 이래 수십 년간 우리 독립운동자들의 헤아릴 수 없는 유혈 희생의 대가인 것을 잊어서는 안 됩니다.

지금 우리는 국토와 인민이 해방된 이 기초 위에서, 우리의 독립 주권을 창조하는 것이 무엇보다도 긴급하고 중대한 임무이외다. 우리가 이 임무를 달성하자면 오직 3·1대혁명의 민주 단결 정신을 계속 발양해야 합니다. 남과 북의 동포가 단결해야 하고, 좌파와 우파가 단결해야 하고, 남녀노소가 다 단결해야 합니다. 우리 민족 개개인의 혈관 속에는 다 같이 단군 할아버지의 성스러운 피가 흐르고 있습니다. 극소수 친일파 민족반역자를 제외한 모든 한국 동포는 마치 한 사람같이 굳게 단결해야 합니다.

오직 이러한 단결이 있은 후에야 비로소 우리의 독립 주권을 창조할 수 있고, 소위 38도선을 물리쳐 없앨 수 있고, 친일파 민족반역자

들을 숙청할 수 있습니다. 나는 의심치 않고 확언합니다. 유구한 문화와 역사를 가진 우수한 우리 민족은 위기에 반드시 단결할 것입니다. 그러므로 나와 임시정부 요인들은 보다 더 많은 자신과 용기를 가지고 전 민족, 각계 당파의 강철 같은 단결을 완성하기 위하여 분투하려 합니다.

친애하는 동포 여러분!

지금 우리 국토를 나누어 점령하고 있는 미소 양국 군대는 우리 민족을 해방시켜 준 은혜 깊은 우군友軍입니다. 우리는 반드시 그들에게 잘 협조하여 왜적의 잔재를 철저히 숙청하는 동시에, 미소 양군이 자기 나라로 돌아가는 날까지 모든 편리와 수요를 잘 제공해야 합니다.

또 우리는 미·소·중·영·프 등 동맹국과 다 같은 친밀한 관계를 세워야 합니다. 더욱이 우리나라와 밀접한 관계를 가진 중·미·소 3국과 긴밀한 합작을 위해 노력해야 합니다. 우리는 오직 이 3국의 친밀한 합작의 기초 위에서만 우리의 자주독립을 신속히 가져올 수 있습니다. 나는 확신합니다. 우리 민족 내부가 강철같이 단결될 때 동맹국은 다 같이 우리의 독립 주권을 승인해 줄 것이며, 우리의 새로운 국가 건설을 위하여 적극 원조할 것입니다.

사랑하는 동포 형제 자매들이여!

우리 국가의 즉각적인 완전한 독립을 찾을 때는 바로 이때입니다. 우리 동포들은 3·1대혁명의 전 민족 총단결 총궐기의 정신을 다시 한 번 발양하여 우리의 독립 주권을 찾고 자주·평등·행복의 신한국을 건설합시다. 이것으로써 나의 답사는 그칩니다.

산 자들이 의존하는 것은
오직 선열들의 혼백이매
선열기도추념문

1945년 12월 23일 오후 2시 서울운동장에서 순국선열 추념대회追念大會가 열렸다. 국기 게양, 애국가 제창, 묵념에 이어 은은 장중한 아악이 연주되는 경건한 분위기에서 정인보鄭寅普가 백범의 추념문을 대독하고 난 뒤, 백범이 추념문을 제단에 바치고 배례拜禮하니 광복군, 소년군, 각 학교 등의 단체와 수천 군중도 이에 따라 경건하게 배례를 올렸다. 다음 신익희申翼熙 위원장의 추념사, 이화여전 합창단의 추념가 제창, 각 단체 대표의 추념문 낭독과 내빈들의 예사禮辭가 있었으며, 충정공 민영환閔泳煥의 셋째 아들 민광식閔光植이 유족을 대표해 답사했다. 이날의 추념문은 "비분강개하고 폐부를 찌르는" 명문으로 널리 알려진 장문의 글이다. 추념문의 초록은 당시 『자유신문』과 『동아일보』에 수록되어 있지만, 맨 앞부분 "김구는 순국선열 영령 앞에 아뢰나이다" 한 문장을 제외한 추념문의 전문은 『담원정인보전집』 2권에 수록되어 있다. 또한 대회 당일 정인보가 이 추념문을 대독했다. 이상의 정황으로 보아 추념문 원문은 정인보가 초抄한 것으로 보이지만, 추념문에서 주어는 분명히 백범을 가리키고, 또 이 글이 당시 백범의 심정을 잘 드러낸 것으로 판단되어 여기에 수록한다. 매우 장중하면서도 어려운 문장이라 최대한 쉽게 교열하고, 대신 원문자료를 별도로 수록한다(399쪽). __ 『담원정인보전집』 2; 『동아일보』·『자유신문』 1945. 12. 24; 『백범김구전집』 8

대한민국 27년(1945) 12월 23일, 임시정부 주석 김구는 순국선열 영령 앞에 아뢰나이다.

시조 단군께서 다스림과 가르침으로 문명을 여신 뒤로 유구한 역사가 근 5천 년에 이르는 동안, 흥망의 역사가 어찌 한두 번이리오. 그러나 대개는 같은 민족이 이어받았고, 혹 외세의 침탈이 있었다 할지라도 그 지역에 그쳐, 단군의 후손이 한 갈래로 이어 온 계통은 언제나 뚜렷하였으니, 일제에게 당한 강제 병합은 그야말로 역사상 보지 못하던 초유의 비극이라.

을사늑약乙巳勒約(1905)에서 비롯하여 정미7조약을 지나 경술국치庚戌國恥(1910)에 이르러 드디어 언어가 끊기니, 그 참담함은 오히려 둘째요, 부끄러움과 욕됨이 극에 달함을 무엇으로 견디어 내리오. 이러한 가운데 한 가닥 찬란한 빛을 일으켜 이 민중으로 하여금 치욕의 날에도 빛을 보게 하고, 비참한 시기에도 끊임없이 분발케 함은 과연 누가 주신 것이리오. 우리는 을사년 이후 순국하신 선열 여러분을 꿈에도 잊지 못하나이다.

그동안 왜놈들이 이 땅에서 날뛴 지 오래라, 통감이니 총독이니 하면서 패퇴하던 날까지 조국 강산과 인민들을 그들의 점령하에 통제하는 줄 알았으나, 우리 선열의 피로써 싸워 온 거룩한 진세陣勢가 41년의 세월을 관철하여, 몸은 쓰러져도 혼은 나라를 놓지 않고, 숨은 끊어져도 뜻은 겨레와 얽매어, 그 장하고 매서움을 말할진대 어느 분의 최후인들 하늘이 울고 땅이 슬퍼할 거대한 족적이 아니시리오.

칼에 베여 돌아가셨거나 약에 의해 독살당하셨거나 다 같은 독립운동을 발발시킨 기둥이요, 단신으로 의거하거나 무리 지어 싸우거나

모두 광복 달성의 열렬한 매진이요, 시중에서 온갖 어려움을 겪다 굳센 뜻을 감옥에 묻었거나 해외를 전전하면서 괴로운 마음을 적의 칼날에 끝마쳤거나 이 모두 적과 싸워 죽겠다는 굳센 의지니, 개인으로 단체로, 스스로 목숨을 끊거나 죽임을 당하였거나, 그 피해 서로 다르지만 내어 뿜은 민족적 예기銳氣는 그치지 않았으니, 이 피가 마르지 아니하매 적과 싸움에 쉬신 적 없고, 싸움이 그치지 아니하매 왜적이 한시도 이 땅을 완전히 장악했다 하지 못하리라.

그러므로 과거 41년을 통틀어 왜구가 통치했다 할지언정 하루라도 그들의 시대라 일컬을 수 없음은 오직 순국선열들의 피 향내가 항상 나라의 정기를 주관해 온 까닭이니, 선열 여러분이 아니런들 우리가 무엇으로써 이 땅에 서리오. 삼천리 흙더미 알알 그대로가 여러 선열의 뜨거운 피의 응결임을 생각하매, 이 땅에 들어올 때 옛 한과 새 감격에 가슴이 막혀 어찌할 줄을 몰랐나이다.

교활한 왜구가 러일전쟁 승리의 위압으로 을사늑약을 강압하며 떠들던 것이 어제인 듯하오이다. 나라 기울고 대세 어긋나 앞길의 암흑이 그 즈음을 알 수 없던 그때, 애국 영령들의 영구한 정기가 몇몇 분의 선연한 피로 다시 솟아나니, 안으로는 대한제국의 두터운 신망을 받은 원로들, 의를 지키며 고난을 달게 받던 신하들, 나라를 지키던 격앙된 군인들, 미관말직의 강개한 관리들, 재야 유림 원로들의 순열殉烈이 서로 이었고, 밖으로는 외국 주둔 외교관의 순국이 여론을 요동치게 했으며, 각 지방으로는 의로운 깃발이 곳곳에 휘날려, 전선에서 죽어 차가운 산에 혼이 될지언정, 잡혀도 굴하지 않는 장사將士라, 적의 간담을 서늘하게 하였나이다.

『동아일보』에 보도된 「선열기도추념문」. 『담원 정인보전집』 2권에도 수록되어 있다.

헤이그에서 밀사의 의로운 소식이 국내외를 흔들어 국민마다 피가 끓던 중, 고종황제를 강제로 퇴위시키는 핍박에 뒤이어 군대의 해산을 보게 되던 날, 대대장의 굉렬한 자결이 조국 광복의 산 교훈이 되어, "죽어도 겨누라"는 명령이 되어, 마침내 피비린내 나는 일전이 민중의 지향으로 빛났으니, 무릇 군복을 몸에 걸친 이는 거의 의병으로 결합되지 아니함이 없고, 문관들도 함께 깃발과 북을 잡아, 비록 형세가 보잘것없었으나 자못 구름같이 일어나, 창이 부러질수록 의기는 더욱 굳고, 몸이 적에게 잡힐수록 정신은 갑절이나 활발하였나니, 옥중에서 또는 황야에서 어느 누군들 어기찬 죽음이 아니오리까.

난적亂賊을 치려다가 잘못하여 자신의 의로운 몸만 다친 것을 애달파함도 그 어름이거니와, 하얼빈에서 안중근安重根 의사가 원수를 사살하던 장거는 지금껏 의연한 모습으로 남아 있나이다. 일제의 합병 당시에도 조야朝野를 통하여 순국이 이어졌으니, 관리를 비롯하여 벽촌에서 절개를 지키신 이, 교육으로 민중을 뭉치려 하던 이, 석학碩學, 문호文豪, 지조 높은 선비에서 아녀자에 이르기까지, 앞서거니 뒤서거니 목숨을 버리고 적을 죽이고자 하는 매서움을 밝히셨나이다.

을사년부터 경술국치에 이르기까지, 나라 이미 기우는 것을 대세 이미 가는 것을 저렇듯 죽음으로 붙드시려 하였으나, 기우는 것은 기울고 가는 것은 가 최후에 이르게 되었나이다. 그러나 붙드신 그 힘은 그 속에서 점점 강고하여, 한번 대재앙의 최후를 넘자 아래로 기울던 파도를 휘어 돌려 다시 용솟음치기 시작하며, 조국 광복의 한길로 전 민중이 달리는 바 되었나이다.

이에 앞서 만주에서, 남중국에서, 멀리는 미국, 가까이는 연해주에서 애국지사의 종적이 있더니, 다시 그 규모를 확대하며 혹 단결하여 군대를 배양하고, 혹 규합하여 무리를 증강하고, 혹 단신으로 다니며, 이쪽에서 후원하고 저쪽에서 호응한 그 일 또한 온갖 어려움을 무릅쓰고 달려든 것입니다.

국내외에서 호응하는 뜨거운 피 속에서 전 민중의 의지 불타듯이 뜨거워 가다가, 기미년(1919) 3월에 와서 하나로 모아져 독립만세로 터지자, 여기서 대한민국을 내세우고 임시정부를 만들어 오늘에 이르게 되었나이다. 하나로부터 억만에 이르기까지 모두 다 선열의 물려주신 바임을 생각하니, 오랜 세월에도 오히려 소매 적시는 눈물을 자아내게 되나이다. 을사년 이후 우리의 민족운동이 강해지더니, 기미년 만세 소리에 모여들던 그때부터 농촌, 시장, 교회, 학교, 부인, 노인 나눌 것 없이 앞에서 넘어진 채 뒤에서 밀고 나와 피바람이 온 국토를 휩쓸었으니, 이는 임전무퇴라는 선조의 가르침이 다시 살아난 것이리라. 흘린 피 헛되지 않고 하늘이 민중의 충심을 돌아보시어, 오늘 광복의 서광을 내 나라 땅에서 맞이하게 되었나이다.

피 흘려 돌아가신 선열은 언제나 나라를 있게 하는 근간이시라.

한 사람의 피로 민족이 살아나는 것을 보게 되니, 선열은 곧 나라의 명운命運이라는 말이 어찌 헛된 말이겠나이까. 저 도쿄에서 이봉창의 장한 의거가 조국에 사람이 있음을 나타낸 것도 그러려니와, 왜구들이 상하이에서 우방友邦을 공격하여 큰 한을 품게 되었을 때 윤봉길의 의거로 왜적의 우두머리를 없애, 우리 독립운동도 성난 파도와 같이 일어나게 되었나이다.

예부터 지사志士는 죽음을 가볍게 여기나니, 구태여 삶을 버리고 의義를 취하신 것에 대해 애도의 사소한 정을 표하고자 아니하며, 더욱이 선열 모두 광복의 으뜸 공로자이신데 무슨 한이 더 남아 있으리까. 그러나 같은 선열이면서도 누구는 두드러져 하늘과 땅에 혁혁히 빛나고, 누구는 이름조차 알 길 없으니, 전자가 다행이라면 후자 어찌 불행이 아니리까. 하물며 아무도 없는 궁벽한 길 마른 풀 위에 해골이 되어 뒹굴어 귀신불만 번득이고 까마귀만 어지러이 날 뿐, 살아서는 차치하고 죽어서도 소식조차 적막한 이가 많음을 어찌하리오.

설사 이렇게까지는 아닐지라도, 독립전쟁 도중에 사라진 이들은 누구며, 오래 갇히어 아무도 모르게 돌아가신 이들은 누구인지요. 이러한 분이 많아, 특별히 드러나지 않는 그곳에 해·별과 나란히 빛날 공적이 많으시리니, 가신 님들이여! 임들이 아무리 호연浩然타 한들 살아 있는 우리들이야 어찌 돌아보아 슬프지 아니하리오.

다시 생각하면 순국선열은 모두 순국으로 하나이시니, 이를 서로 구분하여 나누려 함은 오히려 사견私見인 양하여 스스로 위안코자 하나, 그럼에도 슬퍼하는 바가 남아 있습니다. 을사년 이후 선열이 보고자 하심이 광복이라, 이 몸이 전전하는 동안 동지로서 어려움을 같이

하던 이 가운데도 이미 선열을 따라가신 이 많거늘, 광복의 이날을 어찌 살아남은 우리만 보며, 더욱이 광복을 만드시던 이는 멀어 아득하고, 그 발자취를 이어받은 우리가 이 광복의 서광을 바라보니, 이 느낌을 또 어이하리오. 우리가 나라 밖에서 지낸 세월이 오래라, 그때는 산 자들도 죽음의 길에 있어 의존하는 것은 오직 선열들의 혼백이매 인간과 귀신의 차이도 잊었는데, 이제 고국에 들어와 동포 민중의 품에 안기니, 와락 이 몸의 살아 있음이 어찌 그리 확연하게 느껴지는지요.

입국한 그날 바로 작은 정성이라도 드리려 한 것이, 오늘에야 내무부에서 주관하고 국내 여러 사람들이 향응하여 추념하는 대회를 거행하게 되니, 늦으나 오히려 무한한 정을 표할 수 있되, 우리 선열께 바칠 꽃다운 향기는 광복의 완성 즉 독립의 성공에 있을 뿐이거늘, 이제 여기까지 도달함에는 아직 거리 없지 아니하니, 영전에 향하는 부끄러운 마음 자못 무겁나이다. 그러나 몇십 년 전 암흑뿐이요 실낱같은 희망도 없던 그때에도 선열들은 꺾이지 아니하셨으니, 우리 이어받은 과업에 헌신할 것을 맹세하는 것은 물론이요, 때의 다름이 있다 할지라도 민족의 바른 지침은 선열이 남기신 유업에 의거할 것을 우선 선열께 고하려 합니다.

여러분 하늘에 계신 영령은 우리를 위하여 빛을 밝힐 것이니, 백번 꺾여도 굽히지 않으신 의기義氣, 지극히 순결하신 높은 지조, 민족을 자신과 같이 여기신 참된 마음, 웅대하고 용맹하며 우뚝 뛰어나신 용기와 기개를 전 국민이 본받아, 이로써 태평한 운세를 맞이하여 위로는 나라 시조님의 널리 이롭게 하는 성스러운 모습을 다시 새롭게 하시며, 아래로는 삼천만의 기원을 이루게 하소서.

독립 자주통일의 조국을 건설합시다
삼천만 동포에게 고함

이 글은 12월 27일 저녁 8시부터 15분간 서울중앙방송국을 통해 방송된 것으로, 엄항섭이 대독한 백범의 글이다. 그러니까 신탁통치가 보도되기 직전, 귀국 이후 인사와 같은 기조에서 하던 백범의 마지막 연설이라 할 수 있다. 여기서 백범은 다시 한 번 개인 자격으로 귀국했다고 밝히고 있지만, 임시정부 주도로 건국할 수 있다는 적극성 또한 표명하고 있다.

__ 『동아일보』 1945. 12. 30

친애하는 삼천만 어르신 자매 형제 여러분,

내가 입국한 지 벌써 한 달이 넘었습니다. 서울에서는 직접 간접으로 나의 의사를 표시한 적이 있습니다만, 지방에 계신 여러분에게 말씀드린 일은 거의 없습니다. 그러므로 오늘 저녁 방송은 지방에 계신 여러분을 위하여 하는 것입니다. 그동안 나는 직간접으로 여러분의 과분한 애호와 환영을 받았고 허다한 가르침도 입었습니다. 시간의 제한과 체력의 쇠약으로 일일이 여러분을 방문하고 사의를 표하지 못해 지극히

죄송하지만, 어찌 감격의 눈물이야 금할 길 있겠습니까.

나와 나의 동료는 개인의 자격으로 입국했습니다. 그러나 친애하는 삼천만 동포는 도리어 최고의 열렬한 애국 정서로 우리를 환영해 주시니 송구함을 느낍니다. 또한 내가 38도 이북의 동포를 간절히 그리워하는 것과 같이, 그곳의 동포들도 우리를 환영하는 마음이 불과 같으리라고 믿습니다.

임시정부는 과거 27년간 정의를 수호하며 평화를 애호하는 중국의 열렬한 동정을 받았습니다. 소련의 국부 레닌Lenin 선생은 제일 먼저 임시정부와 손을 잡고 거액의 차관을 주었습니다. 미국 국회에서도 두 번이나 임시정부 승인 문제를 토론하였으며, 영국 국회에서도 같은 일이 있었습니다. 프랑스는 사실상 임시정부를 승인하였습니다. 중국은 일찍이 쑨원孫文 선생이 총통으로 재임할 때 임시정부를 승인한 이래 국민정부는 사실상 본 정부를 승인하였습니다. 뿐만 아니라 금년 11월 4일 충칭에서 본 정부를 환송할 때, 장제스 장군은 임시정부가 한국의 독립을 완성할 수 있도록 끝까지 철저히 원조하겠다고 확언하였습니다. 그러나 과거부터 최근까지 시종일관 본 정부를 부인하며 파괴하려 한 자가 있었으니, 그것은 곧 왜적과 그의 주구인 친일파와 민족반역자들이었습니다.

이와 같이 임시정부는 안으로 독립과 자유를 열망하는 삼천만 동포의 옹호를 받았으며, 밖으로 정의와 평화를 사랑하는 세계 우방의 동정을 얻고 있습니다. 이것이 어찌 우연이겠습니까. 이것은 다 과거 5, 60년간 조국의 영화와 동포의 행복을 위해 분투노력한 선열 선현先賢의 보이지 않는 도움 때문입니다. 1919년 3·1 대독립운동 이래, 삼천리

우리나라 강토로부터 멀리 러시아 연해주와 중국 대륙에 이르기까지, 대대적으로 피로 물들인 무수한 선열들이 우리에게 준 것입니다. 선열과 선현이 우리에게 끼쳐 준 독립과 자유의 싹은 삼천만 동포 개개인의 마음속에서 무럭무럭 자라고 있었습니다. 그리하여 36년 긴 세월 동안 야수와 같은 왜적의 유린 속에서도 조국의 산하가 의구한 것과 같이, 아름다운 독립과 자유의 싹은 한시도 변함이 없이 자랐습니다.

만일 우리 동포들의 열렬한 애국심이 우리를 충심으로 도와주는 동맹군의 노력과 배합되지 않았다면, 지금과 같은 밝은 미래를 가질 수 없었을 것입니다. 이것을 생각하면 분투 3, 40년에 큰 성공을 세우지 못하고 초초히 귀국한 우리로서는 무슨 말로써 우리의 동포와 동맹군에게 위문과 사의를 표할는지, 도리어 송구할 뿐입니다. 송구함을 느낄 때마다 나의 여생을 오직 조국의 통일과 완전한 독립, 그리고 전 세계 인류의 평화 달성을 위해 바칠 결심이 더욱 강렬해질 뿐입니다. 이를 위해 백번 죽는 것도 사양치 않겠습니다.

이 목적을 달성하기 위하여 나는 우선 아래 원칙들만이라도 친애하는 삼천만 자매 형제께 제기하고 공동 분투하기를 간망합니다. 만일 여러분이 이것을 접수하고 나와 나의 동료를 편달하며 독려해 주신다면 나의 영광은 더할 나위 없을 것입니다.

1. 완전히 독립 자주하는 통일된 조국을 건설합시다. 이를 위해 이기적 입장을 버리고 오직 국가 지상, 민족 지상, 독립 제일의 길로 매진합시다. 국가가 있은 뒤에야 네 당파 내 당파도 존재할 여지가 있는 것입니다.

모스크바 3상회담의 소식이 알려지기 직전인 12월 27일, 백범의 방송 연설에 대한 보도. "한인韓人의 정부"를 강조하고 있다. 다음 날(28일) 전해진 모스크바 3상회담 때문에 「신탁관리제란 무엇?」과 같은 지면에 수록되어 묘한 대조를 이룬다(『동아일보』 1945. 12. 30).

2. 정치, 경제, 교육의 균등[1]을 기초로 한 새로운 민주국가를 건설합시다. 국민 전체의 균등한 생활을 확보하지 못하면 새로운 민주국가를 건설할 수 없습니다. 그러므로 우리는 가장 진보된 민주주의를 실현하기 위하여 정치·경제·교육의 균등을 주장합시다. 정치의 균등을 확보하기 위하여 전 국민이 참여하는 보통선거를 실시하지 않으면 안 됩니다. 특정 일부분, 특정 계급의 독재를 반대합니다. 경제의 균등을 확보하기 위하여 토지와 대생산기관을 국가 소유로 해야 합니다. 그러나 정권이 우리 정부로 옮겨 오는 때에 일제의 적산敵産과 매국노의 토

1

이는 삼균주의三均主義의 핵심을 이루는 요소로, 한국독립당의 강령, 대한민국 임시정부의 건국강령 등의 기본 사상이었다.

지를 제외하고 실정을 참작하여 점진적으로 실행하는 것이 타당하다고 생각합니다. 교육의 균등을 실시하기 위하여 조속히 의무교육을 국비로써 실시하지 않으면 안 된다고 생각합니다.

그러므로 우리는 마땅히 먼저 조국의 완전한 독립을 획득하기 위하여 전력을 다해야겠습니다. 그 다음 적지 않은 협잡 정객과 친일분자·민족반역자들을 숙청해야겠습니다. 대의명분상으로만 그럴 것이 아니라 실제 그들이 통일을 방해하고 있는 사실이 많은 까닭입니다. 그러므로 우리는 최소한도라도 죄악이 많아 용서할 수 없는 불량분자만은 엄히 다스리지 않으면 안 될 것입니다.

3. 세계적 대가정을 건립합시다. 세계의 평화를 유지하고 인류의 행복을 증진하려면 단결한 세계의 대가정을 조속히 만들어야 합니다. 이 목적을 달성하는 유일한 방도는 민족과 민족, 국가와 국가 간에 평등을 확보하는 것입니다. 피차간에 주관적 우월감으로 타민족이나 타국가를 멸시하거나, 자신의 이익을 위하여 상대방의 이익을 무시하면 안 됩니다. 제2차 세계대전 중 동맹국의 작전 목표도 민주의 실현에 있었습니다. 진정한 민주는 오직 개인과 개인, 민족과 민족, 국가와 국가 간에 균등을 유지하는 데서만 실현될 것입니다.

우리는 특별히 우리 조국을 해방시켜 준 동맹국에 감사합니다. 현재 감사할 뿐 아니라 영원히 감사할 것입니다. 우리는 우리나라에 대한 우방의 투자를 환영합니다. 각 방면에서 기술로 원조해 줄 것을 간절히 바랍니다. 또 우리 조국의 새로운 건설을 위하여 우리에게 차관해 주기를 고대합니다. 그러나 이것은 절대로 우방이 단독 혹은 공동으로 우리를 통치하는 것을 환영한다는 의미는 아닙니다. 한국인은 마

땅히 한국 정부가 통치해야 합니다.

4. 강력한 국방군을 건립합시다. 우리 국가의 질서와 세계의 평화를 지지하기 위하여 강력한 국방군이 필요합니다. 이것은 과거의 망국사와 제2차 세계대전이 우리에게 준 큰 교훈이니 긴 말을 할 필요가 없다고 생각합니다.

一年 한 吾이서 共同奮鬪한 舊誼와 四年

懸案未解決의 連帶責任과 愛國者가

誠意와 熱情으로써 祖國이 앞으로서 南北

期間內에 成就시키기를 懇請하노니 본

愛國者들이 함께 이것이 成就를 爲하여 본

綿綿히 延長하야 未盡한 모양하니 하도라도 본

손과 同胞의 自由幸福을 爲하야 先烈께

祝禱하면서 不遠한 將來에 우리에

기만 渴望하오 분을 맞나이다

月　日

1946. 1~8

반탁독립의 길

流離 乎先하는 끝이야 엇지 참아더 보겠

어진 祖國이야 엇지 참아더 보겠나있가

兌이여 우리가 우리의 몸을 반쪽에 멜지

念이나 行動으로써 永遠히 分劃해놓

뼈엿나있가. 남이 一時的으로 分劃해논 祖

하고 이끗을 獻身하는 사람도 希望하지도 아니하

者들이 今席하는 사람도 많이 잇을수나

사람이 없지 아니하리라고 생각됩니다. 그

나다. 그렇게 맨들랴고 努力하는 사람도 많

오즉 이끗에는 三八線以南以北을 別個國으로

고 約束된 獨立을 抛棄하겠읍니가

을 希望이 보이지 아니합니다. 그러면 잇지

상반되는 신년사
신문과 방송

1945년 12월 28일, 이날은 백범과 우익진영에게 결정적인 하루가 되었다. 이날 모스크바 3상회담의 결과가 보도되자, 백범은 즉각 임시정부 국무회의를 소집하여 「반탁결의문」을 채택했으며, 신탁통치반대국민총동원위원회 발족을 주도했다. 위원회는 즉각 「9대 행동강령」을 발표하고 총파업과 시가행진 등 반탁운동을 전개했다. 이러한 반탁운동의 초기 국면에서 12월 30일 송진우가 암살되었고, 다음 날 임시정부는 「국자」國字 제1호·제2호 등의 포고문을 통해 정권 접수를 선언했다.

그러나 하지 사령관은 송진우 암살의 배후로 백범을 지목하고, 1946년 1월 1일 백범을 불러 임시정부식 반탁운동을 '미군정에 대한 쿠데타'로 규정하며 강력하게 경고했다. 이로 인해 해방 후 첫 설날인 1946년 1월 1일, 백범은 상반된 두 가지 어록을 남기고 있다. 신문에는 반탁운동을 촉구하는 신년사가 보도되었는가 하면, 하지 사령관을 면담한 이후인 그날 저녁 8시, 백범은 엄항섭에게 중앙방송에 나가 반탁 파업을 중지하고 복귀하라는 방송을 하게 했다. 대중의 눈에 감지되지 않았으나, 1946년 정초 백범은 하지 사령관과 충돌하고, 임시정부는 권력 접수에 실패했을 뿐만 아니라 미군정과 멀어지기 시작했다. __ 『동아일보』 1946. 1. 1, 1. 3; 『대동신문』 1946. 1. 3; 『백범김구전집』 8

● 전 민족이 주권 획득에 매진하자 _신문

신년을 맞이하여 연합국의 무궁한 국운과 삼천만 동포의 행복을 빈다. 과거 27년간 외국에서 전 민족 총단결의 입장과 민주주의 원칙의 고수 아래 조국의 완전독립을 위해 싸워 오던 임시정부는 이제 국내 동지들과 함께 손을 잡고 최후의 승리를 획득하기 위해 고국을 밟게 되었다. 사상의 좌우와 지형의 남북을 나눔 없이 함께 자신과 용기를 가지고 단결 분투하며 민족의 총력을 집결하여 주권 반환이란 일점으로 매진할 때, 인류의 평화와 세계의 안전 보장을 위해 싸워 온 동맹 제국은 기필코 전폭의 원조와 협력이 있을 것을 믿어 왔다.

　그러나 지난 연말 모스크바 회담의 결과는 신탁통치라는 의외의 비보를 전해 왔다. 나라를 아끼고 국민을 보호하는 지극한 심정으로 좌우 서로 양보하면서 거의 합작의 기운이 난숙하던 때인데, 동지들은 다시 이 신탁통치의 민족적 비운 앞에서 어찌할 바를 모르고 있다. 그러나 전 민족의 힘을 합하여 연합국, 특히 미·영·소 3개국의 잘못된 인식을 시정하고 조선의 역량을 표시할 때, 분명히 그들의 반성이 있을 줄 안다. 오는 해 동지 여러분이 낙망하지 말고 더욱 분투하길 바라 마지않는 바이다.

● 직장에 복귀하라 _방송

불행히 모스크바 3상회담의 결과로 우리 한국에 대하여 장차 신탁통

치를 실행하리라는 말이 있은 뒤로 여러분은 삼엄한 정의와 열렬한 애국심으로써 이것을 철저히 반대했으며, 또 질서정연한 시위 행렬로 우리의 굳건한 반대 의사를 표시하신 데 대해서는 십분 경의를 표하는 바입니다.

그러나 우리의 모든 행동은 그 목적이 신탁통치를 반대하는 데 있고, 결단코 동맹군의 군정을 반대한다든가 혹은 우리 동포의 생활에 하등 곤란을 주자는 데 있지 않은 것입니다. 더욱이 오늘 워싱턴으로부터 들어온 외신에 의하면 미국 국무장관 번스 James F. Byrnes 씨는 한국에 신탁통치를 실행하지 않을 가능성이 있다는 뜻을 보여 주었다 합니다. 그러므로 우리는 일단 원상을 회복하는 것이 마땅할 것입니다.

그러나 만일 앞으로 불행히 우리에게 신탁통치가 강요된다면 그때에 또 반대 운동을 일으킬 것은 물론이며, 지금도 우리의 작업을 계속하며, 질서를 엄수하는 중에서 평화로운 수단으로 신탁통치가 아니 오도록 운동하는 것은 또한 마땅한 것입니다. 이러한 이유로 신탁통치반대 국민총동원위원회에서 결의한 사항은 아래와 같습니다.

① 모두 자신의 일에 복귀할 것. 특히 군정

1946년 1월 1일 조간 신문에 보도된 백범의 신년사. 반탁 주권 획득 운동을 강조하였다(위: 『동아일보』 1946. 1. 1). 같은 날 저녁 8시에는 "신탁 반대지 군정 반대가 아니다"라고 방송하였다(아래: 『동아일보』 1946. 1. 3).

청에서 근무하는 직원들은 전원 복귀하기를 요망함.

　② 지방에서 파업한 곳의 복귀는 물론이요, 아직 파업치 않은 곳
은 계속 취업하기를 요청함.

여기서 나라를 세우자

비상정치회의 소집 성명서

백범과 임시정부는 1946년 정초부터 미군과 미군정 핵심부로부터 배척받기 시작했지만, 일반 대중의 신망과 지방에서의 위력은 여전했다. 이러한 분위기와 반탁 정서를 이용하여 백범과 임시정부는 당분간 정국을 주도할 수 있었다. 반탁운동을 통한 임시정부의 정권 접수는 실패했지만, 1월 4일 백범은 임시정부 주도의 과도정부 수립을 위한 비상정치회의 소집을 발표했다. 백범은 여기에서부터 정부 수립을 시작하고자 했다. __ 『대동신문』·『서울신문』, 1946. 1. 5; 『백범김구전집』 8

경애하는 삼천만 형제자매 앞에 나는 임시정부 일동을 대표하여 통일 공작에 관한 우리의 포부와 노력에 대하여 삼가 몇 마디 고하고자 한다.

우리가 입국했을 때에 국내의 형세가 자못 복잡다단했던 것은 부인할 수 없었다. 입으로는 모두 통일 단결을 부르짖으면서도 이 운동의 진전은 너무 활발하지 못했던 것도 사실이었다. 활발하지 못하다기보다는 도리어 실패라 해도 과언이 아닐 만큼 되었다. 그리하여, 통일

단결을 갈망하는 동포들은 귀국하는 임시정부에 대한 기대가 너무 컸다. 그들은 입국 직후 임시정부의 가장 긴급하고 필요한 사업이 전 민족의 통일 단결을 완성하는 것이며, 만일 임시정부가 이 공작에 성공하지 못하면 통일 단결 문제는 당분간 가망이 없다고 우려했다.

이와 같이 엄중한 기로에 서 있는 것을 인식한 우리는 삼천만 동포의 부탁에 조금이라도 어긋날까 말 한 마디 행동 하나도 심사숙고한 뒤에 행하였으며 전전긍긍하는 태도로써 모든 일에 임했다. 쾌도난마를 누가 통쾌하다 아니 하리오만, 국가의 백년대계를 좌우하는 통일 공작은 일시의 기분이나 감정에 치우쳐서 처단할 수 없는 것이다. 우리가 침묵을 지킨 구구한 충심은 허장성세보다는 실사구시에 있었으나, 사실 규명의 지연은 도리어 애국심이 고도에 달한 동포들로 하여금 조급함을 이기지 못하게 했다. 이와 같은 객관적 정세에 대해 우리는 더욱 송구함을 느끼는 동시에 아직도 미숙한 통일 노력의 일단이나마 보고하며 앞으로의 포부도 발표하지 않을 수 없다.

우리는 입국한 이후 각 방면의 정세를 고찰하며 각계 영수들의 귀한 고견을 삼가 경청하는 데 상당 시간을 소비했다. 그 다음, 통일 공작에 대한 우리의 복안을 세우고 이에 대해 중요한 정계 영수들과 의견을 교환했던바 대체로 차이가 없었으나, 공산당과 인민당 방면과는 약간 부분적으로 합치하지 못한 점이 있어서 피차 공통점을 구하기에 계속 노력하던 중, 불의에 소위 신탁통치 운운하는 말이 유포되어 이에 분노한 전 국민은 맹렬히 반대 운동을 일으키게 되었다.

우리는 이 운동을 진행하는 중에 있어서 또 신탁통치를 방지하는 유일한 방법은 전 민족 통일 단결에 있음을 확인하고, 금일까지도 임

시정부의 전원은 공산당과 인민당의 영수들로부터 일치점을 구하기 위하여 계속 여러 방면으로 노력 중이다. 앞으로 이것이 성공할 때까지 계속 노력을 하려 한다. 인식이 일치한 이상 반드시 성공하리라고 우리는 자신하고 있다.

그러면 우리의 통일에 대한 주장은 무엇인가?

1. 비상정치회의를 즉시 소집하자는 것이다.

우리는 작년 9월 3일 우리의 「당면정책」을 발표했다. 이 「당면정책」에서 통일 공작도 그 윤곽을 명시했다. 이 비상정치회의의 소집이 그 「당면정책」 제6항을 실행하는 방법이다. 곧 국내 과도 정권을 수립하기 위하여 국내외 각 계층, 각 혁명당파, 각 종교 단체, 각 지방 대표와 저명한 각 민주 영수 회의를 소집하자는 것이다. 우리의 원래 정책이 앞서 언급한 바와 같을 뿐만 아니라, 현재 더욱 급변하는 시국을 맞이하여 남의 손에 기대할 것 없이 우리의 손으로 신속히 강고한 과도 정권을 수립하기에 남은 힘을 아끼지 않아야 할 것이다.

2. 임시정부를 확대 강화하자는 것이다.

이 안은 「당면정책」 제6항과 제7항에 근거하여 세운 것이다. 본래 건설이 없는 파괴는 시국을 헛되이 혼란으로 끌고 갈 것이다. 더구나 특정 일부분만이 전 민족의 운명을 좌우하는 것은 민주 정신에 위반될 뿐이며, 사실 그 목적을 달하기는 불가능한 것이다. 그러므로 우리는 비상정치회의에서 민주 의사로써 우리 전 민족의 운명을 결정하는 동시에 전 민족의 의사에 의한 과도 정권을 수립하자는 것이다. 그러나 이 과도 정권이 수립되기 전에 우리 민족의 대표 기관 즉 우리 민족의 손으로 만들어 놓은 정권이 있지 않으면 안 될 것이다. 과도 정권이

수립되기 전까지의 과도 정권을 누가 행사할 것인가? 이것은 임시정부일 것이다. 그러나 우리끼리만 독선적으로 임시정부를 계속 유지하자는 것은 아니다. 우리는 각계 영수를 망라하여 임시정부를 확대 강화하여 비상정치회의에서 과도 정권이 확립될 때까지 나아가는 것이다.

3. 국민대표대회를 소집하자는 것이다.

우리는 먼저 비상정치회의를 소집하는 동시에 임시정부를 확대 강화하며, 비상정치회의에서 과도 정권이 확립되면 임시정부는 그때 해체될 것이다. 그 다음에 그 과도 정권이 절대 민주적 정신 위에서 국민대표대회를 소집하여 독립국가, 민주정부, 균등사회를 원칙으로 한 새로운 헌장에 의하여 정식 정권을 조직하자는 것이다.

경애하는 형제자매여,

우리의 통일에 대한 주장과 노력에 과오가 있거든 이것을 담박하게 지적하여 교정하게 해 주시고, 과오가 없다고 인정하시면 이것의 성공을 위하여 우리와 공동 분투해 주시며 독려해 주시기를 간절히 바란다.

칭찬과 비난에 연연하지 않고

축사 아닌 축사

1월 4일 백범은 비상정치회의를 소집했는데, 중간에 이승만이 합류하여 2월 1일 '비상국민회의'라는 이름으로 개편되었다. 이 비상국민회의가 2월 13일 최고정무위원 28명을 선정 발표하자, 바로 다음 날 미 군정청은 이들을 모두 '대한국민대표민주의원'으로 임명했다. 이로써 반탁운동에서 시작된 비상국민회의는 탄생과 동시에 미군정 자문기관 민주의원을 남기고 사실상 소멸해야 했다. 민주의원 성립에 대해 임정계의 김성숙金星淑은 "오호! 임정 30년 만에 해산하다"라고 한탄했고, 좌익은 민주의원을 미군정의 "천재적인 모략"에 의해 탄생한 "비상국민회의의 사생아"로 비난했다. 2월 14일, 민주의원 개원식 날 백범의 심정은 복잡했을 것이다. 이날 이승만은 취임사에서 "무상의 영광"으로 지극한 만족감을 표현했으나, 백범의 취임사에는 그러한 만족이나 감격이 없다. ㅡ 『대동신문』 1946. 2. 15; 『동아일보』 1946. 2. 16; 『백범김구전집』 8

독립국의 자주민이 되는 것은 고도의 문화국민으로서의 당연한 요구요, 현대 국제 정치의 공도公道로 되어 있습니다. 우리의 40년 동안의 민족 투쟁이 4대 연합국 민주주의의 승리로 말미암아 숙적 제국주의

일본을 물리치고 민주주의 자주독립 국가를 건설하여 영광 있는 조국의 역사를 다시 발표하게 된 것은 세계의 한 페이지를 차지할 중요 사실이요, 5천 년 이래 조국과 자유를 지켜 오시던 우리 선민先民 선열先烈과 순국영령께 감사를 드리는 바입니다.

끈질긴 침략의 질곡을 깨쳐 버리고 철저한 해방을 가져오는 것은 원래 지극히 어려운 일일진대, 국제적·사회적 악조건 밑에서 전 민족이 대동단결로써 민주주의 공화정권을 완전하게 수립하는 것은 상당한 고심苦心을 요하는 바입니다. 이제 민주주의 민족 통일 기구로서의 비상국민회의의 결의로 여기 대한국민대표민주의원이 성립되었으니, 이로써 국민의 의사를 완전하게 대표하여 되도록 빠른 기간에 남북이 합치된 통일 정권을 수립하여, 38도선의 철폐, 교통·행정의 통일, 생업 경제의 재건설, 사회질서의 재정리 등으로 국민을 도탄에서 건져내는 건국 대업을 걸음걸음 실천하여, 정식 정부의 완성을 지향하는 온갖 정치적·경제적·문화적 공작을 단행할 것입니다.

그동안 공산주의로 기운 쪽과도 견실한 협동이 있을 것이요, 전

민족의 총의와 총역량을 집결하여 자주독립 국가 체제를 완성하도록 모든 장애와 굴레를 철저히 배제해야 할 것입니다. 이와 같이 내외에 일이 많고 앞길이 험난한 때에 모든 국민이 참으로 조국애와 동포애와 민족 천 년의 광명한 앞길을 위하여 조그만 주의 주장의 다름과 당파적인 애증을 떠나서 오직 민족 해방과 민주주의 자주독립 국가의 완성으로 돌진키로 할 것입니다.

온갖 아름다운 이론도 실천에서 국민을 도탄으로 밀어 넣는다면 그것은 회복할 수 없는 중대한 과오입니다. 그리고 오늘의 해방이 4대 연합국의 우호적인 원조에 의한 것을 다시 감사하고, 특히 하지 중장과 미소 양국의 군정당국에 우리의 민주주의 자주독립 국가 건설에 많은 협조를 아끼지 않았음을 감사하고, 다음에도 미·소·중·영 4개국이 우리 민족의 자유와 복리와 명예를 위하여 최대한 우의와 공정한 원조 있을 것을 바라고 확신합니다.

나는 비록 재덕이 부족하나 이 중대한 시국에 돌아보아 스스로 안일을 탐할 수 없으므로, 성심성의로 전 역량을 기울여 온갖 칭찬과 비난에 연연하지 않고 이 건국 대업에 정진하려고 합니다.

3·1운동으로 임시정부가 탄생하였다

3·1절 경축사

1946년 3월 1일은 해방 이후 첫 번째로 맞이하는 3·1절 기념일이었다. 그러나 당시 우익진영은 반탁운동으로, 좌익진영은 모스크바 3상회담에 대한 총체적 지지로 분열되었다. 다만 우익의 이승만, 김구, 김규식金奎植 3영수는 같이 참여했다. 백범의 3·1절 경축사는 3·1운동 당시의 전 민족적 단결과 그것의 결정체로서 임시정부를 강조하고 있다는 점에서 특징적이다. ＿『조선일보』1946. 3. 1; 『대동신문』·『동아일보』1946. 3. 2; 『백범김구전집』8

친애하는 형제자매 여러분,

수십 년 만에 조국에 돌아와 처음으로 맞이하는 3·1절에 여러분이 선열들의 위업을 추모하고 그 거룩한 뜻을 기념하기 위하여 이처럼 열렬히 기념대회를 열고 고귀한 선열들의 피를 헛되이 하지 않으려고 노력하심을 볼 때, 나로서는 무엇이라 치사의 말씀을 드려야 좋을지 그저 가슴이 감격으로 꽉 찰 뿐입니다.

나는 먼저 오늘 세계 혁명운동사에 찬연히 빛나고 있는 우리의 가

장 큰 국경절을 맞이하여, 여러 동포 형제자매와 함께 마음과 정신을 새로이 가다듬어 가장 경건한 태도로 머리 숙여 수많은 선구자와 영령 앞에 전 민족적 경의를 표하고자 합니다. 27년 전 (1919) 오늘 우리의 선구자들은 피로 이 강산을 물들이고도 오히려 조금도 두려움 없이 전 세계 정의와 자유와 평화를 애호하는 국가에 향하여 우리 한국 민족이 반만년의 역사와 문화를 가졌고 응당 독립과 자유를 획득할 수 있는 민족이라는 것을 우렁차게 외치고, 이 목적을 달성하기 위하여 전 민족이 죽음으로써 항쟁하겠다는 것을 소리 높여 외쳤습니다. 이것은 한국 민족에 국한된 의미뿐만 아니라 전 세계의 압박받는 약소민족에게도 이러한 위대한 힘이 있다는 것을 보여 준 사실입니다.

인류 역사에서 그 예를 찾기

백범의 해방 후 첫 번째 3·1절 경축사, "선열의 위업을 계승"(『조선일보』 1946. 3. 1).

힘든 왜적의 횡포한 학정과 인간으로서는 도저히 참을 수 없는 탄압 밑에서 단지 빈주먹밖에 가진 것이 없는 우리 한국 민족이 오히려 7~8개월이나 계속하여 총과 칼에 대항해 싸울 수 있었다는 것은 실로 인류의 혁명사에 감히 가장 빛나는 부분이 되리라고 믿습니다. 그러나 이것은 결코 내 것이라고 맹목적으로 그 위대성을 강조하자는 것은 아닙니다. 3·1운동의 위대한 의의는 실로 그 통일성에 있는 것입니다. 지역의 동서가 없었고, 계급의 상하가 없었고, 종교·사상 모든 국한된 입장과 태도를 버리고 오로지 나라와 겨레의 독립과 자유를 찾자는 불덩어리와 같은 일념에서 이 운동을 일관했다는 점을 우리는 세상에 자랑할 수 있는 것입니다. 거기에 추호라도 개인의 이익과 욕심을 생각하는 불순함이 있었다면, 이 운동으로 우리의 뜻한 바를 세상에 알릴 수 없었을 것입니다.

회고하면 1905년 을사늑약으로 왜적이 우리 한국을 실질적으로 점령하기 전부터 우리 민족은 동학당 혹은 의병 등 여러 가지 형태로 왜적에게 대항했으니, 이런 개별적 부분적 운동이 통일된 지도 밑에서 세계적으로 한국 민족의 생존권을 요구한 것이 이 3·1운동입니다.

그리고 이 3·1운동이 우리 한국 민족의 독립운동에 초석이 되었다는 점을 저버려서는 안 될 것이니, 우리는 이 3·1운동을 통하여 임시정부라는 영도기관을 탄생시켰고, 또 이 임시정부도 이역만리에서 가지가지 파란곡절을 겪으면서도 실로 이 3·1운동의 여러 선열들의 거룩한 독립정신을 계승하고 수난의 길을 꾸준히 걸어왔다는 것을 오늘 이 자리에서 여러 동포 앞에 거듭 말씀드리고자 합니다.

이제까지 우리의 처해 있는 현실에 생각을 미쳐 볼 때, 3·1운동의

위대한 선열들의 정신과 국내 혁명 군중의 노력과 미약하나마 해외에서 조국의 광복을 위하여 악전고투해 온 여러 동지들의 힘으로 한국의 독립이라는 것은 세계적으로 인식된 바입니다. 우리 앞에는 신탁이라는 커다란 난관이 가로놓여 있고 국토는 남북으로 나누어진 슬픔이 있습니다.

그러나 나는 이것을 인류의 역사가 우리 한국 민족에게 준 가장 큰 시련이라고 생각하고 싶습니다. 우리에게는 비관도 감상도 있을 수 없습니다. 인류의 해방을 위하여 정의의 칼날을 높이 든 미소 양국의 이해와 협조 아래서 우리는 최후의 일각까지 냉정 침착하게 통일된 질서와 평화적 태도로써 이런 모든 난관과 시련을 물리치고 돌진하여 완전 자주독립을 쟁취할 수 있으며, 그것에 의해 전 민족적으로 보다 즐겁고 보다 나은 생활을 가질 수 있으리라고 굳게 믿습니다.

마지막으로 이 경사스러운 우리의 명절을 맞이하여 불민한 몸이나마 여러 형제자매와 함께 오로지 조국의 독립을 위하여 분골쇄신할 것을 다시금 약속드리며 이만 마칩니다.

당원 동지들의 임무가 크다! 무겁다!

3당 합당

1946년 전반 미소공동위원회(이하 미소공위) 시기, 이승만이 미군정의 지원 아래 지방을 순회하면서 독립촉성국민회를 중심으로 자신의 조직적 기반을 확대하고 있었다면, 백범은 임시정부 중심의 국가 수립 운동이 좌절되자 중앙 정계에서 지금까지 방기했던 정당 운동을 강화하기 시작했다. 그 결과 1946년 4월 백범이 주도하는 한국독립당은 국민당, 신한민족당을 통합하여 새로이 한국독립당으로 발족했다. 이 글은 4월 20일 백범이 통합 한국독립당 당원들에게 보낸 격려사인데, 1907년 신민회로부터 이어진 항일 운동의 40년 응결체로 한국독립당을 규정하고 있다. ㅡ 『대동신문』 1946. 4. 26; 『백범김구전집』 8

자유로운 조국의 빛나는 재건설을 위해 전 민족의 총력을 집결하여 지체 없는 해방을 위한 용감한 투쟁이 요청되고 있다. 한국독립당은 나라의 근본이 되는 이러한 사명을 지닌 40년 혈투의 응결체이다. 일찍이 대한제국이 일제의 침략 아래 그 형세가 위급하게 될 때, 서울에서 모든 혁명 지사의 총집결로 반항 운동의 대본영이 된 것이 신민회新民

會였다. 마침내 조국이 무너진 후 일제의 포학이 전 삼천리에 미쳐 한 조각 편안한 땅이 없었을 때, 해외에 옮겨 간 혁명 투사들은 남북 만주, 시베리아, 중국, 북미 등 하늘 끝 땅 끝까지 흩어져 철혈鐵血의 사투를 계속하였다. 기미년 3·1투쟁이 벌어진 후 수백만 민중과 수만 선열의 피에서

통합 한국독립당 당원들에게 보내는 백범의 격려사 (『대동신문』 1946. 4. 21).

수립된 상하이 임시정부는 해외로 집결된 전 민족 총력의 구현체였다. 이후 20년 동안 일제의 모진 지배는 최후의 발악으로 거듭 더해졌는데, 혁명 전사의 앞길에는 늘 고난의 투쟁이 용감한 투쟁과 함께하였다.

한국독립당이 많은 곡절을 겪으면서 마침내 결성된 지 이미 18년의 세월이 지났으니, 남북 만주에서 수천수만의 부대로써 오랫동안 적에 맞서 싸우고, 윤봉길 열사의 상하이 의거와 이봉창 열사의 도쿄 의거는 최악의 상태에서 행한 최대 반격으로 가장 영웅적인 투쟁의 기록이다. 중일전쟁·태평양전쟁이 발발된 후 카이로선언과 호응하여 임정의 진용을 강화하고, 광복군의 결성 및 활약과 함께 한국독립당의 사명 및 임무도 전면적으로 확대되었다.

8·15 이후 해방의 길에 들어간 조국에 수많은 정당이 결성되었으니, 현재 정당은 정권 수수가 목적이 될 수 없고, 아직 성취 못한 민족 통일 자주독립 국가의 전취戰取가 그 유일 최대의 사명이요 의도임을 요청하고 있다. 이제 본 한국독립당은 국민당 및 신한민족당과 무조건

적인 동지적 협동을 이루었고, 급진자유당·대한독립협회·자유동지
회·애국동지회 등 제 단체도 합동하여 하나 되니, 이에 우리는 모든
혁명적·전투적·애국적·진보적인 제 세력을 모아서 획기적인 새 출발
을 하게 되었다.

한국독립당과 앞서 거론한 각 당의 전체 동지 당원들은 모두 해방
전사로서의 새 결심과 재출발로써, 한국독립당 수십 년의 혁명 전통을
확대 강화시키면서 열렬한 동지애와 조국애로 단결하여 협진協進, 정
진精進, 또 용진勇進키로 하자. 40년간의 예속이 연장되는가, 아니면 40
년간의 용맹스런 투쟁의 칼을 다시 드는가, 조국의 성패를 결정하는
위기의 기로에 우리들이 서 있다. 여기서 우리는 모든 번쇄한 논리를
박차 버리고, 혁명 역량을 총집결하는 길로 돌진하자! 전 삼천만 민족
대중은 다시 심대한 의구와 불안 속에서 오직 완전 해방만을 기대하고
있다. 우리들의 임무가 크다! 무겁다!

반성할지어다! 단결할지어다!

좌익의 비난에 대하여

1946년 5월 중순 미소공위가 결렬된 뒤, 미국은 새로운 대한對韓 정책을 모색했으며, 남한에서는 김규식·여운형呂運亨을 중심으로 좌우합작운동이 시작되었다. 이에 맞서 6월 29일 이승만은 민족통일총본부를 결성했다. 이승만은 좌익도 참여할 것이라 표명했지만, 좌익은 오히려 이를 '민족분열총본부'라고 비판하고, 「분열 책임자를 추방하라: 이승만·김구·이시영李始榮은 테러 괴수魁首」란 제목으로 비난했다. 이 글은 이러한 좌익의 비판에 대한 백범의 답변이자 역비판이다. 재미있는 것은 이 글에서 백범이 좌익에 대해 단결을 주장함과 동시에 우익 내 친일파에 대해서는 반성을 촉구하고 있다는 사실이다. 당시 백범은 이승만이 주도하는 민족통일총본부에 대해서는 소극적이었고, 이봉창·윤봉길·백정기白貞基 3열사의 유해를 일본에서 반환하는 봉환식에 열중하고 있었다. __ 『동아일보』 1946. 7. 7; 『백범김구전집』 8

내가 입국한 이래 모든 관점을 일관하여 한번 소감을 발표코자 하였으나, 종횡으로 당면한 외래의 정세에 휩싸이고 상하로 다단한 국정國情에 비추어 자못 자중하고 침묵을 지켜 왔다. 그러나 점차 국론은 옥석

을 구분치 못하고, 정국은 날로 암흑한 장막에 가리어 조금도 서로를 용납하지 않는 위기에 직면하였다.

무엇보다도 애국자니, 반역자니, 좌니 우니 하는 데 대해 먼저 말하고자 한다. 과연 무엇을 가리켜 좌라 하고 우라 하며, 또 누구를 가리켜 애국자라 하고 반역자라 하는가? 좌우 운운하는데, 연합군이 남북에 할거하여 국토가 나누어졌고, 반탁과 찬탁의 기치가 엄연히 대립하여 좌우 양대 진영을 이루고 있다. 그러나 나의 흉중에는 좌니 우니 하는 개념조차 없다. 오직 조국의 독립과 동포의 행복을 위하여 분투할 것이며, 일보를 전진하여 우리 동포가 세계 인류와 함께 정신적·물질적 번영을 누리고 좌우가 더불어 공존하기 위하여 밤낮 노력할 뿐이다.

건국강령에서 좌니 우니 하는 것은 문제도 되지 않는다. 민주주의를 원칙으로 할 것은 이미 국제 공약에서 약속된 것이다. 인류 5천 년 역사를 통하여 봉건적 악폐에 시달려 온 우리로서야 누가 또다시 압박자와 착취자의 집단체인 제국주의와 자본주의를 동경하고 구가할 것이냐? 조국의 완전한 독립과 동포의 진정한 자유를 위해서는 삼천만이 단결하여 한길로 매진할 뿐이다. 좌니 우니 하는 것은 민족 자멸의 근원이 될지니, 생각할수록 오장이 찢어질 듯하다. 강 가운데서 풍파를 만나면 원수인 오吳나라와 월越나라도 서로 합작했거늘, 하물며 사방으로 고립되어 독립을 절규하는 우리가 차마 동족 분열을 자행할 것인가.

삼천만 민중의 절대 희구는 오직 독립과 해방뿐이다. 어느 나라의 식민지, 어느 나라의 연방은 필요치 않다. 나는 4천 년 역사의 존엄을 지키고, 삼천만 민중의 기대에 응하고, 광복을 위하여 적에게 의義를

지키며 죽음으로 나아간 선열의 유지를 받들어 자주독립을 절대 전제로 투쟁할 뿐이다.

애국자니 반역자니 하는 데는 누구보다도 삼천만 민중이 먼저 치밀한 분석과 엄격한 비판을 할 것으로 믿는 바이다. 내가 일찍이 조국의 광복을 위하여 이역만리에서 온갖 풍파와 전쟁을 무릅쓰며 동서로 내달리고 남북으로 전전한 것이 어언 30여 년, 이제 내 나이 칠십 하고도 하나이다. 아침저녁으로 언제 죽을지 모르는 나로서 어찌 삼천만의 기대를 저버리며, 일생의 절개를 버릴 것이냐.

7월 1일 공산당 서기국에서 『조선인민보』朝鮮人民報를 통하여 「분열 책임자를 추방하라」라는 제목으로 나를 괴수라 하였으니, 이를 보고 나는 과연 나라 안에 우국의 지사와 혁명의 투사가 얼마나 있는가를 충분히 생각해 보았다. 적이 항복하던 전날까지 적진의 앞머리에서 성전聖戰이라 찬양하고, 적의 승리를 위하여 충성을 맹세하고, 청년학도를 일으켜 전쟁터로 내몰고, 적의 주구가 되며, 적의 기관에 암약하여 적을 위하고 동포를 억압하던 자와, 적이 항복하고 연합군이 진주할 때까지 적의 통치기관인 총독부에 출입한 자가 모두 애국자이며 사

상가이며 정치가가 되어 있다.

나를 테러의 괴수라 하였으니, 나는 이것은 부정하지 않는다. 이 번 달 6일 우리 민족 전체가 경의를 다하여 봉장奉葬케 된 3열사 중에 서 윤봉길·이봉창 두 의사의 의거를 김구가 사주했다는 것은 이미 세계적으로 공표된 것이다. 나는 조국의 광복을 위해서는 이 이상의 방법이라도 취했을 것이다. 만일 이러한 일이 우리나라의 독립에 조금이라도 불리한 조건이 된다면, 나는 오늘이라도 자리에서 내려와 동포 앞에 솔직히 사의를 표하려고 한다.

친애하는 동포여! 타국 외진 곳에서 전전하면서 고국의 산하를 바라보고 그리운 동포를 연상할 때 어찌 오늘과 같은 경우를 뜻하였으랴? 동포여! 반성할지어다. 동포여! 단결할지어다.

광복을 완성하여 영령들을 위로하자
3열사의 유해를 모시고

백범이 주도하던 반탁위원회는 1945년 12월 31일 상임위원을 발표했는데, 그중에는 재일在日 무정부주의자인 박렬朴烈이 포함되어 있었다. 박렬은 1946년 3월 18일 국내 신문에 좌우 대립을 비판하고 건국 사업에 매진할 것을 주장하는 성명서를 발표했다. 이어서 4월 윤봉길·이봉창·백정기 3열사의 유해를 찾아내어 동맹 사무실에 봉안하고 있다고 발표하자, 민주의원은 3열사의 유해를 국내에 봉환하기로 결정하고 준비위원을 선정했다. 백범은 정인보 등과 함께 부산에 내려가 6월 15일 3열사 유골 봉환식을 거행하고, 영구를 서울 태고사에 모셨다가, 7월 6일 용산 효창원 안에 매장했다. 봉환식에는 이승만·김구 등 우익 인사는 물론 여운형과 조선공산당 대표도 참석했다. 그날 태고사에서 효창원까지 인산인해를 이루니, 옛날 국왕의 장례식보다 더 성황을 이루었다고 한다. 이 봉환식이 끝나고 나서 백범은 다음의 글을 발표했다. __ 『동아일보』 1946. 7. 7; 『대동신문』·『독립신문』 1946. 7. 12

저승에서 눈을 감지 못하시고 조국으로 돌아오지 못한 한을 품은 세 분 열사의 유해와 영혼을 고국에 받들어 모시게 된 나로서는 슬픈 마음이

격동하는 것을 멈출 수 없다. 일찍이 세 분 열사가 조국의 광복과 동포의 자유를 위하여 장하신 길로 나아가실 때, 결연히 떠나시던 그 기개와 도량이 너무나 비장하여 바다와 강이 거꾸로 흐르고 강과 산이 끊어질 듯하였다. 나에게는 아직도 그날의 용맹스런 자태가 눈앞에 역력하고, 남기신 말은 폐부에 새겨졌으며, 또한 그날의 위대한 업적은 세계를 진동시켰다. 오늘 비록 연합군의 승리로 왜적이 항복했다 할지라도, 열사들의 성스런 피가 연합군의 승리를 알리는 봉화가 되지 않았으랴. 이로써 조국의 역사가 소멸되지 않고, 이로써 나라의 혼이 끊이지 않게 하였도다. 세계 어느 나라가 우리를 능멸할 것이며 우리의 움직임을 주목치 않으랴.

그러나 슬프다 동포여! 선열은 이같이 장엄하였거늘, 우리는 어찌 우리의 임무를 다하지 못하고 선열의 뜻을 받들어 보답치 못하였는가. 나는 그윽이 선열의 영용한 혼령들을 향하여 묵묵히 충심으로 감사해 마지않으며, 우리의 임무는 중대하고도 많다고 생각한다. 보라! 내외 정세는 날로 바뀌고 있지 않은가. 우리나라가 독립한다는 것은 이미 연

합국이 공약한 것이지만, 연합군이 주둔한 지 벌써 1년이 되었으되 우리에게는 독립도 자유도 아무것도 없으니, 이것이 무엇으로 말미암은 것인가. 물론 미소공위(미소공동위원회)가 진전되지 못한 것도 있지만, 우리 민족 전체가 단결하지 못한 것도 원인의 하나일 것이다.

만일 선열들의 영혼이 이것을 안다면 반드시 구천에서 통곡할 것이다. 선열들이 의로운 마음으로 죽음으로 나아갈 때 어찌 조금이라도 다른 뜻이 있었으랴. 오직 나라와 동포를 사랑하는 정열뿐이었다. 오늘날 정계에서 맹활약하고 국론을 좌우하는 여러분은 나라의 명사들이다. 관념으로나 의식으로나 사상으로나 정견으로나 모든 것에 선배로 자처하지 않는가. 그러나 나라 땅이 엄연히 존재하건만 왜 우호적인 나라들이 공인한 조국의 독립을 이루지 못하고 동포를 구출치 못하는가. 아무리 좋은 사상과 정견이 있다 할지라도 조국과 동포에 대한 사랑이 없다면, 그것은 반드시 위선의 사상이요 위선의 정론政論이다. 오직 조국의 독립과 동포의 행복을 위한다면 무엇으로써 단결되지 못할 것인가. 이것으로 책임을 어느 쪽으로 귀납시키려는 것은 아니다. 내외 인사가 상호 연결하고 삼천만 국민이 일치단결하여 한시라도 먼저 독립을 완성하자는 것이다.

나는 박렬 군의 성명서를 읽고 깊이 경의를 표하여 마지않는다. 무엇보다도 군은 무정부주의자이다. 무정부주의자의 이상과 신조로 인간의 자유 의지와 개성을 절대 존중하는 군이 "조국과 동포를 위하여 각자의 주장을 버리고 오직 독립 일로로 매진하자" 하였으니, 이것은 군이 애국의 뜨거운 마음으로 단결을 요구하는 충심을 표명한 것이다. 동포여! 광복을 완성하여 선열의 영령을 위로할지어다.

기쁨보다는 슬픔이

해방 1주년 축사

1946년 8월 15일, 조미朝美 공동 주최로 '평화해방 1주년 시민경축대회'가 서울 시내 전역에서 성대하게 거행되었다. 주한미군, 조선해안경비대 및 조선국방경비대, 조선경찰대, 조선소년군, 남녀 학생, 군정청 및 경기도 경성부 직원, 정회町會 대표, 학교 대표, 상공연합회 대표, 정당 및 사회단체 대표 등 수많은 군중들이 참여해 9시 서울역에서부터 시내 행진을 하고, 정오 군정청 광장에서 대회가 진행되었다. 이 자리에서 백범은 이승만에 이어서 기념사를 발표했고(『동아일보』), 이 행사와는 별도로 이미 해방 1주년 소감을 발표한 바 있다(『조선일보』). 8·15 1주년 당시에는 반탁정국과 사뭇 다른 정세가 조성되어 있었으며, 백범의 내면은 편치 않았다. 미군정은 김규식·여운형을 중심으로 하는 좌우합작을, 이승만은 우익을 중심으로 하는 민족통일총본부를 추진하고 있었다. 당시의 기념사에서 알 수 있는바, 백범은 백범식 좌우합작 및 민족 통일을 주창하고 있다.　　__ 『조선일보』 1946. 8. 15: 『동아일보』 1946. 8. 16: 『백범김구전집』 8

● 8·15 기념사 _『조선일보』

(전략)

8월 15일!

이날은 반만년 역사를 가진 우리 한국 민족에게 영구히 기념될 감격과 흥분의 날일뿐더러, 왜적의 강도적 행위와 나치 독일의 유럽 제패 야욕이 멸망을 고함으로써 남을 정복하고 남에게 무리한 압박을 가하는 자의 말로를 전 세계 인류에게 명시해 준 의미 깊은 역사적 진리와 교훈의 날이다.

미군정청 광장에서 열린 '평화해방 1주년 시민경축대회'에서 기념사를 하는 백범(1946. 8. 15).

(중략) 그러나 현재 세계정세의 복잡다단함에 생각이 미치고, 과거 1년간 우리 민족이 걸어온바 형극의 길을 회고해 볼 때, 이날을 맞이하는 우리는 무의미한 감격과 흥분과 열광보다는 냉철하게 자신을 반성하고 국제 정세와 민주주의 대세에 순응하여 모든 파벌적 편견과 개인적 오류를 하루바삐 청산하고 전 민족 통일에 기초를 둔 자주독립의 실현을 앞당기는 데에 민족이 한 덩어리가 되어 각자의 온갖 힘을 경주하자는 굳은 결심과 각오를 새로이 해야 할 것이다.

오늘에 와서도 자주독립을 갈구해 마지않는 민중의 기대를 만족시키지 못하고 그들을 혼란과 환멸 속에 방황케 한 것을 생각할 때, 내 자신 지도자로서 미력함을 심각히 느끼며, 이날을 맞이하는 기쁨보다 슬

품이 더욱 크기도 하다. 그러나 오늘 이 의미 깊은 8월 15일을 맞이하여 우리 민족에게 비관이나 감상이 있을 수 없고, 오로지 전 민족 각자가 조국의 자주독립을 위하여 선열이 남긴 뜻을 이어서 분골쇄신해야 할 것을 믿고 바라며, 또한 약소민족의 해방을 위하여 분투노력한 연합국에 대하여 전 민족적 경의를 표하는 바이다.

● 평화해방 1주년 시민경축대회 기념사 _『동아일보』

나는 27년 동안 망명객으로서, 오늘 이 자리를 국내 삼천만 동포와 같이하게 된 것은 실로 감개무량하다. 더위가 하늘을 찌르는 가운데도 장시간을 바르게 앉아 있는 여러분을 대할 때 가슴속 벅찬 감회가 넘치나, 자질구레한 장황한 이야기를 피하고 이 자리에서 느낀 바 일단을 간단히 피력하겠다.

나의 마음은 방금 나의 몸을 여러 쪽으로 나누어 삼천만 동포의 마음속으로 들어가 보았다. 홀연히 찾아온 김구에게 삼천만 동포는 "금일의 기념행사가 남의 집 연회에 춤추는 격이니 지난 1년이 허무하며, 독립은 다른 나라에 의존하여 되는 것이 아니요, 오직 자력으로써 자주성을 갖춘 독립이라야 비로소 민족의 평안과 국가의 영원한 번영이 도래할 것이다"라고 말한다. 이 사람 역시 동감이다.

부탁하노니 동포여, 미군정에 아첨하여 모리謀利를 일삼는다든가, 사리와 사욕에 눈이 현혹되어 민족의 자립과 복리를 배반한다면, 우리에게 공약된 독립은 눈앞에서 멀어져 멀리 저 푸른 바다 밖으로 달음질

하게 될 것이다. 뿐만 아니라 우리의 조국을 저버리고 이 나라 밖에서 조국을 찾으려는 경향이 있는 듯하니, 이는 모두 우리의 독립을 방해하는 장벽일 것이다.

명분과 의리에 어그러진 바를 청산하고 단결하여 독립 완수에 매진할 것이다. 만일 부모 형제일지라도 독립에 방해하는 바 있다면, 한 걸음도 물러서지 말고 있는 피를 마음껏 쏟아 독립전선에 돌진하여 서슴지 않고 정의의 칼을 뽑아야 할 것이다.

민족적 충성을 배우고자 하나이다

류인석 추도 제문

1946년 8월 17일, 백범은 강원도 춘천 가정리에 있는 의암義菴 류인석柳麟錫의 묘소를 찾아 분향했다. 당시의 제문 원본은 류인석의 유족들이 보관하고 있고, 그 사본이 현재 백범기념관에 전시되어 있다. 제문은 단정한 해서로 씌었는데, 위당 정인보가 쓴 것이라 한다. 내용도 학문적으로 매우 수준 높은 것이어서, 당시 백범을 가까이서 보필하던 정인보가 초한 것으로 보인다.

그러나 류인석과 이 제문은 백범의 내면세계를 해독하는 데 중요한 의미가 있기 때문에 여기에 수록한다. 백범은 일찍이 황해도 신천 청계동 안중근의 집에서, 위정척사파 화서華西 이항로李恒老의 학맥을 이어받은 후조後凋고능선高能善에게 사사하여 그의 가르침을 평생의 지침으로 삼았다. 고능선은 바로 의암 류인석과 동문수학한 절친한 사이였으며, 류인석의 문집『소의속편』昭義續編에는 김구의 치하포 사건이 언급되어 있다. 이처럼 백범과 류인석은 고능선을 매개로 각별한 관련이 있다고 할 수 있다.

백범과 류인석 류의 위정척사파와의 관계는 당시 사상적 격동기를 반영하듯 파란과 곡절의 흔적이 남아 있다. 동학농민군의 청년 지도자였던 백범은 위정척사파의 고능선을 청계동에서 만나 청일전쟁을 이해하는 국제적 안목에 눈을 뜨게 되지만, 치하포 사건으로 투옥된 백범이 근대 계몽주의를 만나고 난 이후에는 류인석·고능선 류의 위정척사파적 화이론을 시대에 뒤떨

어진 것으로 평가하게 된다. 그
러나 백범은 신민회 사건으로
다시 투옥되어 일제에 의해 혹
심한 고문을 받으면서 일제에
단호했던 위정척사와 의병의 사
생관을 재평가하게 된다. 이 점
이 백범이 여타의 계몽주의자,
특히 친일로 나아간 부류와 변
별되는 요체이다.

이 제문은 비록 짧은 글이
지만, 대한민국 임시정부, 즉 근
대 공화정의 주석인 백범이 류
인석·고능선 류의 위정척사파
적 화이론을 어떻게 평가하는
지 알 수 있는 귀한 자료이며,

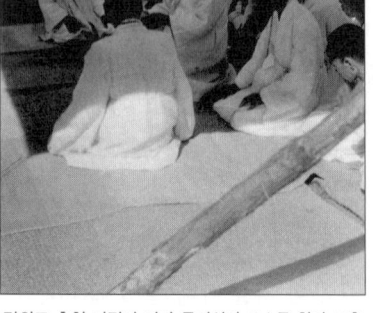

강원도 춘천 가정리 의암 류인석의 묘소를 찾아 고축
告祝하는 백범(1946. 8. 17).

성리학과 양명학에 정통하지 않으면 쓸 수 없는 수준 높은 글이다. 이 제문
에 따르면 류인석은, 인간의 본성을 강조하여 본성이 곧 천리天理라고 하는
'성즉리'性卽理의 주자학적 교리와는 달리, 행동으로 이어지는 본심이 곧 천
리라는 '심즉리'心卽理의 사상에 입각해 실천을 적극적으로 강조한 양명학의
원리에도 개방적인 인물로 평가되고 있다. 양명학을 민족운동과 결합하여
높이 평가하는 것 역시 정인보 류의 평가라 할 수 있다. 여기에 교열본을 수
록하고, 원문자료를 별도로 수록한다(403쪽). __『백범김구전집』 8

대한민국 28년(1946) 8월 17일, 김구는 삼가 류인석 선생 영령께 고하나이다. 유학儒學이 쇠퇴한 지 오래라, 공부하는 이들이 자구字句에 얽매여 실제 활용을 생각하지 아니하여, 성性을 높이고 심心을 낮추어 정작 힘쓸 자리는 버리고 유유하게 고담준론만 일삼아 마침내 혼자만 깨달아 아무런 결실이 없이 황당함에 이르매, 모든 일이 이에서 무너졌나이다.

근래에 와서 화서 이항로 선생이 나시며 비로소 본심本心이 곧 천리天理라는 심즉리心卽理로써 제자들을 가르쳐, 분위기가 일변하여 절의節義 당당한 이들을 배출하니, 선생이 곧 그 한 분이시라. 선생이 가장 나중이시니만큼 선배들보다 더 심한 어려움과 위기를 당하셨지만, 왜적과 한 하늘 아래 살 수 없다는 일념은 시간이 갈수록 더욱 굳으시매, 몸은 험한 형편에 처하되 그 뜻은 해와 별같이 비치어, 지금까지 후배들로 하여금 우러러 바라보게 하셨나이다.

이같이 하오심이 무엇이리까. 오직 내 마음을 저버리지 못하심으로 아나이다. 그런즉 선생 일생의 그 절의는 실로 배운 바를 몸으로 증명하시고 남음이 있는 줄 아나이다. 누구나 왜적을 원수로 보지 않으리오만, 눈앞의 생계가 구차하여 이를 보지 못하고 마침내 더러운 데 떨어짐을 깨닫지 못하는 자가 시중에 가득하거늘, 선생 홀로 본심으로 살고 본심으로 죽으리라 하시매, 본심의 밝음이 온갖 삿된 것을 물리쳐 없애신지라, 이루신 바 이렇듯 우뚝하셨나이다.

왜적을 복수해야 할 원수로 아심이 선생의 마음이시요, 생사를 초개처럼 아심이 선생의 마음이시요, 멀리 다른 나라에서 바람서리 맞으면서 혼자 다니실 때 그 누가 보는 것도 아니었지만 조금이라도 놓지 아니하심이 선생의 마음이시라. 이 마음을 저버리지 못하여 저 고생을

의암 류인석 제문. 단정한 해서체로, 위당 정인보가 쓴 것이라 한다.

달게 여기심이 아니옵니까.

중화와 오랑캐를 구분하는 화이華夷의 논론論과 명나라를 섬기는 존명尊明의 설설設에 이르러는 민족의식이 분별되기 이전이라 수백 년간 내려온 전통도 있으려니와, 왜적을 물리치기 급하던 때라 논리를 화이에서 끌어 왔으니, 그 문자는 비록 옛것을 이었으나 왜적을 치고 국가에 충성하려는 마음이 맺은 것이니, 우리는 선생의 본마음을 깊이 헤쳐 겉포장을 넘어 그 내포한 민족적 충성을 따라 배우고자 하나이다.

김구는 후조 고능선 선생의 제자로, 일찍부터 선생을 흠모하여 일평생 모든 일에 항상 붙들고 나아가는 정신이 있었으니, 그것은 곧 어릴 적부터 뇌리에 박힌 "후손이 반드시 복수한다"는 구세필보九世必報의 대의大義라. 이제 백발로 고국에 돌아와 선생의 묘지를 찾으니 감회 어찌 새롭지 아니하오리까. 한 줄기 향으로 무한한 심사를 삼가 아뢰니 영령은 앞길을 가르쳐 주소서.

一年 한 동이서 共同奮鬪한 蒼蒼 諸 와 四年

懸案 未解决의 遠帶 責任과 愛國者가

誠意와 熱情으로서 祖國의 앞으에서 南北

期間內에 成就시키기를 懇請합니다

發展書記가 함께 이것의 成就를 爲하여

紙短語長하나 未盡所懷하니 하로라도

獨立과 同胞의 自由幸福을 爲하야 仁兄

祝禱하면서 不遠한 將来에 우리에

기만 渴望하고 붓을 놋나이다

月　日

자주독립과 좌우합작

바늘허리에 실을 매서는 쓰지 못한다

국치일 담화

1946년 8월 29일 국치일國恥日을 맞이하여 우익 일부에서는 데모와 쿠데타를 시도했다. 그것은 신익희가 주도한 것이었다. 당시 이에 대한 CIC(미군 방첩대)의 조사 과정에서 신익희는 이승만·김구가 이 계획을 알고 있었으며 묵인했다고 주장했다. 반면, 이승만은 신익희의 계획은 풍문으로 알고 있었지만 자신은 관계없다고 부인했으며, 김구도 아래의 담화를 통해 "아이들 장난"으로 비판했다. __ 『서울신문』 1946. 9. 3; 『백범김구전집』 8

지난 8월 29일 국치일에 내력을 알 수 없는 소위 대한민국 국민대회가 임시정부라는 것을 마음대로 조직 발표하여 세인의 이목을 현란케 한 것은 심히 유감으로 생각하는 바이다. 그 본의가 하루빨리 자주정부가 출현하기를 갈망하는 데 있다 할지라도, 그 수단 방법이 정상적으로 되지 못한 이상 그 결과는 아이들 장난에 불과한 것이다.

조국이 적에게서 해방된 지 1년이 지난 이날, 우리의 정국은 큰 진전이 없고 국민의 생활은 도탄에 처해 있나니 사람마다 조급한 생각이

어찌 없으리오만, 속담에 이르기를 "아무리 급할지라도 바늘허리에 실을 매서는 쓰지 못한다" 하였으니, 우리 동포들은 아무쪼록 경솔한 폭동으로 민중을 선동하지 말고 정당한 수단과 방법으로 우리의 목적을 관철하기 위하여 공동 분투하기를 바라는 바이다. 그런 뒤라야 명실상부한 자주정부도 세울 수 있을 것이다.

보이지 않는 왜적이 정치가란 이름으로

독촉 지도부에 대한 경고

1946년 상반기 반탁운동 정국을 통해 운동의 표면에는 백범이 나섰지만, 이면에서 세력 확장에 성공한 사람은 이승만이었다. 1946년 9월 7, 8일 독립촉성국민회(이하 독촉) 제2차 전국대회가 열렸는데, 이승만은 중앙집행위원을 자신의 측근으로 재편했다. 독촉 지도부에는 아직 김구 계열이 남아 있었으나, 이승만과 한국민주당이 확고하게 주도권을 장악했다. 이러한 상황을 맞이하여 백범은 9월 7일 독촉 대회에서 한국민주당을 의식해서 정치인이란 이름으로 숨어 있는 많은 친일파를 규탄했다. 그는 독촉 지도부를 비판하면서, 독촉을 개선하기 위해서 김규식을 위원장으로 추천했다. 김규식 위원장안은 성사되지 않았지만, 김구가 앞으로 김규식의 좌우합작에 대한 지지로 나아갈 것이라는 기미를 읽을 수 있다. __ 『대동신문』 1946. 9. 10; 『백범김구전집』 8

내가 입국한 후 주장한 것은 통일이고, 또 실천한 것은 이 박사, 김규식 박사와 나 세 사람이 단결하여 국민에게 모범을 표시하고자 한 것이다. 내가 지방을 순회해 보니 국민회는 퍽 좋은 성과를 이루었고 잘 운영되지만, 중앙을 들여다보니 그들이 무엇을 하는지 모르겠다. 소위 혁명가

로서 자처하는 인간들이 왜놈한테 하던 나쁜 버릇을 오늘날 신성해야 할 국민회에서 하고 있다. 왜적은 퇴각했으나 보이지 않는 왜적이 금일 정치가란 미명美名 속에서 살고 있다. 왜놈에게 하던 버릇을 미군에게 하고 있다. 나는 본 국민회를 명랑하게 하기 위하여 김규식 박사를 위원장으로 추선推選한다.

임시정부 수립 후에도
신탁을 반대할 수 있다
좌우합작 7원칙 지지

9월 독촉 대회에서 김구는 김규식을 위원장으로 추천했고, 이승만도 김규식을 위원장으로 받아들이고자 했으나, 김규식이 끝내 사양하여 성사되지 않았다. 당시 미군정은 김규식을 중심으로 하는 좌우합작을 추진하고 있었고, 10월 7일 좌우합작위원회는 「좌우합작 7원칙」을 발표했다. 10월 14일 백범은 개인의 자격으로 이에 대한 지지 담화를 발표했다. 표면적으로 보면 반탁의 기수인 백범이 좌우합작을 지지하는 것은 모순으로 보이며, 이후 그러한 공격을 받기도 했다. 이에 대해 백범은 좌우합작은 민족 통일을 위한 것이고, 민족 통일은 자신이 원하는 자주독립 정권의 수립이라고 옹호했다. 아무튼 독촉의 경우에서 볼 수 있듯이 우익의 부상은 이승만과 한국민주당 세력의 부상과 비례하며 백범 및 임시정부와는 반비례하는 경향을 보인다는 점, 이에 대처하여 백범이 김규식의 좌우합작과 연대를 모색한 점은 앞으로 백범의 행로를 진단하는 데 적지 않은 의미를 지닌다.　＿『동아일보』 1946. 10. 15;
『서울신문』·『조선일보』 1946. 10. 16; 『백범김구전집』 8

1. 좌우합작의 목적은 민족 통일에 있고 민족 통일의 목적은 자주독립

의 정권을 신속히 수립함에 있는 것이다. 그러므로 나는 좌우합작의 성공을 위하여 시종 지지하고 타협한 것이다. 앞으로 이것은 계속할 것이다.

2. 좌우합작의 초석이 확립된 것을 내외 한결같이 기뻐함에도 불구하고 이것을 파괴하기 위하여 반대하는 자도 있다. 비록 그 수는 적다 하지만, 민족 분열의 책임은 엄중하다.

3. 나는 신탁통치를 철두철미하게 반대하는 바이거니와, 「좌우합작 7원칙」[1] 작성에 몸소 노력한 김규식 박사도 장래 임시정부 수립 후에 신탁을 반대할 수 있다는 것을 세상에 해석해 주었다. 그러므로 7원칙 중에 신탁 반대의 표시가 없다고 해서 신탁에 대한 점이 모호하다고 볼 것은 없다.

4. 상술한 7원칙은 문자 그대로 좌우합작위원회에서 제의한 일종의 원칙에 그치는 것이요, 미비한 점에 이르러서는 장래 임시정부가 수립된 뒤에 상세히 규정하여 시행할 여유가 있으니, 과장하거나 미리 걱정할 필요는 없는 바이다.

5. 진정한 민주주의적 애국자는 한 사람도 좌우합작 공작을 반대

---

[1]

1946년 10월 7일 좌우합작위원회는 「좌우합작 7원칙」을 발표했다. 1. 조선의 민주 독립을 보장한 3상회담 결정에 의해 남북을 통한 좌우합작으로 민주주의 임시정부를 수립한다. 2. 미소공동위원회 속개를 요청하는 공동성명을 발표한다. 3. 토지개혁에 있어 몰수, 유조건몰수, 체감매상 등으로 토지를 농민에게 무상으로 분여한다. 4. 친일파 민족반역자를 처리할 조례를 본 합작위원회에서 입법기구에 제안하여 입법기구로 하여금 심리 결정하게 해서 실시하도록 한다. 5. 남한과 북한을 통해 현 정권하에 검거된 정치 운동자의 석방에 노력하고, 아울러서 남북 좌우의 테러적 행동을 일체 즉시로 제지하도록 노력한다. 6. 입법기구에 있어서는 일체 그 권능과 구성 방법, 운영 등에 관한 대안을 본 합작위원회에서 작성하여 적극적으로 실행을 기도한다. 7. 전국적으로 언론, 집회, 결사, 투표, 출판, 교통 등의 자유를 절대 보장하도록 노력한다.

하지는 않을 것이다. 그러나 합작
위원회로서는 뭇사람의 의견을
두루 수용하기 위하여 앞으로도
관계 각 방면에 긴밀한 연락을 취
하여 나중에 다른 이야기가 없게
하는 데 힘쓸 것이다.

　　이상은 좌우합작 공작 추진
에 대한 나의 견해이다. 이 밖에
는 여하한 요언妖言을 유포 혹은
보도하는 자가 책임질 것이요, 나
와는 조금도 관계가 없을 것이다.

백범의 좌우합작 지지 담화, "합작 목적은 민족통
일"(『조선일보』 1946. 10. 16).

진정한 애국자, 독립운동자가 되는 시금석
전재민 원호

백범은 11월 1일 겨울을 앞두고 식량 문제와 전쟁 재난민(戰災民) 원호援護 문제에 대해 담화를 발표했다. 당시는 정치적으로는 입법의원 선거 문제로 매우 분분한 반면, 10월 인민항쟁(대구폭동)의 여파로 민생 여건은 열악한 실정이었다. 당시 백범과 한독당은 입법의원 선거를 거부한 상황이었고, 추곡수매 쌀값 안정 등 민생 문제에 주력했다. __ 『자유신문』·『조선일보』 1946. 11. 3: 『백범김구전집』 8

좌우합작의 제1보가 완성된 것은 우리 민족 단결에 서광을 주는 것이니 실로 유쾌한 바이다. 그러나 다른 한편에서는 (10월 항쟁의 여파로) 여러 지방에서 동족 간에 서로 짓밟는 불행한 사건이 일어나 우리 역사에 오점을 끼치는 동시에 세계의 웃음거리를 자초한 무리가 있었다. 이 불행한 사건에 대해서는 현명한 여론이 있고 공정한 법률이 있어 그 시비를 판단할 것인즉 사필귀정이 되리라고 확신한다. 희생된 모든 영혼께 송구한 심정과 진지한 조의로써 그들의 명복을 축도하는 동시에, 앞으로는 이와 같은 치욕적 사건이 발생하지 않도록 우리 동

포가 공동 협력하기를 간절히 바랄 뿐이다.

1. 식량 문제

나는 식량에 관한 전문가들의 의견을 기초로 하고 각 지방 인사들의 의견을 이에 종합하여 이러한 결론을 얻었다. 첫째 모든 소작농가와 10정보町步 이하의 추수를 받는 지주에게는 미곡 수집을 면제할 것, 둘째 10정보 이상의 추수를 받는 지주에게는 그 전 수확미를 수집하되 그의 자가용 식량미는 공제할 것, 셋째 국유 및 적산敵産 토지 소작료는 전부 수집할 것, 넷째 수집미 이외의 쌀은 자유 매매와

식량 문제와 전재민 원호에 대한 백범의 담화(『조선일보』 1946. 11. 3).

자유 반출입을 허용할 것, 다섯째 정부는 추수기에 있어서 광목·비료·석유·성냥·고무신 등 농가 필수품을 향촌에 적당히 분배하여, 합리적인 수단과 가격으로 소작농 및 소지주의 필요 이상의 미곡을 매입할 것, 여섯째 당국은 적당한 자금을 준비하여 적당한 시기를 보아 매입 혹은 매출하여 쌀값을 조절할 것 등이 그것이다.

2. 전재민 원호 문제

전쟁 재난민 중에도 약간의 재산가가 있는 듯하지만, 절대다수가

굶어 죽거나 얼어 죽는 위협에 직면하고 있다. 세인世人은 언필칭 애국을 위하여 독립운동도 하고 최근에는 입법의원 경선에도 열중하는 것이라고 한다. 그러나 눈앞에 굶어 죽거나 얼어 죽을 형편에 빠져 있는 절대다수의 동포가 죽은 뒤에 독립운동은 누구를 위하여 하며 입법은 누구를 위하여 하겠는가 생각하면 모순이 너무도 크다. 그러므로 빈한한 동포를 구제하는 것이 결코 작은 문제가 아니다. 진정한 애국자가 되며, 독립운동자가 되는 시금석이다.

합작은 통일이며, 통일은 독립이다

좌우합작 지지

백범이 10월 「좌우합작 7원칙」에 대한 지지를 표명했지만, 그간 좌우합작은 지지부진했으며, 이에 대한 우익의 비판도 많아졌다. 11월, 백범은 다시 한 번 좌우합작과 그 지도자 김규식 및 여운형에 대한 지지를 표명했다. 여기에는 10월 인민항쟁에 대한 백범의 평가도 포함되어 있다. 즉 일부 우익들은 폭동에 동정적이라며 좌우합작위원회를 비난했지만, 백범은 비난하는 그들이 바로 폭동의 원인 중의 하나라고 비판했다. ＿ 『동아일보』·『조선일보』1946. 11. 19; 『백범김구전집』8

나는 좌우합작이라는 것을 전 민족 통일이라고 말하고 싶다. 이 통일이 없이 더 좋은 독립 촉성의 길을 찾을 수 없을 것이다. 그러므로 실패를 거듭하더라도 성공할 때까지 노력하는 것이 마땅할 것이다. 우리의 해방자(연합국)들이 얄타에서 과오를 범한 탓으로 해방되었다는 우리나라가 두 쪽이 났는데, 거기다가 우리 자체가 통일이 되지 못하면 그 앞길은 생각만 해도 두려울 만큼 위험한 것이다. 북쪽에서 어떠하니 남쪽에서는 그럴 필요가 없다고 외치는 것은 이 위험의 도래를 더욱 촉진시키

백범의 좌우합작 지지 담화(『조선일보』 1946. 11. 19).

는 것이다. 북쪽의 동포도 남쪽의 동포와 하루바삐 통일하기를 갈망하고 있는 것을 잊어서는 안 된다.

우리의 통일이 없이는 38도선의 철폐도 조국의 독립도 다 어려울 것이다. 그러므로 좌우합작이 속히 진전 못 된다고 조급히 굴 것이 아니다. 급한 것을 참지 못해서 좌우합작운동을 그만둔다면 그 결과는 본의 아닌 과오로 나타날 뿐이다. 작은 것을 참지 못하면 큰일을 도모하기 힘들다는 것을 우리의 경구로 삼지 않으면 안 될 것이다.

김규식 박사가 영도하는 좌우합작은 민주주의 결의로 진행하고 있는 것이며, 이승만 박사와 나도 지지하는 것이다. 세상에서는 김 박사를 가리켜 좌파니 신탁통치 찬성자니 비방하는 자도 없지 않은 듯하다. 또 이번 몇몇 지방의 소요 사건이 발생한 책임을 좌우합작위원회에 전가하려는 유언비어를 조작하는 일도 있다 한다. 이것은 좌우를 물론하고 통일을 파괴하려는 무리들의 험악한 모략이다. 다시 말하면 그것은 불 지른 자가 "불이야" 하는 셈이다.

나는 어제 김규식 박사를 병원으로 심방했는데, 그 초췌한 얼굴을

대할 때에 가슴이 뭉클했다. 그는 무엇을 위하여 이와 같이 생명을 단축하고 있나 자연히 미안한 생각이 떠올랐다. 그의 쇠약한 몸에서는 양심만이 뛰고 있고, 그의 병상 머리에는 성경 한 권이 놓여 있을 뿐이었다. 누구든지 이 광경을 보는 자는 경의를 표하지 않을 수 없을 것이다. 여운형 씨에 대해서 나도 불만한 바가 없지 않았으며 최근에도 항간에 다소 비난이 일어나고 있는 듯하다. 그러나 나는 현재 좌우합작에서 그의 몇 가지 용단을 알고 도리어 경의를 표하고 싶다. 하여간 김·여 양씨에 대해 기대가 큰 만큼 우리는 그들을 격려하며 그들로 하여금 유종의 미가 있게 하기에 노력할 것뿐이다. 미리 조급증을 내서 그들로 하여금 낙심을 시킨다는 것은 신경과민일 것이니 경계해야 되리라고 생각한다.

"일제시대만 못하다"
환국 1주년 소감

1946년을 마무리하면서, 백범의 친일파에 대한 공격이 많아졌다. 이것은 우익 내에서 이승만·한국민주당의 부상과 백범·임시정부의 하락, 백범의 좌우합작에 대한 경사 등과 함수관계에 있다. 11월 23일은 임정 환국 1주년이기도 하지만, 임정 환국을 제1호 호외로 보도한 『서울신문』 창간 1주년이기도 하다. 이 글은 『서울신문』에만 수록되어 있다. _ 『서울신문』 1946. 11. 26

오늘 11월 23일은 내가 환국한 지 1주년이 되는 날이다. 나의 연령이 고희를 넘어 신경이 둔하고 혈기가 쇠약하다 할지라도 목석이 아닌 이상 어찌 느끼는 바가 없으랴. 그러나 친애하는 동포들의 친절한 부탁을 한 가지도 이행하지 못한 나로서 이날 이 땅에서, 더구나 이 환경에서, 어줍지 않게 감상 혹은 정론政論이나 발표하고 앉아 있는 것은 양심상 허용하지 않을 뿐만 아니라, 남의 웃음거리가 되지 않을 수 없는 것이다.

그러므로 나는 오늘 하루를 반성과 침묵으로 보낼까 하였는데, 뜻

밖에 오늘이 『서울신문』 첫돌이라고 축하 인사로 문장 한 편을 써 달라는 부탁을 받게 되었다. 강화江華에서 돌아와서 여장도 풀기 전에 받은 부탁이니 졸문 졸필인 나에게는 굉장히 어려운 일이다. 그러나 남의 잔치를 빌려서 무료한 내 심정의 한 구석이라도 풀어 볼까 하여 붓을 들었다. 뜻밖의 일이 되어 준비가 없으므로 무조건 무질서하게 쓰는 수밖에

백범의 『서울신문』 창간 1주년 기념사. 환국 첫돌을 맞이하는 심정이 상당히 비관적이다(『서울신문』 1946. 11. 26).

없다. 어그러짐이 많으나 따뜻한 양해로 나의 솔직한 것만 살피고 읽어 주시기를 바란다.

나의 심정을 언제든지 요란케 할 뿐만 아니라 서늘하게 하며 뭉클하게 하는 것이 있으니, 그것은 "일제시대만 못하다"는 소리다. 내가 입국한 지 몇 개월이 되지 못하여 이 소리를 듣기 시작했는데, 최근에는 경향 각지에서 이 소리가 있는 것 같다. 이런 말을 하는 사람들의 양심도 우리가 다시 검토할 필요는 있겠지만, 그런 소리가 나오는 사실을 무시할 수가 없는 까닭에, 현실을 현실대로 인정하고 논하는 것이다.

오랜 기간 전쟁의 와중에 있었고, 또 왜적의 퇴각과 동시에 더 한층 큰 파괴를 당한 우리에게 물질적 혜택이 극도로 빈약할 것만은 사

실이다. 그러므로 "일제시대만 못하다" 하는 것도 무리는 아닐 것이다. 그러나 정신상으로는 해방으로 무한한 위안을 받아야만 할 것인데, 사실은 그렇지도 못하다. 물론 물질의 혜택이 결핍한데 정신상 고통이 없기가 어렵지만, 그것도 정도 문제. 과연 최근의 상황은 울자니 상서롭지 못하고 웃자니 유쾌한 것이 없이 되었다.

이와 같은 모순의 현상을 개선할 의무와 능력을 가진 사람은 물론 위정자인 것이다. 그중에도 더 큰 책임이 있는 사람은 한국인 관리가 아닐 수 없다. 그러나 우리 자신에게도 책임이 있는 것을 잊어서는 안 된다. 보라, 입으로는 통일을 부르짖으면서 자꾸 정치단체를 만들어 낸다. 주의와 사상이 다름을 빙자하지만, 같은 진영 내에서도 이합집산이 끝이 없다.

민족반역의 응징을 부르짖으면서 해방 이후 새로 나오는 민족반역에 대해서는 주의하지도 않는다. 친일분자의 숙청은 마땅하지만, 그 죄상을 헤아리지 않고 자기의 애증에 따라서 용서할 만한 자도 기어이 매장하려고만 한다. 반면 친일분자로 지목을 받는 자 중에서, 일찍이 왜적 이상으로 왜국을 위하여 충견 노릇을 한 무리는 감히 대두도 하지 못하며, 혹 그 정상이 비교적 가벼운 무리로 자숙하는 부분도 없지 않다. 그러나 소위 황국皇國의 성전聖戰을 위하여 글장이나 쓰고 연설쯤 한 것은 문제도 되지 않는다고 하면서 도리어 발호하는 무리를 대할 때는 구역질이 나지 않을 수 없다. 만일 전국의 지사들이 적의 핍박으로 인하여 한 사람이라도 이것을 피한 자가 없다 하여도 그와 같이 철면피 노릇을 하지 못하려든, 하물며 그런 교태를 버리지 않고도 지금까지 살아 있는 지도자들이 있는데야 어찌하랴.

118

이 밖에 또 공명정대와 결백을 부르짖으면서 뇌물을 주고받는 행위가 공공연하게 표현되고 있다. 이권利權을 처리할 권한을 맡은 부분일수록 이것이 더욱 심한 듯하다. 통화가 팽창하여 물가가 점점 올라가 민생이 도탄에 있건만, 돈은 점점 극소수의 모리배와 부호의 손으로 들어가고 있다. 그리하여 중산계급 소시민까지 빈손의 무산층으로 몰락하는 경향을 보이고 있다. 그러나 모리배들은 그 위험한 상태를 도외시하고 절대다수의 동포를 기만하여 우롱하면서 그들의 주머니를 짜내고 있다. 내가 여기 지적하는 모리배에는 동포의 이익을 무시하고 자신의 사사로운 이익만을 위해 날뛰는 정객政客들도 포함하지 않을 수 없다.

이와 같은 예는 일일이 거론할 필요조차 없거니와, 그 원인을 생각하면 일본 제국주의가 직접 간접으로 끼쳐 준 심리상 독소가 그대로 남아 있기 때문이다. 이러한 독소가 남아 있는 한 모든 것이 일제시대와 같든지 도리어 그만도 못할 것이다. "푸른색은 쪽에서 나왔으나 쪽보다 더 푸르다"는 것은 이를 두고 한 말일 것이다. 한마디로 말하면 우리에게 남은 심리상 독소를 깨끗이 숙청하지 못하면, 안으로 민족적 통일, 밖으로 국제적 동정은 없을 것이다.

"마음이 죽은 것보다 더 큰 절망은 없다"라 하니 어찌 경계하지 않으랴. 우리가 혁명을 완전히 성공하려면 반드시 먼저 혁심革心을 해야 한다. 조국의 완전한 독립과 동포의 자유로운 번영을 위하여 새로운 국가를 건설하려는 우리는 먼저 새로운 심리를 건설하지 않으면 안된다. 나의 감상이 어찌 보면 설교와도 비슷하지만 나는 갈수록 이것을 심각히 느끼고 있다.

『서울신문』이 탄생한 지는 불과 1년이지만 그동안에 여론 지도와 민지民智 계발에 위대한 업적을 내어 실로 우리의 독립운동에 공헌이 지대하였다는 것은 자타가 공인하는 바로 경의를 표하는 바이거니와, 앞으로는 심리 건설을 위하여 특별한 노력이 있기를 간망한다. 그리하여 하루라도 속히 "일제시대만 못하다"는 소리를 근절시키는 동시에 우리의 자주독립을 촉진하자.

평생을 독립에, 외투는 동족에

김구의 자애

1946년 12월 8일 이후 갑자기 날씨가 추워져 영하 14~15도 이하로 내려가는 바람에, 9일 밤 용산에서는 50여 세 된 성명 미상의 남자 전재민이 얼어 죽었으며 각 전재민 수용소에 병자가 속출했다. 12월 10일 백범은 장제스가 이별 선물로 준 외투를 독립촉성국민회에 기증했다. 다음은 「김구 선생의 자애」라는 제목으로 실린 관련 신문기사인데, 여기서 백범이 1946년 12월 2일 출국한 이승만의 방미외교에 대한 후원을 언급하고 있는 것에 주목할 필요가 있다. 즉 1946년 후반 좌우합작으로 기울어졌던 백범은 이승만의 방미 訪美 이전에 다시 이승만과 우호적인 합작 관계를 회복하여 1947년의 반탁정국을 다시 이끌게 된다. ＿『동아일보』 1946. 12. 12

서울의 기온이 갑자기 영하 20도로 강하하는 혹한의 12월 10일 하오 4시, 석양이 비치는 운현궁 내의 독립촉성국민회 위원장실에서 열린 국민회 중앙간부회의에 참석한 김구는 회의가 끝난 뒤 "이 외투는 작년에 본국으로 돌아올 때 본국은 충칭보다 춥겠다고 해서 장제스 씨가 이별 선물로 준 것이오. 이제 전 국민이 독립을 위하여 모든 힘을 다

하고 돈이 필요할 때는 돈까지 내는데 나에게도 조국을 위하여 바칠 물건이 있는가 해서 찾아보았더니, 없어서 이 외투를 내놓는 것이오. 수많은 동포가 외투 없이 겨울을 넘기는 것을 보고 내 마음이 떳떳하지 않을 뿐만 아니라, 이 박사 형님을 수만 리 밖으로 외교 보내는 데 대하여 내 정성을 표하는 것이오" 하고 입었던 감색 외투를 벗어 조성환曺成煥 위원장에게 맡기었다. 건장하시다고는 하나 이 혹한에 칠순의 늙으신 몸으로 단 한 벌밖에 가지지 않은 외투를 조국의 독립을 위하시고 헐벗은 동포를 생각하여 벗으시는 정경에 대하여, 조 위원장을 비롯해서 일당一堂에 모인 사람은 모두 감명받았다.

　조 위원장은 눈물을 흘리면서 "가난하신 선생은 조국의 독립을 위하여 평생을 싸우시고, 이제 이 추운 혹한에 단 한 벌의 외투까지

122

조국에 바치셨는 데 대하여, 우리들 전 국민은 선생의 은혜를 가슴에 새기고 우리의 생명까지 내던져서 조국의 독립을 찾을 것이오" 하는 대답을 드렸다.

1947. 1~12

좌절과 모색

하고 이것을 希望이 보이지 아니합니다. 그러면 잇지

을 希望이 보이지 아니합니다. 그러면 잇지

고 約束된 獨立을 抛棄하겟슴니가

오늘 이꼴에는 三八線以南以北을 別個國으로

그럿케 맨들랴고 勢力하는 사람도 만

사람이 업지 아니하리라고 생각됨니다

한 이것을 遂行하는 사람도 만이 잇슬가 아니하

꿈을들이 出席하는것을 充實하지도 아니하

넷잇나아가 남이 一時的으로 分割해논 祖

넷잇나아가 남이 一時的으로 分割해논

念이여 行動으로써 永遠히 分割해 놋

念이여 우리가 우리의 몸을 반쪽에 넣지

어신 祖國이야 엇지 참아더 보겠나 잇가

어신 祖國이야 엇지 참아더 보겠나 잇가

嗚呼 동 모다는 울이나 잇지 참아서 보 잇

민족적 자각이 있어야

신년사

1946년의 정치적 결산이라 할 수 있는 남조선과도입법의원 선거에서 이승만이 주도하는 우익은 다수파를 장악하여 미국의 새로운 대안인 좌우합작의 김규식을 제압하는 데 성공했다. 그러나 하지 사령관은 관선의원官選議員 선정 등으로 여전히 이승만을 견제했다. 한국에서는 문제가 해결되지 않는다고 판단한 이승만은 '하지보다 높은 선'을 찾아 방미訪美를 결정했고, 김구는 이제 행동할 시기라며 이승만을 수반으로 하는 임시정부 봉대를 주장했다. 즉 이승만과 김구는 1946년 말 다시 합작을 모색했다. 그러나 두 사람의 무게중심은 달랐다. 이승만은 해결의 열쇠가 미국에 있다고 판단했고, 김구는 민족의 자각과 행동을 중시했다. 이것이 두 사람의 차이다. 1946년 12월 2일 이승만은 출국했고, 1947년 1월 1일 백범은 민족의 자각을 강조하는 신년사를 발표했다. __ 『조선일보』 1947. 1. 1

오랫동안 해외 생활을 해서 국내 사정을 잘 모르고 있다가 지난 1년 동안 국내 생활을 하고 느낀 바를 간단히 요약해서 말한다면, 40년간의 노예 생활에서 전례 없는 심각한 민족적 고난과 비애를 경험한 우

리 민족이 아직도 민족적 자각이 부족하다는 것이다. 남 덕분에 무엇이 되리라고 헛꿈을 꾸고 있었기 때문에 지난 1년 동안 아무런 성과도 없이 귀중한 시간만 허송한 것이다.

지금 세계의 강대국들은 약소민족을 해방시키고 그들을 원조·육성하려는 고마운 뜻을 보이고 있으나, 우리 민족은 불행하게도 그 뜻과 반대로 괴로움을 받고 있다. 보라, 단일민족인 우리가 천만뜻밖의 38선이란 압축대로 인해 질식하고 있지 않은가? 남조선에 대한 북조선의 정책이나 북조선에 대한 남조선의 정책을 보라. 비근한 예를 들면 최근 법령 127호로 발포된「대對 북조선 미곡수출금지령」[1] 같은 것은 실로 외국에 대한 법령과 같은 것이다.

이남에 있는 자제가 이북에 있는 부모를 공양할 수 없게 되니, 부

모와 형제가 굶어 죽어도 속수무책으로 보고만 있어야 할 것인가? 우리는 새해를 맞아서, 국제공약에서 해결해 줄 것만을 고대치 말고 우리의 힘으로 해야 되겠다는 자각을 다시 새롭게 해야 할 것이다. 우리는 거족적인 자각이 있은 후에라야 우리에게 서광이 비쳐 올 것이라는 것을 좀 더 통절히 느껴야 한다.

1
1946년 11월 15일에 제정된 군정 법령 127호, 「미곡밀수출 등의 처벌」을 말한다. 동 법령에서는 15조 (가)항에서 "조선이라 함은 북위 38도 이남 조선의 지역을 지칭함"이라 규정하여, 38선 이북으로 미곡 수출을 전면 금지했다. 이를 어길 경우 초범인 경우에는 "10년 이상의 징역과 금 10만원 이상의 벌금, 재범인 경우에는 20년 이상의 징역과 금 20만 원 이상의 벌금, 삼범 이상의 누범인 경우에는 무기징역과 50만 원 이상의 벌금"을 부과했다.

나는 왜 살아서 이 꼴을 보는가

김좌진 장군 추도사

청산리전투로 저명한 백야白冶 김좌진金佐鎭 장군(1889~1930)은 1911년 북간도에 독립군사관학교를 설립하기 위해 자금조달차 족질族姪 김종근金鍾根을 찾아갔다가 체포되어 2년 6개월간 서대문형무소에 투옥된 적이 있다. 그런데 『백범일지』에서 밝힌 바와 같이, 당시 백범은 서대문형무소에서 김좌진을 만난 적이 있다. 그 후 김좌진 장군은 1930년 박상실朴尙實의 흉탄에 맞아 순국했다. 1947년 1월 16일, 서울 국제극장에서는 '김좌진 장군 추도식'이 거행되었는데, 백범은 "나이 팔십의 체면도 잊어버리고 어린애처럼 목 놓아" "통곡 또 통곡!"하여, 추도사가 몇 번이나 중단되었으며 추도식장은 온통 눈물바다로 바뀌었다. 추도식장의 이런 분위기는 당시 백범이 의도한 대로 정부 수립이 순탄하게 추진되지 못했던 정황도 반영된 듯하다. _ 『대동신문』 1947. 1. 18

서대문감옥에서 어느 청년이 내게 와 인사를 하는데, 나는 처음으로 이름만 듣던 청년이던 김좌진 당신을 만났소. 나는 그때 나이 사십에 17년 중역重役이었고, 당신은 5년의 형을 받았기에 당신이 먼저 나가

김좌진 장군 추도식에 대한 보도. 백범 이하 모든 사람들이 통곡했다고 한다(『대동신문』 1947. 1. 18).

백범은 1911년 안악사건으로 서대문형무소에 투옥되어 그곳에서 김좌진 장군을 만났다. 사진은 서대문형무소를 다시 찾은 백범(1946. 1. 23). 사진 하단에 "김구 주석 이하 在監이 엿쓴 서대문형무소 관람 기념 촬영"이라 쓰여 있는데, 1열 중앙이 백범, 좌우로 김홍량金鴻亮 · 도인권都寅權, 2열 왼쪽부터 감익룡甘益龍 · 최익형崔益馨 · 이승길李承吉. 이들은 모두 안악사건으로 투옥된 동지들이다. 2열 오른쪽 끝은 우덕순禹德淳인데, 안중근 의거로 투옥되어 당시 서대문형무소에서 백범 등과 상봉한 바 있다.

서 일을 하겠다고, 밥을 먹을 때마다 내게 와서 둘이서 소곤거렸지요. 그 후 당신도 총에 맞고 나도 총에 맞았는데, 왜 나 혼자 살아서 오늘날 이 꼴을 본단 말이오. 당신은 영혼이 되시어 우리 동포를 이끌어 가는 나를 보호해 주시오. 그리고 땅 밑에서 당신과 만날 때 우리 둘이서 그 옛날 서대문감옥에서 하던 말 다시 말해 봅시다.

독립운동의 최고기구를 단일화하자
동지들에게 경고함

1946년 후반, 백범은 이승만과 소원해지고 좌우합작으로 경사하였다. 그러나 12월 이승만의 방미를 앞두고 백범은 다시 이승만과 공동 행동을 합의했다. 1947년 1월 11일 미소공위 재개를 위해 하지 미군사령관이 치스차코프 Ivan Chischakov 소련군사령관에게 보낸 '서신'의 내용이 공개되자, 우익진영은 성명·시위·테러 등 다양한 방법으로 반탁운동과 중간파에 대한 공격을 강화했다. 백범은 1월 18일 전국반탁학련 반탁궐기대회 1주년을 기념하여 지난해와 같은 대대적인 반탁 데모를 계획했다. 반탁 데모는 성사되지 않았지만, 백범은 이러한 활동을 통해 비상국민회의·독촉국민회·민족통일총본부 등의 통합을 위한 연석회의를 개최하여, 자신을 위원장으로 하는 '반탁독립투쟁위원회'를 결성했다. 백범은 이 같은 반탁운동을 통해 비상국민회의를 중심으로 우익을 통합하여 정부 수립으로 나아가고자 했다. 이 글은 그것을 보여 주는 문건인데, 여기서 백범은 자신이 1946년 민주의원 창립에 관여한 것, 미소공위 5호 성명에 서명한 것, 좌우합작에 경사한 것 등을 실수라고 해명했다. 백범의 성명을 계기로 2월 14~17일 비상국민회의가 개최되어 세 단체를 통합하고 통합기구의 명칭을 '국민의회'國民議會로 결정했다. ___

『동아일보』·『서울신문』·『조선일보』 1947. 2. 9

친애하는 동지 여러분!

내가 입국한 지도 벌써 14개월이 되었다. 그동안 조국 독립에 대한 우리의 자신은 더욱 확고해지고 있으나, 우리를 둘러싼 객관적 정세의 발전은 초조와 괴로움을 느끼게 하는 바 적지 않다. 사상적으로 대립한 미소 양군의 점거는 우리 민족의 내부 분열에 가세를 하고 있으며, 철벽같은 38선은 민족적 비애를 양출量出하였을 뿐 아니라 경제적 혼란까지 초래하였으며, 미소공위 결렬은 3상회담의 결정을 전체적이냐 부분적이냐 논할 것 없이 실효失效케 하고 있다.

우리는 독립을 약속한 동맹국을 전적으로 신뢰하며, 또 고귀한 생명과 피로써 우리 강토 내에서 일제를 쫓아내 준 동맹군에 무한히 감사하는 까닭에 침묵만 지켜 왔다. 심지어 도처에서 일어나는 동맹군의 약탈·능욕·살해까지도 최대의 인내로써 관대히 임하고 있다. 우리의 가슴은 울분에 차 있으되 행여나 은혜의 정의를 상할까, 혹은 배외排外의 혐의를 입을까 염려하여 말과 행동을 근신해 왔다.

그러나 이에 대하여 돌아오는 답은 우리 동포 중에 탁치를 찬성하는 자가 점점 늘어 간다는 것이며, 또 언제 재개될지 알 수 없는 미소공위에 대한 우리 의사의 자유 발표까지 미리 봉쇄하려는 것뿐이다. 이 얼마나 무자비한 일이냐? 이것은 한국 민족만의 비애가 아니다. 전 세계 약소민족의 비애가 되지 않을 수 없는 것이다.

그러나 이러한 비애 중에서라도 우리는 남만 원망할 필요는 없는 것이니, 우리의 장래를 멀리 보면서 과거를 회고하며 반성해야 할 것이다. "스스로 반성해야 남도 반성한다" 하였으니, 지나간 과오를 깨끗이 청산하지 못하고 앞으로의 계획도 없이 바삐 내달리기만 한다면

민족통일총본부와 독촉국민회를 비상국민회의
에 통합하자는 백범의 성명(『동아일보』 1947.
2. 9).

그것은 헛수고일 뿐 아니라 도리어
남의 멸시만 더해질 뿐이다.

　나 자신도 적지 않은 과오로 인
하여 나를 열렬히 애호하고 독려해
주는 동지 동포 여러분의 기대를 저
버린 바 없지 않았다. 더욱 '민주의
원' 창립, '미소공위 제5호 성명에
관한 서명',[1] 또 최근 좌우합작 개시
등을 통하여 의존성과 헛된 희망을
가졌던 까닭에 여러분께 누를 끼친
바 적지 않았다. 고요한 밤에 병상
에 누워 스스로 자신에게 물어보매
머릿속에 만감이 교차하여 잠을 이
루지 못할 뿐이다. 양심에 가책되는
바 있어, 앞으로는 내 책임을 다해
공을 세우고 속죄하여 동지 동포 여
러분의 부탁을 만분의 일이나마 이
행하기를 다시 결심하였다.

　그러나 독립진영을 돌아보면 지
리멸렬 상태에 빠져 있으니 어찌 한
심하지 아니하랴? 온갖 당黨·회會·
단團이 무질서하게 수립되어 군웅할
거의 형태를 이루니, 명령 계통이

서지 못한 것은 말할 것도 없고, 상호간에 시기·비방·암투로 일보도 전진하지 못하고 있다. 이러한 혼란을 틈타서 애국자의 가면을 쓴 무리들과 모든 사람들이 손가락질하는 친일파 모리배까지 날뛰고 있다. 안으로 이것을 정리하지 못하면, 반탁이니 독립이니 하고 큰 소리로 떠들더라도 그것은 스스로를 속이고 남을 속이는 실속 없는 말밖에는 아무것도 안 될 것이다.

그러므로 우리는 시급히 독립진영을 정화하며 확대 강화함으로써 재편성하여 특히 독립운동의 최고 방략을 마련하고, 또 그것을 운영할 수 있는 유일 최고기구를 설치하지 않으면 안 된다. 우리는 어떤 기구를 구태여 새로 만들 것 없이, 현재 있는 민족통일총본부·독촉국민회·비상국민회의 중에서 하나를 선택하면 족할 것이다. 그런데 그중에도 비상국민회의가 수십 년 독립운동의 법통을 계승하였으니, 나는 민족통일총본부와 독촉국민회를 이에 합류시켜 먼저 세 기구를 단일화한 후, 그것을 적당히 확대 강화하여 독립운동 최고기구의 임무를 감당할 수 있도록 개조하기를 주장한다.

그리고 각 정당은 합동을 원칙으로 하되, 즉시에 합동이 곤란하거든 상호 긴밀하게 제휴하며 각 정당들과 기타 독립운동의 각 부문 단

1
1946년 반탁 단체 처리 문제로 지지부진하던 미소공위는 4월 18일 미국 대표가 소련의 제안을 받아들임으로써, 그간 반탁운동을 했더라도 모스크바 3상회담의 결정을 지지하면 미소공위 참여가 가능하다는 「공동성명 제5호」를 발표했다. 이로써 미소공위는 새로운 국면에 접어들게 되었다. 4월 22일 이승만이 '반탁과 찬탁을 막론하고 공위 참여'를 주장한 것을 계기로 반탁진영은 '신탁 반대·공위 참여'라는 입장으로 정리되었다. 이에 대해 소련은 '사기'라고 반대하여 미소공위는 결국 결렬되었다. 1947년 우익진영이 다시 반탁운동을 개시하면서, 1월 16일 35개 정당·단체 대표협의회를 열고 「공동성명 제5호」에 대한 서명 자체를 취소한다고 발표했다.

체들이 각각 권위 있는 대표자를 최고기구에 참가시켜 공동으로 노력하는 동시에, 최고기구와 소속 단체의 종적 관계를 엄밀히 하여 그 명령에 절대 복종하도록 하지 않으면 안 될 것이다. 그러한 뒤에는 이 최고기구의 지휘하에 민중에 대한 훈련·선전·조직을 유효하고 신속하게 추진해서, 독립진영을 민중의 토대 위에 견고하게 세우지 않으면 안 된다. 그러나 이에 반하여 계획 없는 순간적 관념이나 한때의 흥분된 충동으로 의외의 행동을 한다면 도리어 민중과 이반되고 국제간의 동정을 잃어버릴 역효과만 가져올 것이니, 이것은 깊이 경계해야 할 것이다.

긴박한 형세에 호응하기 위하여 내가 평소에 생각하던 원칙을 내용도 구비하지 못하고 거칠게 제기한 것은 심히 유감이다. 그러나 추후 계속하여 이것을 상의할 것을 전제로, 우선 이 원칙만이라도 실현하기 위하여 동지 여러분이 나와 더불어 공동분투하기를 간망하는 바이다.

끝으로 한마디를 추가한다면, 반탁독립투쟁위원회에 관한 것이다. 이 조직은 반탁운동을 전개하기 위한 임시적 기구다. 그러므로 우리가 원하는 독립운동 최고기구가 성립되면 위원회는 당연히 그 산하로 들어갈 것이며, 필요하다면 해산할 수도 있을 것이다.

대한민국 29년(1947) 2월 8일

김구

조선은 동서 평화의 관건이다
미국 신문기자단에게

미국 신문기자단 일행은 1947년 2월 11일 하지 중장 이하 군정 요인들의 환영 속에 입국했다. 그들은 하지 중장, 브라운Albert C. Brown 소장, 군정청 기자단, 입법의원, 군정청 부처장 등과 회견하고, 러치G. A. Lerch 소장 초대연, 신문협회 초대연 등에 참석했다. 2월 13일 창덕궁 인정전에서 국민의회 주최의 환영연이 있었는데, 이 자리에서 백범은 다음과 같은 메시지를 전달했다.

　　당시 이승만은 방미 중이었다. 이승만은 자신이 없는 국내에서 백범이 부상하는 것을 우려해 서둘러 귀국하고자 했고, 이승만처럼 미국에 갈 수 없는 백범은 신문기자단을 통해 미국에 자신의 의견을 전달하고자 했다. 내용의 핵심은 신탁 반대와 즉각적인 정부 수립이지만, 미소공위에 영국 및 중국의 대표와 아울러 조선인 대표도 참가케 하는 방식을 제기하고, 한반도를 동서 평화의 관건으로 주장한 것이 눈길을 끈다.　＿『경향신문』·『동아일보』 1947. 2. 14, 2. 16

하지 중장 이하 미군장병이 성심성의로 조선 재건에 노력은 하고 있으나 조선인의 심리와 사정에 어두운 관계로 소기의 효과를 거두기도 용

한국을 방문 중인 미국 신문기자단에 한국 대표의 미소공위 참가를 요청하는 백범(『동아일보』 1947. 2. 16).

이치 않을 것 같습니다. 이러한 점으로 보아 하지 중장이 최소한 기간 내에 행정권을 조선인에게 이양하기로 결정한 것은 적절한 조치라고 생각합니다.

한 걸음 더 나아가서 군정軍政을 해산하고 민정民政으로 하는 동시에 조선인 독자의 정권을 수립하여 미 군사령관과 협력케 하면, 민생 문제와 기타 긴급한 중요 문제 해결에 있어서 일층 양호한 성과를 보게 되지 않을까 합니다.

이와 같은 조선인 독자의 과도 정권 수립은 총선거를 통하여 할 수도 있고, 현 입법의원에서 정권 이양 법령을 통과하여 할 수도 있는 것입니다. 하여튼 민생 문제를 해결하고 아울러 조선인 간에 친선과 이해를 일층 긴밀히 촉진하기 위하여 한국인 독자의 정권을 수립하는 것은 시급한 문제인가 합니다.

남조선의 과도 정권 수립은 물론 임시방책입니다. 남북 통일정부 수립까지의 잠정적 조치입니다. 아니 남북 통일정부 수립 촉진의 일 방책이라고도 할 수 있습니다. 몽매간에도 잊지 못할 우리의 최고 목표는 38선을 즉시 철폐하고 남북 통일정부를 수립하는 데 있습니다.

이 정부는 물론 독립정부라야 합니다. 신탁통치는 우리 민족의 이상에 위반될 뿐만 아니라 「대서양헌장」[1]의 민족자결주의와 「카이로선

언」의 독립공약과도 배치되는 것입니다. 그뿐 아니라 4개국 공동관리 하에서 조선 임시정부는 그 기능을 원활히 발휘할 수 없을 것입니다. 이러한 의미에서 조선 민족 전부가 다 신탁통치에 반대하고 있습니다. 이 난점으로 인하여 미소공동위원회는 그 임무를 수행치 못하고 있는 형편입니다.

이러한 실정에 있으므로 우리는 오는 모스크바 4상회의에서 1945년의 모스크바협정을 충분히 재검토하고 원만한 실효를 얻도록 교정하기를 바라는 바입니다. 즉 신탁통치 조항은 전부 삭제하고 조선의 완전 독립을 즉시 실시하기로 하되, 그 방법으로 미소공동위원회의 구성을 확대하여 영·중의 대표와 아울러 조선인 대표도 참가케 하였으면 좋을까 합니다. 그렇게 되면 재래에 다만 미소 양국 대표로만 구성되어 사실상 거부권을 행사할 수 있었던 그간의 폐를 덜고 위원회 임무 수행에 큰 진전을 보게 될 것입니다.

조선이 비록 약소하나 능히 동서 평화의 관건이 될 수 있고, 평화 애호와 인격 존중의 장구한 전통은 능히 세계 민주주의 국가와 제휴하여 세계 평화 재건의 한 계기가 될 수 있습니다. 위대한 민주주의의 나라로서 세계 평화 건설의 선구자인 미국의 언론계를 대표하는 여러분은 이 사실을 널리 미국 친구들에게 전하여 조미朝美 양국의 일층 친선과 이해를 조장하시기 바랍니다.

1
1941년 8월 14일 미국 루스벨트 대통령과 영국 처칠 총리가 대서양 해상의 영국 군함 프린스 오브 웨일스 호號에서 회담한 후 발표한 공동선언. 제2차 세계대전 당시 연합국 공동 전쟁 목표와 국제 연합의 이념적 기초를 제시한 것으로, 주요 내용에는 "강탈된 주권과 자치自治의 회복"이 포함되어 있다.

반탁으로 독립 완성

3·1절 기념사

1947년 1월 24일, 백범은 반탁투쟁위원회의 결성을 주도했고, 2월 29일 반탁투쟁위원회는 경향 각처에 반탁투쟁에 대한 전국적인 지침 「반탁독립투쟁에 관한 건」을 발송하여, 3·1절 기념행사를 계기로 반탁주간을 특설하고, 가가호호에 "절대반탁 자주독립"이란 표어를 붙일 것 등을 지시했다. 이러한 반탁운동의 분위기 속에서 백범은 다소 유연한, 즉 국제적 협조를 강조하는 3·1절 기념사를 발표했다. __ 『조선일보』 1947. 2. 28; 『경향신문』·『동아일보』 1947. 3. 2

내가 국내에 들어온 뒤 이제 두 번째 3·1절을 맞게 된다. 어느 3·1절에 기쁨이 가득하지 않은 적이 있었으며, 결심이 새롭지 않은 적이 있었으며, 희망이 켜지지 않은 적이 있었으랴. 그러나 작년 3·1절같이 모두 기뻐하며 춤추었던 적은 없을 것이다. 지난 3·1절에만은 삼천만 동포의 느낌이 꼭 같았을 것이다. 지방의 남북도, 남녀의 구별도, 노소의 차이도, 주의의 대립도 문제가 아니었을 것이다.

그러나 금년 3·1절에는 온 강산에 일종의 침통한 저기압이 가득

하며 기쁨 대신 우울과 실망이 있을 뿐이다. 그러나 큰 바다로 향하는 물줄기가 앞으로만 전진하는 것 같이, 역사의 바퀴도 뒤로 구를 수는 없는 것이다. 사막과 암초가 약간의 장애는 될 수 있을지언정 그 흐름을 막지 못하는 것처럼, 험준하고 기구한 정세도 역사의 바퀴로 하여금 뒷걸음치게 하지 못할 것이다. 그러므로 오늘날 우리의 객관적 정세가 비록 침통한 저기압을 보이고 있을지라도, 기미년 3월 1일 일어난

반탁운동 중에 발표한 백범의 3·1절 기념사(『조선일보』 1947. 2. 28).

전 민족적 독립운동의 도도한 전진만은 저지할 수 없는 것이다. 더구나 그 위대하고 순결하고 숭고한 정신은 가히 침범치 못할 것이다.

　과연 3·1의 정신은 천추에 빛날 것이다. 이 정신을 보위하고 이 정신을 호흡하면서 매진하는 배달 자녀의 앞길에는 극복하지 못할 정세와 꺾지 못할 곤란이 없으리니, 오직 탄탄대로만 있을 뿐이다. 인류는 모순 가운데서 생장하고, 모순 가운데서 진보한다. 선악의 대립 중에서도 능히 그 바른길을 찾아 나가는 자에게 성공이 있는 것이다. 눈앞의 조국 정세를 살피건대 불리한 반면反面이 있는 동시에 유리한 정면正面도 있다는 것을 인식할 수 있다. 핵심은 반면을 극복하고 정면을 키워 확대하는 것이다.

　그러면 무엇을 가리켜 유리한 정면이라 하는가. 두세 가지 예를

들어 보기로 하자. 첫째, 남북을 통하여 우리 삼천만 동포는 역사적 사실보다도 현실적 체험에서 자주독립에 대한 신념과 희망이 확고해지면서 이것을 위하여 더욱 분투하는 것이다. 이 근본 문제가 해결되지 못하는 한 생활 문제·정치 문제 등의 해결을 꿈꾸는 것은 헛된 노력, 헛된 희망에 불과하다는 것을 그들은 벌써 명백히 인식하고 있다.

둘째, 이 세계에 우리의 친우는 많이 있으되 과거의 왜적과 같은 원수가 없게 된 것이다. 우리의 친우가 많으므로 그들은 우리의 독립을 호의로써 원조하려고 하는 것이다. 그러한 까닭에 그 호의가 호의로써 접수되지 못할 때는 얼마든지 개선하려고 노력하는 것이다. 최근 미국 국무부에서 우리 문제를 좀 더 신중히 검토하기 위하여 하지 중장을 워싱턴으로 소환한 것도 그 호의의 표현이다. 어찌 미국만이 우리에게 호의를 가지고 있으랴. 우리의 동맹국은 다 그러할 것이다. 소련도 우리 문제를 해결하는 데 반드시 우리의 민의를 존중할 것이다.

셋째, 이승만 박사를 비롯한 재외동포들의 혁혁한 활동이다. 워싱턴에 있는 이승만 박사·임영신任永信 여사·김용중金龍中 등 여러 선생과, 난징의 박찬익朴贊翊 선생을 수뇌로 한 우리 임시정부 주화駐華대표단, 또 최근에 런던에 도착한 임병직林炳稷 씨 등의 활동이 우리가 소원하는 독립을 즉각 성공시킬 수는 없으나, 그들의 쉬지 않는 노력으로 동맹국 정부 당국과 그 인민들은 한국 문제를 더욱 합당하게 이해하게 되며 우리에 대한 동정적 여론을 환기시킬 것이다. 소련에도 우리의 대표를 보내야 한다. 그러면 한국 문제는 정당한 해결 방안을 찾을 수 있는 것이다.

무릇 정당한 국제 정세를 따르고 협조하는 것은 당연하지만, 비록

호의를 가진 동맹국이라 할지라도 우리 사정을 모르는 탓으로 우리 문제를 바르게 결정하지 못할 경우에는 맹목적으로 따르기보다 성의와 우의로써 그 오류를 지적하는 것을 동맹국도 환영할 것이다. 그것은 그들의 본의가 고정관념을 고집하자는 데 있지 않고 한국 문제를 한국 인민이 원하는 대로 진지하게 원조하자는 데 있는 까닭이다. 그러므로 우리의 독립운동은 언제든지 국제간에서 동정과 원조를 얻는 것이다.

반탁운동도 독립운동이다. 이로써 미루어 보면 금년 3·1절을 맞이하며 약간의 불만이 있을지라도 조금도 낙심할 필요는 없다. 앞날의 서광을 바라보면 무거운 저기압도 사라지고 용기백배할 수 있는 것이다. 그러므로 우리는 마땅히 기쁜 마음으로 힘껏 이날을 즐겨야 할 것이다. 한마음 한뜻으로 경축해야 할 것이다. 조국 독립의 완성을 위하여 더욱 힘차게 공동 노력하기로 결심해야 할 것이다. 그러나 한때의 기분으로 의외의 행동을 취하여 국제간에 동정을 잃어서는 안 된다.

임정을 승인하라

브라운 장관과의 대담

백범은 다소 유연한 3·1절 기념사를 발표했지만, 본심은 역시 임시정부 승인이나 임정의 법통을 계승한 과도정부 수립이었다. 물론 1946년처럼 이승만·한국민주당은 김구의 주도권 장악을 우려하여 반탁운동이 정권 수립으로 진전되는 것에 협조하지 않았으며, 미군정도 김구의 과도정부에 대해 거부 태도를 명확히 했다. 이러한 시점에서 임시정부를 추종하는 일부에서는 '대한민국 임시정부 특별행동대 총사령부' 명의의 '포고령'을 배포하고자 했다. 좌익은 이러한 시도를 "아희들 작난"으로 비난했고, 우익의 이승만·한국민주당 역시 "국제 정세를 모르는 미숙한 자살 행위"라고 비판했다. 이러한 상황에서 3월 5일, 미소공동위원회 미국 측 대표인 브라운 소장은 우익 지도자 김구·조완구趙琬九·이시영·유림柳林 등을 덕수궁에서 만나 두 시간가량 요담했다. 이 대담록은 신문에 보도된, "신빙할 만한 정보에 의한 담화의 요지"인데, 임정의 승인 여부를 두고 백범과 미국 측의 의견 대립을 잘 보여 주고 있다. _ 『동아일보』·『조선일보』 1947. 3. 9

브라운 소장   소위 '포고령' 발포는 귀하들이 한 일이 아닌가?

김구 등   절대 우리는 그러한 일은 한 일이 없다.

김구   정권을 대한민국 임시정부에 이양해 주지 않겠는가?

브라운 소장   할 수 없다.

김구   해방 직후 우리는 중국에서 웨더마이어Albert C. Wede-
meyer(1897~1989)[1] 사령관을 회견하고, 미국이 대한민국 임시정부를 조
선의 정식 정부로 승인해 줄 수 없는가 질문하였다. 이에 대해 웨더마
이어 사령관은 국무부에 알아보겠다고 대답하고, 그 후 국무부의 회답
이라며 사령관은 ① 해외 정권을 승인한다면 국내에도 당신들과 같이
또 다른 정부가 수립될 터이니 그것을 어찌할 것이며 따라서 국내외
정부를 모두 승인해 줄 수 없으니 임정을 승인할 수 없고, ② 해외의
임정을 국내 인사들이 전적으로 지지한다고 할 수 없으니 임정은 승인
할 수 없다고 하였다. 그러나 우리가 국내에 들어와 조선 국민이 임정
을 절대 지지하고 있는 것을 보니, 국무부에서 내세운 두 가지 조건은
해소된 것으로 보이며, 따라서 임정을 승인해 주어야 되지 않겠는가?

브라운 소장   사실이 그러하다 하더라도 그 당시의 미국 견해와 현
재의 정세는 다르니 승인해 줄 수 없다.

1

1943년 10월 중국 지역의 미군사령관에 취임하여, 해방 직후 김구와 만나 임시정부의 귀국 문제를
협의한 바 있다.

발로 천하를 제패하듯
마라톤과 반탁운동

1947년 4월 19일 미국 보스턴에서 열린 제51회 보스턴 마라톤대회에서 서윤복徐潤福 선수가 우승했다. 1947년 4월 23일 백범은 서윤복 선수에게 축전을 보냈다. 이후 서윤복과 백범 및 이승만, 나아가 반탁운동과의 각별한 인연이 시작되었다. 6월 23일 서윤복이 인천항을 통해 귀국하던 날, 반탁진영은 '서윤복 선수 환영 국민대회'의 환영 분위기를 이용해 대대적인 반탁운동을 전개하고자 했다. 이날, 백범은 여진족을 물리친 청년 남이南怡 장군의 기백으로 반탁운동을 촉구한다는 의미에서, 청년 반탁운동가들에게 남이 장군의 시인 「북정」北征을 써 주었다. 당시 반탁진영의 거두인 백범과 이승만은 보스턴 마라톤대회에서 우승한 선수단을 각별하게 대접하였다. 백범은 서윤복에게 족패천하足覇天下라는 휘호를 써 주었다.

— 『조선일보』 1947. 4. 23; 백범김구선생기념사업협회

축전

이번 대회에서 우승함으로써 우리들에게 적당한 기회가 부여될 때에 한국 민족이 잠재한 역량을 충분히 표현할 수 있다는 것을 사실로써

146

세계에 증명한 군의 위대한 공적을
무한히 축하하고 감사합니다.

白頭山石磨刀盡 백두산석마도진

豆滿江波飮馬無 두만강파음마무

男兒二十未平國 남아이십미평국

後世誰稱大丈夫 후세수칭대장부

백두산의 돌은 칼을 갈아 다하고,

두만강의 물은 말이 마셔 다하네.

남아 이십 세에 나라 평정 못하면,

후세 그 누가 대장부라 이르리.

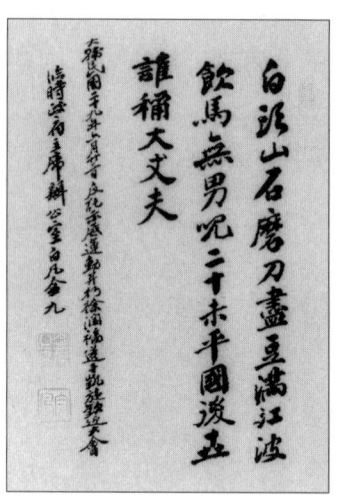

1947년 6월 23일 서윤복 선수 개선환영대회
겸 반탁 시위운동일에 백범이 써 준 남이 장군
의 「북정」. 여진족을 물리친 남이 장군의 기백으
로 반탁운동을 촉구한다는 의미이다.

대한민국 29년(1947) 6월 23일

반탁 시위운동 병행竝行 서윤복 선수 개선환영대회

임시정부 주석 판공실

백범 김구

아! 해방인가?

해방 2주년

이 글은 일종의 8·15 기념사인데, 백범은 해방 이후에도 여전히 민족운동이 필요하다고 강조하며 그 근거로 인도네시아를 예로 들고 있다. 인도네시아는 1590년 네덜란드에 점령된 후 약 350년 동안 네덜란드의 식민지였다. 1942년에는 일본이 네덜란드를 몰아내고 군정을 실시했으며, 일본의 항복 직후인 1945년 8월 17일에야 비로소 민족운동 지도자인 수카르노Sukarno를 중심으로 인도네시아 공화국의 독립을 선언했다. 그러나 1945년 9월 말 영국군이 인도네시아를 침공했다가 철수했고, 1947년 식민지 회복을 노리는 네덜란드가 다시 인도네시아를 침공했다. 이처럼 해방 2주년을 맞이하여 백범은 '해방'의 의미에 대해 진지한 비판의식을 지니게 되며, 다시 아시아의 민족운동에 주목하게 된다. 해방 2주년 기념일, 백범이 한 또 하나의 일은 자신이 애송하던 충무공의 시 구절 "誓海魚龍動서해어룡동 盟山草木知맹산초목지"를 써서 진해에 보낸 것이었다. ⎯ 『새한민보』 1947년 8월 하순호

재작년 8·15 이후부터 지금까지 우리들은 너무도 해방이란 훌륭한 명사에만 도취하여 우리 앞에 닥쳐오는 현실이 무엇인지 냉정하게 검토

할 여가가 없었다. 우리는 8월 15일에 적 일본의 침탈 세력으로부터 해방되었을 뿐이다.

미소 양군은 우리를 일본의 압박으로부터 해방시켜 준 은인이다. 그러나 우리는 지금 또다시 우리를 해방시켜 준 은인의 수중에서 해방되지 않고서는 남북통일도 실현될 수 없고 완전 자주독립 정권도 건립할 수 없는 것을 알아야 되겠고, 또한 우리 민족의 진정한 해방을 쟁취하기 위하여 영용한 투쟁을 전개해야 되겠다.

일본군이 인도네시아를 점령할 때 저들은 인도네시아를 침략한 네덜란드 군대를 쫓아내고 인도네시

백범이 쓴 충무공 이순신의 시비. 1947년 8월 15일 백범은 해방 2주년을 기념하여 자신이 애송하던 충무공의 시 구절 "誓海魚龍動서해어룡동 盟山草木知맹산초목지"를 써서 진해에 보냈다. 이 비석은 원래 진해 해군통제부 동문 앞에 있었으나, 백범 암살 이후 비석의 윗부분이 훼손당하고, 비석은 철거되었다. 이 비석은 1961년 4·19 이후 진해시 남원 로터리에 다시 세워졌는데, '誓海' 자 부분에 손질한 흔적이 완연하다.

아 민족을 해방시켜 주기 위하여 싸운 것이라고 선전하였다. 일본군이 투항하자 연합군은 또다시 일본의 침략으로부터 인도네시아를 해방시켜 주었다고 선전하였다. 그러나 네덜란드 군대는 독일이 네덜란드를 점령하는 당시에 사용한 것과 같은 무력행위로써 인도네시아 공화국을 진공하고 있다. 오직 진정한 독립만을 갈구하는 인도네시아 민족으로서는 일본이나 네덜란드나 마찬가지라는 고통을 느끼지 않을 수 없을 것이다.

어떤 나라의 독립운동사를 보든지 그 민족 자체의 영용한 투쟁이 없이 독립이 완성된 예가 없다. 우리의 앞에도 이러한 난관이 있다는 것을 알아야 된다. "독립정권을 건립하자" "자율정부를 세우자" 하는 말은 절대독립인 민족국가로서의 완전무결한 주권을 찾자는 것이다. 주권이 없는 정부는 진정한 독립정권이 아니다. 자치自治와 독립獨立의 차이를 확연하게 분석할 필요가 있다. 이에 대한 명확한 인식이 없으면 자치를 독립으로 인식하기 쉽고, 독립정권과 자율정부를 건립하려는 목적하에 본의 아닌 자치정부를 만들 위험도 있다.

지난 2년 동안 국내 사회는 너무도 혼란하였다. 이것은 과거 36년 동안에 왜적이 갖은 수단과 방법으로 민족적 단결을 저해시키기 위하여 뿌리고 심어 놓은 여러 가지 정신적 독소의 잔재가 소멸되지 못한 까닭이다. 앞으로 이러한 혼란을 방지하고 전국 통일 독립정권을 건립하기 위하여 개개인의 냉정한 양심적 반성이 필요하다.

외세에 의존하고 영합하여 어떤 권리욕을 채워 보려는 구차한 습성이나, 사리사욕을 위하여 대의명분을 훼손하며 서로 비방하고 중상모함하는 불순한 행위는 전 민족적 단결을 방해하고 독립을 지연시키는 것이다. 일제는 이미 이 강산에서 물러갔으나 과거에 일제가 뿌려 놓은 독소의 잔재는 아직 소멸되지 않았다. 왜적의 통치가 끝난 직후의 과도 혼란 시기에 처한 우리는 자기의 일상 행동에 있어서 비록 무의식적으로라도 이러한 독소의 영향을 받지 않도록 항상 반성하고 경각할 필요가 있다.

자주독립의 서광이

마셜 경卿 제안 달성 국민대회

1947년 9월 19일 마셜George C. Marshall은 "조선 독립 문제를 UN총회에 상정함과 동시에 신탁통치 없는 조선 독립을 달성하는 수단을 강구한다"고 연설했다. 이에 대해 우익들은 열렬한 환영을 표시했으며, 10월 5일 국민의회와 애국단체연합회 주최로 '한국 독립 문제 미국 마셜 경 제안 달성 국민대회'를 서울운동장에서 성대히 거행했다. 이 자리에서 백범은, "이제 우리에게는 자주독립의 서광이 보인다"는 요지의 치사를 발표했다.

— 『경향신문』·『동아일보』·『조선일보』 1947. 10. 7

미소공위 소련 대표가 저간 미소 양군 철수를 제의한 데 대하여 나는 찬성하며 기뻐한다. 그것은 즉 남북통일 방법으로는 다른 좋은 방법이 없을 줄로 생각하는 까닭이며, 소련이 이것을 선전만 하지 말고 북조선에서 우선 실천하기를 희망한다.

최근 북조선에 약 50만의 인민군이 조직되어 있으니 남조선에서도 이에 대항할 준비를 해야 한다는 설도 있으나, 이는 동족 간의 유혈을 필연적으로 초래할 것이므로 나는 원치 않는 바이다.

民族의 代表로
正使는 李承晚博士
副使는 趙素昻氏決定

1947년 10월 5일 서울운동장에서 성대하게 열린 '한국 독립 문제 미국 마셜 경 제안 달성 국민대회' 관련 보도 사진. 오른쪽 원 안의 인물은 대회를 주도한 백범, 왼쪽 원 안의 인물은 UN총회에 보낼 민족 대표의 부사副使로 뽑힌 조소앙, 아래 사진은 민족 대표 정사正使로 뽑힌 이승만이다(『동아일보』 1947. 10. 7).

UN총회에서 북조선의 무장을 모두 해제하도록 하고, 자유스러운 입장에서 남북을 통한 총선거를 실시하여 통일정부를 수립하고, 우리 국군을 설치해야 할 것이다. 그리고 과거에는 소련과 다소 어긋나는 점이 있었다 할지라도, 소련이 앞으로 조선의 통일정부 수립을 진실히 협조해 준다면 연합국의 일원인 소련과도 손을 잡고 나아가야 할 것이다.

마음의 건설

민족이 다시 사는 첫걸음

1947년 6·23 반탁 데모, 7·19 여운형 암살, 미소공위의 지연 등을 겪으면서 남한의 정세는 다시 이승만 주도의 우익진영으로 넘어오게 되었다. 그러나 우익 반탁 전선의 지도자인 이승만과 백범 사이에는 '승리 후의 분열과 대립'이 싹트고 있었다. 백범과 한국독립당은 1947년 후반 조소앙趙素昻으로 대표되는 당내 진보파를 앞세워 정당협의회를 통해 중간파와의 합작 운동을 도모했다. 이 글에서 백범은 민족 자주를 강조하는 동시에 외세 의존적인 민족적 패륜분자들을 비판하고 있다. 즉 우익진영에 대한 비판 의식을 볼 수 있는 글이다. __ 『백민白民』 1947년 11월호

우리 조선 민족은 40년의 오랜 시일을 두고 인류사상에서 그 유례를 찾을 수 없으리만큼 잔혹하고 포악한 왜적의 학대를 받고, 한 민족으로서의 자유스러운 생존권을 뿌리째 빼앗기고, 심지어 조선 사람이라는 의식조차 마음대로 가져서는 안 되며, 조상에게 받은 각자의 성과 이름조차 버리고 왜적을 따르라는 기막히게 슬픈 횡포 밑에 신음해 왔다.

그러나 냉정히 돌이켜 생각해 보면, 이것은 혹시 조선 민족의 불가피한 숙명적 비극이라고도 할 수 있고, 강권과 지배욕으로 약소한 자를 집어삼키려는 무서운 세력 앞에 불가항력적으로 일어난 결과라고도 할 수 있으나, 어쨌든 이것이 조선 민족의 필연적 운명도 아니었고, 불가항력의 세력 앞에 굴복한 간단한 사실로만 돌린다는 것은 너무나 어리석고 약한 자의 소리가 아닐 수 없다.

역시 우리가 이런 비극적 굴욕의 과거를 밟아 왔다는 것은 무엇보다도 그 근본은 우리 조선 민족 자신에 있는 것이다. 불가항력의 무서운 세력 앞에 굴복했다는 것은, 어떠한 자기만족의 변명을 하더라도 결국은 굴한 편이 약하고 어리석고 남에게 패배당했고 이 패배의 근본은 어디까지나 그 자신에 있다는 것을 우리는 솔직히 인식해야 할 것이다.

나는 과거 무수한 선열들이 조국의 독립과 자유와 평화를 위하여 흘린 붉은 피 앞에 경건히 머리 숙이는 사람이다. 선열들은 이역만리, 내 땅 내 집을 등지고 인간으로서, 자유 민족으로서, 생존권을 달라고 일생 대의를 위하여 혁명투쟁 속에 바친 수없는 거룩한 이들이었다는 것을 잘 기억하고 있다. 그러나 전 민족적으로 생각할 때, 우리의 과거는 역시 패배의 과거요 치욕의 과거였으며, 이 원인 또한 민족국가 백 년의 대계를 망각하고 사리사욕과 개인의 값없는 영예를 꿈꾼 민족적 패륜분자들의 저주스러운 과오에 있지 않다고 감히 누가 말할 수 있을 것이랴!

우리의 과거 이러하였고, 현재 또한 이러하다. 물론 지금의 우리 조선은 동방의 조그마한 '조선 안의 조선'이 아니고, 세계의 조선이

다. 비록 기구한 운명 속에서 허덕이는 한 약소민족에 불과하다 할지라도, 우리의 행동 하나하나는 세계의 눈과 귀를 흔들고 여론을 환기시키고 있는 것이다. 따라서 우리 조선 민족의 건국이니 독립이니 해방이니 자유니 하는 것도 국제 정세의 동향을 무시하고는 이루어질 수 없다는 것을 나는 잘 안다.

그러나 이 소위 국제 정세라는 남의 눈치에만 좌우되어 민족 전체의 나아갈 바를 그르친다거나, 혹시 남이 나에게 다소 유리하지 않을까 하여 비위를 맞추기만을 일삼는다는 것은 어리석은 일이다. 40년 만에 맞이한 해방은 물론 연합국의 호의와 원조가 막대한 힘이 되었다. 그러나 우리의 해방은 결코 하늘에서 떨어진 것도 아니며, 땅에서 솟은 것도 아니다. "조선 민족도 죽지 않고 살아 있다!" "독립을 해야 하고, 자유와 평화를 향유해야 한다!"는 민족적 의지를 세계에 호소하려고 무수한 선열들이 흘린 귀중한 피가 없었던들, 오늘날 해방이 어찌 제 발로 우리에게 걸어 들어올 리 있었으랴.

이와 마찬가지로 우리 민족이 앞으로 다시 사는 길도 남에게 있는 것이 아니요, 누가 시켜 주는 것이 아니요, 우리 민족 자신에게 있는 것이다. 조선 독립 문제가 UN에 상정되고, 세계열강이 동방과 세계 인류의 평화를 위하여 조선 독립을 논의한다는 것은 틀림없이 경하할 일이나, 보다 더 큰 근본 문제는 우리 민족 자신에게 있는 것이다. 백 개, 천 개의 독립이 하늘에서 떨어지고 땅에서 굴러 온다 하더라도, 그것을 성취시키고 받아들이고 키울 우리 민족 자신이 튼튼치 않고는 우리 민족은 영원히 다시 살아나 빛나는 길을 밟기 어려울 것이다.

자신이 살아갈 길을 모른다는 것은 슬픈 일이다. 민족이 다시 사

는 설계도를 꾸미기 전에 먼저 두 손을 가슴에 얹고 자기 자신에게 반문해 보면 스스로 뚜렷이 다시 사는 길이 보일 것이다.

"조선 사람은 어떻게 살아야 할 것인가? 40년 동안의 쓰라린 경험을 다시 되풀이하더라도 눈앞의 조그마한 이익을 위하여 아첨하고 타협해야 할 것인가."

"누구를 위한 독립이요, 누구를 위한 정치 투쟁인가. 민족의 내일 운명이 어찌되었든, 내 당파만의 득세를 꾀하고 개인의 불순한 영예를 위하여 사리사욕을 만족시키고 정치욕을 만족시키는 길로 달음질쳐도 옳을 것인가?"

이 엄숙한 역사적 명제에 대한 확고한 해결을 얻을 때, 우리 민족이 다시 사는 길은 명백히 각자의 마음속에 나타날 것이며, 우리 민족의 독립 또한 마음속에서부터 우렁차게 소리치고 나올 것이다.

나는 이 평범한 명제를 조선 민족의 '마음의 건설'이라고 부르고 싶고 '민족성의 재건'이라고도 부르고 싶다. 독립을 왜 해야겠으며 왜 우리는 다시 살아야 하는가 하는, 이 쉽고도 어려운 마음의 건설로부터 우리의 첫걸음을 시작해야 할 것이다.

왜적의 40년간의 학정은 실로 우리 민족에게 소름 끼칠 만큼 슬픈 선물을 남기고 갔으니, 아직도 이 선물은 우리 민족에게 깊이 뿌리박혀 떨어지지 않고 있다. 그들의 비길 데 없는 간악함의 잔재는 홀로 우리 민족의 생활 형태나 언어 동작에 남아 있을뿐더러 마음속에까지 깊이깊이 뿌리박혀 있다. 내 나라가 왕성하고 내 민족이 번성하기 위하여 힘없고 약한 남의 나라를 침략하고 짓밟고 못살게 굴어도 좋다는 왜적의 만행과, 오늘날 우리의 현실 속에서 무수히 찾아낼 수 있는 동

족 간의 야비한 투쟁, 자기 당파와 자신의 이익을 위하여 독립도 민중도 민족도 저버리고 허수아비같이 날뛰는 행동은, 과연 몇 보의 차이가 있을 것인가.

자기 자신 일대一代의 조그마한 인간으로서의 영화를 위하여 국토가 양분되어도 좋고, 외세 앞에 민족의 총의總意를 굽혀도 좋다고 하는 이들은 '독립'과 '건국'과 '해방'을 모독하는 무서운 죄과일뿐더러, 민족 만대의 생존을 그르치는 죄악을 천추에 두고 씻지 못할 것이다.

우리는 지금 "독립을 해야겠다! 독립을 다오!" 하면서 목이 터지도록 외치고 있다. 그러나 이 독립은 국토와 백성의 한끝을 남을 주어도 좋고, 남의 세력 밑에 이지러져도 좋고, 불구자가 되어도 좋은 그런 독립이 아니며, 어느 개인이 권세를 꾀하는 독립도 아니다. 그것은 조선 민족을 조선 민족으로서 완전히 살게 하고, 두 번 다시 남의 억압에 눌리지 않고, 조선 민족이 향유할 수 있는 평화와 자유를 찾는 독립이 아니면 안 된다. 이것을 명백히 인식하고 흔들림이 없는 데서부터 앞으로 우리가 다시 사는 길이 출발될 것이다.

단독정부 아니다
이승만과 의견 일치

백범과 한국독립당은 1947년 후반 조소앙으로 대표되는 당내 진보파를 앞세워 정당협의회를 통한 중간파와의 합작 운동을 도모했지만 별다른 성과를 거두지 못했다. 11월 30일, 12월 1일 백범은 이화장으로 이승만을 연이어 방문하여 요담했으며, 12월 1일 이승만과 의견 일치를 보았다는 성명서를 발표했다. ＿ 『경향신문』·『동아일보』·『조선일보』 1947. 12. 2

정부 수립 문제

우리는 절대적 자주이며 남북을 통한 통일적인 독립정부를 즉시 수립하기를 요구한다. 그러나 우리가 원하지 않는 국제적 제재가 있는 이상 우리의 요구를 달성하는 데 국제적 제재를 합법적으로 제거하는 것이 제1 조건이 되지 않을 수 없다. 그러므로 우리는 UN에 한국 문제를 제기하여 정당하게 해결할 것을 주장한 것이다. 그런데 UN이 한국 문제를 정식으로 상정하여 토의한 결과, UN 감시하에서 신탁과 내정간섭 없는 남북 총선거로써 자주통일 정부를 우리나라에 수립하도록 협

력하자고 결정하였다. 우리는 UN
에 아직까지 한국의 정식 대표를
참가시키지 않은 것을 유감으로
생각하는 바이나, 대체로 UN결의
안을 지지하는 바이다.

혹자는 소련의 보이콧으로
UN안이 실시되지 못할 것이라고
우려하나, UN은 자신의 권위와
세계 평화의 건설과 또 장래 힘의
횡포를 방지하기 위하여 이미 정
한 방침을 바꿀 리가 없다. 그러
면 우리의 통일정부가 수립될 것
은 문제도 없는 일이나, 만일 한
걸음 물러서서 불행히 소련의 방

이승만과 김구가 남조선 총선거로 공동보조를 취
하기로 했다는 보도(『조선일보』 1947. 12. 2).

해로 북한에서 선거를 실시하지 못할지라도, 추후 언제든지 그 방해가
제거되는 대로 북한이 참가할 수 있게 하는 것을 조건으로 의연히 총
선거의 방식으로 정부를 수립해야 한다. 그것은 남한의 단독정부와 같
이 보일 것이나, 좀 더 명백히 규정한다면 그것도 법리상으로나 국제
관계상으로 보아 통일정부일 것이요 단독정부는 아닐 것이다. 우리의
독립을 전취하는 효과에 있어서는 정부로 인정받는 것이 훨씬 좋을 것
이다.

이승만 박사가 주장하는 정부는 상술한 제1의 경우(원하지 않는 국제
적 제재를 제거하는 것)에 치중할 뿐이지, 결국에 내가 주장하는 정부와 같

은 것인데, 세상 사람들이 그것을 오해하고 단독정부라 하는 것은 유 감이다. 하여튼 한국 문제에 대하여 소련이 보이콧하였다고 하더라도, 한국 자신이 UN을 보이콧하지 않은 이상, UN이 한국에 대하여 보이 콧할 이유는 존재치 않을 것이다.

전 민족 단결 문제

전 민족적 단결은 시간과 공간의 여하를 불문하고 필요한 것이다. 그 러므로 우리가 좌우합작에 실패하였다고 전 민족적 단결 공작을 포기 할 이유는 없는 것이다. 이러한 의미에서 이번 한독당의 제의로 12정 당이 공작(정당협의회)을 개시한 것은 당연한 일이요 필요한 일이다. 그 러나 시간이 부족하였든지, 기술이 부족하였든지, 혹은 노력이 부족하 였든지, 좌우 양측에서 거대한 부분이 적극적으로 참가치 않고 도리어 방관하며 심하면 중상까지 하는 듯하다. 그리하여 통일 공작은 도리어 역효과를 보이고 있는 형편이니, 이러한 경우에는 잠시 그 공작을 보 류하고 민중의 여론에 호소하는 한편, 피차간에 원만한 양해를 성립하 기 위하여 좀 더 노력함이 당연할 것이다. 아무리 급하다고 할지라도 서두르다 이루지 못하면 도리어 해가 있을 것이다. 그러나 합작의 보 류가 포기는 아니다.

용인할 수 없다

장덕수 암살 사건

1947년 12월 1일, 백범은 마침내 이승만과 합작의 길로 들어서고, 우익진영의 합동 작업이 본격화될 기세였다. 그러나 하루 사이에 결정적 장애물이 등장했다. 그것은 1947년 12월 2일 발생한 한국민주당 정치부장 장덕수張德秀 (1895~1947) 암살 사건이었다. 미군 당국은 전례 없이 강도 높은 수사를 진행했으며, 더욱이 암살 사건의 배후로 김구와 국민의회를 지목했다. 12월 4~5일 국민의회 간부 10여 명을 연행했으며, 결국 국민의회 의장 조소앙은 정계 은퇴를 선언했다. 백범도 1948년 3월, 이 사건의 참고인 자격으로 법정에 서게 된다.

장덕수 암살 사건에 대한 소감에서 백범은 이례적으로 장덕수의 형제, 형 장덕준張德俊(1891~1920)과 동생 장덕진張德震(1898~1924)과의 관계까지 언급했다. 백범과 장덕수의 형 장덕준의 관계는 『백범일지』에도 언급되어 있다. 백범이 재령 보강학교補強學校 교장 시절에 장덕준은 보강학교 교사 겸 학생으로 친동생 덕수를 데리고 교내에 숙식했으며, 백범이 동산평 농감을 시작할 때 장덕준과 많은 서신을 주고받으며 의논했고, 안악 3·1운동의 소식을 동산평의 백범에게 처음으로 전해 준 사람도 장덕준이었다. 그는 1920년 『동아일보』 창간에 참여했고, 간도 지역 한국 독립군을 소탕하려는 일본 토벌군을 취재하기 위해 종군했다가 일본군에게 살해당했다.

서울시청 앞에서 열린 장덕수의 장례식 사진(1947. 12. 8). 인물 배치와 표정이 매우 흥미롭다. 식장 정면에 조화로 둘러싸인 영구가 있고, 그 우측에 상복을 입고 수질首絰을 쓴 이가 미망인 박은혜朴恩惠 여사, 그 좌측으로 윤치영尹致暎·프란체스카Francesca Donner 여사와 이승만 박사, 이 박사 뒤가 장례위원장 김성수金性洙이다. 중앙 통로 좌측으로 딘William F. Dean 군정장관과 헬믹Charles Helmick 군정장관 대리가 밀담을 나누고 있고, 그 옆에 침통한 표정의 백범이 앉아 있다. 백범과 이승만 박사는 멀찍이 떨어져 있는데, 두 사람 사이의 정치적 거리를 느끼게 한다.

장덕수의 동생 장덕진도 백범과 관련이 있다. 그는 1919년 3·1독립운동이 일어나자 만주로 망명하여 주로 무장투쟁을 했으며, 1922년경 상하이로 온 이후 상하이 교민단 의경대원義警隊員에 임명되어 교포의 생명과 재산을 보호하는 임무를 수행했는데, 이때 의경대 고문인 백범의 지시를 받고 활동하기도 했다. 그는 1924년 8월 16일 중국인에게 저격당하여 사망했다.

___『동아일보』 1947. 12. 5

장덕수 씨의 피살 흉보를 듣고 놀랐다. 민주정치 국가에서는 자기와 정견이 다른 사람을 암살하는 행위를 용인할 수 없다. 그리고 나와 장덕수 씨는 그 형 덕준 씨나 동생 덕진 씨와의 관계로 과거 매우 친밀하였다. 덕준 씨는 내가 황해도 재령 보강학교를 창설했을 때 교사로 있었으며, 그때 장덕수 씨는 형을 따라 보강학교에서 공부한 일이 있다. 특히 덕준 씨는 동아일보 특파원으로 만주에 파견되었을 때 우리 독립군 토벌대의 기사를 취급한 사건으로 일본군에게 피살당하였으며, 덕수 씨의 아우 덕진 씨는 상하이에서 독립운동을 하다가 중국인과의 충돌 사건으로 서거한 일로 미루어, 동 삼형제는 모두 독립운동의 투사들이다.

年 한몸이서 苦同舊鬪한 舊道와 四年

懇愛로써 解決이 遠滯貴任와 愛國者가

誠意와 熱情으로써 祖國이 앞우에서 南北

期間內에 成就시키기를 懇請합니다.

愛國者로서가 함께 이것이 成就를 爲하여 모

微한 諸兄 하나마 未盡히 懷하니 하로라도

微한 諸兄의 自由幸福을 爲하여 仁兄께

昆 祝禱하면서 不遠한 將來에 우리에

기만 渴望하오 분을 못나이다

月　　日

1948. 1~3

통일 민족주의의 기수

우리 민족끼리 단결하자

신년사

백범은 정치적으로 아주 어려운 상태에서 1948년을 맞이하게 된다. 1947년
말 중간파와 합작을 중단하고 이승만과의 합작으로 선회했지만, 장덕수 암
살 사건으로 이승만·한국민주당과의 합작은커녕 서로 적대화되어 갔다. 백
범의 정치 조직인 국민의회는 장덕수 암살의 배후로 지목되어 지도부 인사
들이 체포되었고, 임시정부를 봉대하던 한국민주당은 백범과 임정계를 일
제시대 악명 높은 유사종교 집단인 백백교白白敎에 비유하면서 "살인마의 조
직과 명령계통"을 근절하라고 촉구했다. 이러한 상황에서 1948년 1월 7일
UN한국임시위원단이 서울에 도착할 예정이었다. 백범의 신년사는 어려운
정황에서 UN한위를 "한줄기 서광"으로, 우익합작에 대한 열망을 "단결"로
표현했다. 신년사는 여러 신문에도 수록되어 있으나 『한보』의 것이 가장 충
실하다. ＿『한보』 1947년 12월호; 『동아일보』·『조선일보』·『현대일보』 1948. 1. 1

세월은 흘러 또 새해를 맞이하였지만, 전 세계에 평화의 봄빛은 없다.
더구나 우리 조국의 정세는 형언할 수 없는 비애가 있다. 38선은 그대
로 막혀 있다. 농민은 농촌에서, 노동자는 공장에서 살길을 찾아 신음

1948년 백범의 신년사, 「과오를 청산하고 단결하자」(『한보』 1947년 12월호).

하고 있으며, 도시의 빈민과 소시민은 치솟는 물가와 식량난에 울고 있다. 탐욕스런 관리의 뇌물수수와 모리배의 간사한 행동은 계속되고 있다. 이로 인하여 인심은 불안하고 질서는 문란하다. 이것을 정당하게 해결할 권리는 물론, 능력까지 갖지 못한 내가 이러한 현실에 직면하여 붓을 든들 무슨 말을 할 수 있으랴.

그러나 우리에게 한줄기 밝은 빛이 있으니, UN위원단의 내한이다. 그들이 우리에게 약속한 대로 신탁 없고, 내정간섭 없고, 또 남북을 통한 총선거에 의하여 자주통일의 독립정부를 수립하도록 해 줄 뿐아니라, 그 정부로 하여금 즉시 통치권을 결함 없이 행사할 수 있게하고, 약속한 기일에 미소 양군이 철수한다면, 우리에게 이보다 더 큰행복이 없을 것이다.

그러므로 우리는 잠시라도 모든 비애를 잊고 새해 새 손님을 기쁘게 맞이하는 동시에 최선을 다하여 그들과 공동 노력할 것이며, 수시로 우리의 정당한 주장을 발표하여 기어이 이를 관철하도록 하자. 따

168

라서 우리가 기대하는 자주독립의 통일정부 수립을 위한 총선거가 실시된다면, 우리는 귀중한 한 표를 헛되이 버리지 말고 유효하게 던져야 한다. 어떤 환경 중에 있을지라도 절대 자유의사에 의하여 우리가 믿는 양심분자를 우리의 대표로 선출하지 못하면 우리의 비애는 의연히 소멸되지 않을 것이니, 심사숙고하여 투표하지 않으면 안 될 것이다.

그러나 여하히 총선거가 잘 진행되고 그에 의하여 우리가 희망하는 정부가 수립될 수 있다 할지라도, 우리 민족 자신의 단결이 없으면 모든 것이 물거품이 되고 말 것이다. 하늘은 스스로 돕는 자를 돕는다 하였으니, 우리는 마땅히 신년 벽두에 과거 1년 동안의 모든 과오를 깨끗이 청산하고 먼저 우리 민족끼리 단결하자.

정치·경제·교육의 균등사회를 건설하기 위하여 단결하자!
단결된 역량으로 UN의 손님도 맞고 그들의 도움도 청하자.

이것이 이 새해를 맞이하는 나의 간절한 염원이다.

통일 민족주의의 신호탄

6개항 의견서

백범은 1948년 1월 28일 「6개항 의견서」를 UN한국위원회에 제출했다. 「6개항 의견서」는 '미소 양군 철수 후 UN 감시하 남북 지도자들 간의 합의에 의한 전국 총선'으로 요약할 수 있다. 미소 양군 철수로 인한 힘의 진공상태와 혼란을 우려하여 'UN에 의한 치안 담당'을 주장하는 등 신중하고 조심스러운 것이었지만, 「6개항 의견서」는 1947년 말 이승만·한국민주당과 합작을 모색하고 선거 참여를 고려하던 입장에서 명백하게 전환한 것이었다. 따라서 「6개항 의견서」는 백범의 통일 민족주의의 시발점이 되는 중요한 의견서이다. 의견서는 당시 정국의 최대 이슈가 되어, 독립촉성국민회·한국민주당에서는 백범을 "크레믈린 궁의 한 신자"로 맹렬하게 비난했고, 김규식의 민족자주연맹 등은 백범의 의견서를 지지했다. ― 『한보』 1948년 2월호; 『김구주석최근언론집』

1. 우리는 전국 총선거에 의한 한국의 통일된 완전 자주적 정부만의 수립을 요구한다.

그러므로 현 군정의 연장이나 혹은 군정을 확립·강화하는 소위

「남조선 현 정세에 관한 시국대책 요강」의 전폭적 실현은 물론, 모양만 바꾸어 군정을 연장시킬 우려가 있는 소위 남한 단독정부도 반대한다.

2. 총선거는 인민의 절대 자유의사에 의하여 실현되기를 요구한다.

북한의 소련 당국자들은 북한의 선거가 가장 민주적으로 실시되었다고 강변하며, 남한의 미 당국자들은 이것을 긍정하지 않는 동시에 남한에서는 가장 자유로운 민주선거를 실시할 수 있다고 강변하지만, 북에서 소련 군정 세력을 등에 지고 공산당이 비민주적으로 선거를 진행한 것과 같이, 남한에서도 미군정하에 모某 일개 정당이 선거를 농단하리라는 것은 거의 남한의 여론이 되어 있다. 그러므로 인민이 자유롭게 선거할 수 있는 자유로운 환경 조성 등 현 정세에 대한 실질적 개선 없이, 구두로나 문자로만 자유로운 선거를 할 수 있다고 성명하고 형식적으로만 선거를 진행한다면, 우리는 이것을 반대하지 않을 수 없다.

3. 소련이 북한 지역에 들어가는 것을 거절하였다는 구실로 UN이 그 임무를 태만히 않을 것을 요구한다.

소련이 UN의 입경入境을 거절했다는 이유로, UN이 완전 자주독립의 통일적 한국 정부를 수립할 과업을 포기하거나, 그 과업에 조금이라도 위반되는 다른 공작을 전개하려 한다면 반드시 다음과 같은 반향反響이 발생할 것이다.

(1) 파시스트 일본과 수십 년 동안 혈투하였고 그로 인하여 가장 큰 희생을 당한 한국은 미소 양국에 의해 분할점령을 당하고 있어 받

는 대우와 처한 환경이 일본보다 열악한바, 그로 인하여 파시스트 일본을 고무하는 것이 적지 않을 것이다.

(2) 강력 통일 정신을 배양할 것이니, 전 세계에서 정의와 평화를 애호하는 자의 분노를 야기할 것이다.

(3) 약소국가와 민족에게 실망을 줄 것이다.

(4) 한국을 분할하는 책임을 미소로부터 UN이 이어받게 될 것이다.

(5) UN의 위신이 떨어질 것이며, 이로 인하여 세계의 질서는 다시 파괴될 것이다.

4. 현재 남·북한에 이미 구금되어 있으며 혹은 체포하려는 모든 정치범의 석방을 요구한다(북한에 연금되어 있는 조만식曹晩植 선생의 석방도 포함).

우리는 남한만이나 북한만의 정치범 석방을 요구하는 것이 아니라, 양 지역에서 동시에 모든 정치범 석방을 주장하는 바이다.

5. 미소 양군은 한국에서 즉시 철수하되, 소위 진공상태로 인한 기간의 치안 책임을 UN에서 일시적으로 담당해 주길 요구한다.

한국의 독립적 통일정부를 수립하기 위하여 미소 양군이 즉시 철수하여 한인으로 하여금 자유로운 입장에서 민주적으로 총선거를 실시하여 통일정부를 수립하게 하자는 소련의 주장은 원칙적으로 정당한 것이다. 그러나 양군 철수로 인하여 발생할 소위 진공 기간에 어떠한 혼란이 야기될 것을 예측하고서, 양 점령군은 한국 정부 수립 후에

U.N朝委歷史的初會合

UN한위에 참석한 백범의 모습과 「6개항 의견서」(『한보』 1948년 2월호).

철수하자는 미국의 주장도 무리한 것은 아니다. 그러나 미소 양국이 피차 모순 되는 주장을 고집함으로써, 한국을 이보다 더 희생한다면 이것은 자못 거대한 과오일 것이다. 그러므로 여기에는 일개의 절충안이 없지 않을 것이다. 그 절충안이야말로 미소 양군을 즉시 철수시키되 잠시의 한국 치안 책임을 UN이 담당하는 것이다.

한국 문제의 해결이 미소 양국에서 UN으로 옮긴 이상, UN이 그 책임을 지는 것이 합리적이다. 미소 양군이 철수하고 UN이 치안의 임무를 담당하는 동시에 남북에 현존한 군대 혹은 반半군사단체의 무장

을 전부 해제하여 일단 평화로운 국면을 조성하면 UN은 감시의 목적을 달할 것이요, 한인도 자유스러운 선거를 할 수 있게 될 것이다. 이와 같은 민주적 방식에 의하여 통일정부가 성립되는 대로 즉시 국방군을 조직하게 하고, 국방군이 조직되는 대로 UN이 부담했던 치안 책임을 해제함이 합당할 것이다.

6. 남북 한인 지도자회의의 소집을 요구한다.

한국 문제는 결국 한인이 해결할 것이다. 만일 한인 스스로 한국 문제 해결에 관하여 공통되는 안을 작성하지 못한다면 UN의 협조도 쓸모가 없을 것이다. 그러므로 언제든지 남북지도자회의가 필요한 것이다. 그러나 현재와 같이 열악한 환경에서는 도저히 이 목적을 달성할 수 없다. 그러므로 우리는 미소 양군이 철수하는 대로 즉시 평화로운 국면 위에 남북지도자회의를 소집하여 조국의 완전독립과 민족의 영원한 해방의 목적을 관철하기 위하여 공동 노력할 수 있는 방안을 작성하자는 것이다.

38선을 베고 쓰러질지언정

삼천만 동포에게 눈물로 고함

해방 직후 임시정부를 적극 봉대하던 한국민주당 진영에서는 「6개항 의견서」 직후 백범을 "크레믈린 궁의 한 신자"로 비난했다. 이러한 비난에 맞서 백범은 2월 10일 「삼천만 동포에게 읍고泣告함」이란 장문의 성명서를 발표하여 단독정부를 주장하는 세력과 『동아일보』를 "태양을 싫어하는 박테리아"로 격렬하게 비판했다. 「6개항 의견서」와 이 성명으로 인해 김구·한국독립당과 이승만·한국민주당은 서로 다른 길로 들어섰다. ─『조선일보』 1948. 2. 12; 『한보』 1948년 2월호; 『김구주석최근언론집』

친애하는 삼천만 자매 형제여!

우리를 싸고 움직이는 국내외 정세는 위기에 처하였다.

제2차 세계대전에서 동맹국은 민주와 자유와 평화를 위하여 천만의 생명을 희생하여 최후의 승리를 쟁취하였다. 그러나 전쟁이 끝나자마자 이 세계는 다시 두 개로 갈라져 제3차 전쟁이 싹트고 있다. 보라! 죽은 줄로만 알았던 남편을 다시 만난 아내는, 죽은 줄로만 알았던 아들을 다시 만난 어머니는, 그 남편과 그 아들을 또다시 전장戰場으로

보내지 않으면 안 될 위험이 닥쳐오고 있지 않은가. 인류의 양심을 가진 자라면 누가 이 지긋지긋한 전쟁을 바랄 것이랴! 과거에 전쟁을 좋아한 자는 '파시스트' 강도들밖에 없었다. 지금도 전쟁이 폭발되기만 기다리고 있는 자는 '파시스트' 강도 일본뿐일 것이다. 그놈들은 전쟁만 나면 다시 살아날 수 있다고 믿기 때문이다.

현재 우리나라 남북에서도 외부 세력에 아부하는 자들은 "남쪽을 치자" "북쪽을 치자" 하면서 막연하게 전쟁을 희망하고 있다. 그러나 그것은 아직 현실성도 없을 뿐만 아니라, 전쟁이 폭발된다 하여도 그 결과는 세계의 평화를 파괴하는 동시에 동족의 피를 흘려서 왜적을 살리는 것밖에 아무것도 안 될 것이다. 전쟁을 주장함으로써 그들은 새 상전들의 투지를 북돋울 것이요, 옛 상전(일제)의 귀염을 다시 받을 수 있을 것이다. 그들은 전쟁이 난다 할지라도 저희들의 자손만은 징병도 징용도 면제될 것으로 믿을 것이다. 왜냐하면 왜정하에서도 그들에게는 그러한 은전이 있었던 까닭이다.

한국은 일본과 수십 년 동안 계속해서 혈투하였다. 그러므로 일본과 전쟁하는 동맹국이 승리할 때, 우리도 자유롭고 행복하게 날을 보낼 줄 알았다. 그러나 왜인倭人은 도리어 자기 집으로 편안히 돌아가 유쾌히 날을 보내고 있으되, 우리 한인은 공포 속에서 죄인 같은 날을 보내고 있다. 이것이 우리의 말이라면 우리를 배은망덕한 자라고 질책하는 자도 있을 것이다. 그러나 이것이 미국 신문기자 리처드Richard 씨의 입에서 나온 데야 어찌 공정한 말이라 아니하겠느냐. 우리가 기다리던 해방은 우리 국토를 양분하였으며, 앞으로 영원히 두 나라의 영토로 분리시킬 위험성을 내포하고 있다. 이로써 한국의 해방이란 사전

辭典상에 새 해석을 올리지 않으면 안 되게 되었다.

UN은 이러한 불합리함을 시정하여 인류의 행복을 증진하고 전쟁의 위기를 방지하여 세계의 평화를 건설하기 위해서 조직된 것이다. 그러므로 UN은 한국에 대하여도 그 사명을 수행하기 위하여 임시위원단을 파견하였다. 그 위원단은 신탁 없는, 내정간섭 없는 조건하에 그들의 공평한 감시

『한보』(1948년 2월호)에 수록된 「삼천만 동포에게 읍고함」 전문.

로써, 우리들의 자유로운 선거에 의하여 우리에게 남북통일의 완전 자주독립을 줄 것과 미소 양군을 철수시킬 것을 약속하였다.

이제 불행히 소련의 보이콧으로 위원단의 사무 진행에 방해가 없지 않으나, 위원단은 UN의 위신을 더하여 세계 평화 수립을 진전시키기 위하여, 또는 그 위원 여러 분들의 혁혁한 업적을 한국독립운동사에 남김으로써 한국인은 물론 일체 약소민족과 영원한 은의恩誼를 맺기 위하여 최선의 노력을 다할 것이다. 만일 자기네의 노력이 그 목적을 관철하기에 부족할 때에는 UN 전체의 역량을 발동해서라도 기어이 성공시킬 것은 삼척동자라도 상상할 수 있는 것이다.

우리에게는 이와 같이 서광이 비치고 있다.

미군 주둔 연장을 자기네의 생명 연장으로 인식하는 무지몰각한 무리들은 국가와 민족의 이익을 염두에 두지도 않고 '박테리아'가 태

양을 싫어함이나 다름 없이 통일정부 수립을 두려워하는 것이다. 그리하여 그들은 음으로 양으로 유언비어를 만들어 단선단정單選單政의 노선으로 민중을 선동, UN위원단을 미혹하게 하기에 전심전력을 경주하고 있다. 미군정의 품에서 육성된 그들은 경찰을 종용하여 선거를 독점하도록 배치하고 인민의 자유를 유린하고 있다. 그럼에도 그들은 태연스럽게도 현실을 투철히 인식하고 장래를 명찰明察하는 선각자로서 자임하고 있다.

그러나 이러한 선각자는 매국 매족의 일진회식 선각자일 것이다. 왜적이 한국을 합병하던 당시의 국제 정세는 합병을 면할 수 없었다. 아무리 애국지사들이 생명을 던져 반항하여도 합병은 필경 오게 되었던 것이다. 이 현실을 파악한 일진회는 도쿄까지 가서 합병을 청원하였다. 그러나 이자들은 영원히 매국 역적이 되고 선각자가 되지 못한 것이다. 만약 UN위원단이 단정을 꿈꾸는 그들의 원대로 남한 단독정부를 수립한다면, 한국의 원한은 다시 호소할 곳이 없을 것이며, UN위원단 여러 분은 한국인과 영원히 화해할 수 없는 원한을 맺을 것이요, 한국 분할을 영원히 공고히 만든 새 일진회는 자손만대의 죄인이 될 것이다.

통일하면 살고 분열하면 죽는 것은 고금의 철칙이니, 자기의 생명을 연장하기 위하여 조국의 분열을 연장시키는 것은 전 민족을 죽음의 구렁텅이에 넣는 극악극흉의 위험한 일이다. 이와 같은 위기에 우리는 최고 유일의 이념을 재검토하여 국내외에 인식시킬 필요가 있는 것이다. 내가 UN위원단에 제출한 의견서는 이러한 필요에서 작성된 것이다. 우리는 첫째로, 자주독립의 통일정부를 수립할 것이며, 이것을 완

성하기 위하여 먼저 남북 정치범을 동시 석방하며, 미소 양군을 철수시키며, 남북지도자회의를 소집할 것이니, 이 강철과 같은 원칙은 우리의 목적을 관철할 때까지 변하지 않을 것이다.

우리는 이 불변의 원칙으로써 변화무쌍한 국내외 정세를 순응 극복해야 할 것이다. 이것이 중국 장제스 주석의 이른바 "변하지 않는 것으로 만 가지 변화를 감당한다"(不變應萬變)는 것이다. 독립이 원칙인 이상, 희망이 없다고 자치를 주장할 수 없는 것을 왜정하에서 충분히 인식한 것과 같이, 통일정부가 가망 없다고 단독정부를 주장할 수 없는 것이다. 단

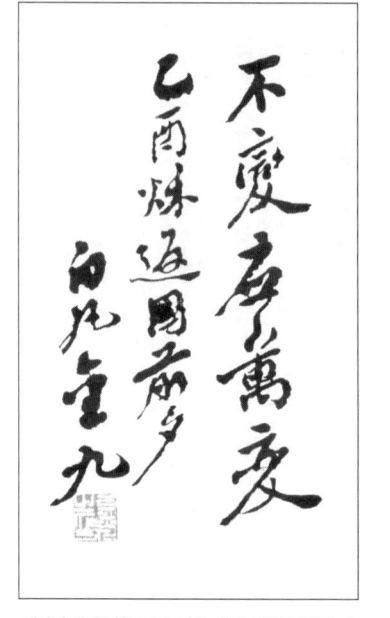

해방된 을유년(1945) 가을 환국 직전 백범이 쓴 휘호, "不變應萬變" 불변응만변. 중국 국민당 주석 장제스가 즐겨 사용하던 말이다. 해방 직후 장 주석은 대대적인 임시정부 환송연을 열어 주었고, 백범과 각별한 관계를 유지했다. 그러나 1948년 백범이 통일노선으로 나아가면서 장제스와 소원해지게 된다.

독정부를 중앙정부라고 명명하여 위안을 받으려 하는 것은, 미 군정청을 남조선 과도정부라고 하는 것이나 다름이 없는 것이다. 사특하고 망령된 생각은 다른 사람뿐만 아니라 자기에게도 해로울 뿐이니, 통일정부 수립만을 위하여 노력할 것이다.

삼천만 자매 형제여!

우리가 자주독립의 통일정부를 수립하려면 먼저 국제의 동정을

백범의 「6개항 의견서」를 비판한 김희경의 글(『동아일보』 1948. 2. 5).

쟁취해야 할 것이요, 이것을 쟁취하려면 전 민족이 견고한 단결로써 그들에게 정당한 인식을 주어야 할 것이다. 그런데 불행히도 미군정의 앞잡이로 인정받는 한민당 영도하에 있는 소위 '한협'은 나의 의견에 대하여 몹시 놀라 이상한 듯이 비애국적 비신사적 태도로써 원칙도 조리도 없이 모욕만 가하였다.[1] 한민당의 혀가 되어 있는 『동아일보』는 여자의 이름까지 빌려 나를 모욕하였다.[2] 일찍이 조소앙·엄항섭 양씨가 수도경찰청에 구인되었다고 유언비어를 조작하던 그 신문은 이번에 또 "애국단체 제출한 건의서, 김구 씨 동의 표명"이라는 제목으로 없는 이야기를 조작하였다.[3] 이와 같은 비열한 행위는 도리어 애국동포들의 분노를 야기하여, 각 방면에서 이들의 죄를 성토하는 격랑이 높이 일었다. 이리하여 내가 바라던 단결은 실현도 되기 전에 혼란만 더 커졌을 뿐이다. 시비是非가 없는 사회

1

'한협' 韓協은 '한국독립정부수립대책협의회'로 170여 정당 사회단체를 망라하여 남한 선거를 지지하는 단체협의회였다. 김구가 「6개항 의견서」를 발표하자, 한협은 "김구는 크레믈린 궁의 한 신자"라고 비판하였다.

는 개량改良이 없고 진보가 없는
법이니 여론이 환기됨을 방지할
바는 아니나, 천재일우의 호기를
만나서 멀리서 온 귀한 손님을 맞
아 우리 국가 민족의 운명을 결정
하려는 이 순간 우리가 취할 행동
은 아니다.

우익 애국단체의 「건의서」에 백범이 동의하였다는
보도(『동아일보』 1948. 2. 4).

모든 내부 투쟁은 정지하자!

작은 것을 참지 못하면 큰 것
을 도모할 수 없다 하였으니 우리
는 과거를 잊어버리고 용감하게
참아 보자!

삼천만 자매 형제여!

한국이 있고야 한국 사람이 있고, 한국 사람이 있고야 민주주의도
공산주의도 또 무슨 단체도 있을 수 있는 것이다. 자주독립적 통일정
부를 수립하려는 이때, 어찌 개인이나 집단의 사리사욕을 탐하여 국가
민족의 백년대계를 그르칠 자가 있으랴. 우리는 과거를 한번 잊어버려

2
백범의 「6개항 의견서」가 알려지자, 『동아일보』에는 김희경金姬卿이라는 여인이 백범을 비판하는
글을 연재하였다.

3
『동아일보』에 따르면 우익 정당 사회단체가 백범의 「6개항 의견서」에 대처하기 위해 연합회의를
열고, 그 결과 대표를 선발하여 백범에게 보내 건의서를 제출했는데, 이에 백범이 찬동하여 당분간
백범을 비판하지 않고 침묵하기로 하였다고 보도하였다(『동아일보』 1948. 2. 4). 백범은 이 기사를
"근거 없는 이야기"로 일축하였다.

보자. 갑은 을을, 을은 갑을 의심하지 말며, 침 뱉고 욕하지 말고, 서로 진지한 애국심에 호소해 보자! 암살과 파괴와 파업은 외국군의 철수를 지연시키며 조국의 독립을 방해하는 결과를 만들어 낼 뿐이다. 악착같은 투쟁을 중지하고 관대한 온정으로 임해 보자!

마음속의 38선이 무너지고야 땅 위의 38선도 철폐될 수 있다. 나는 못난 사람이나 일생을 독립운동에 바쳤다. 내 나이 일흔셋이니 오늘내일하는 여생이 남아 있을 뿐이다. 이제 새삼스럽게 재물을 탐내며 명예를 탐내랴! 더구나 외국 군정하에 있는 정권을 탐내랴! 내가 대한민국 임시정부나 한국독립당을 이끈 것도 모두 조국의 독립과 민족의 해방을 위한 것이었다. 그러므로 나는 국가와 민족의 이익을 위하여 일신一身이나 일당一黨의 이익에 구애되지 않을 것이요, 오직 전 민족의 단결을 달성하기 위하여 삼천만 동포와 더불어 투쟁할 것이다. 이것을 위하여 누가 나를 모욕하였다 해도 염두에 두지 않을 것이다.

나는 이번에 마하트마 간디Mohandas Karamchand Gandhi에게서도 배운 바가 있다. 그는 운명하는 순간에도 자기를 저격한 흉한을 용서하여 그의 손을 자기 이마에 대었다 한다.[4] 내가 사형 언도를 당해 본 일도 있고 저격을 당해 본 일도 있었지만, 당시 나는 원수를 용서할 용기가 없었다. 지금도 나는 이것을 부끄러워한다. 현재 나의 유일한 염원은 삼천만 동포와 손잡고 통일된 조국, 독립된 조국의 건설을 위하

4
제2차 세계대전이 종료된 뒤 인도에서는 독립 문제를 두고 간디의 국민회의파와 이슬람동맹, 영국 정부 간의 협상이 벌어졌으나 힌두교도와 이슬람교도 사이에 유혈 충돌이 계속되었다. 간디는 두 종교의 갈등을 해결하고자 노력하던 중, 1948년 1월 30일 반反이슬람 힌두교 광신자인 나투람 고드세에게 암살당했다.

여 더불어 투쟁하는 것뿐이다. 조국이 이 육신을 요구한다면 당장에라도 제단에 바치겠다.

나는 통일된 조국을 건설하려다가 38선을 베고 쓰러질지언정 일신에 구차한 안일을 취하여 단독정부를 세우는 데 협력하지 않겠다. 나는 내 생전에 38 이북에 가고 싶다. 그쪽 동포들도 제집을 찾아가는 것을 보고서 죽고 싶다. 궂은 날을 당할 때마다 38선을 싸고도는 원귀恕鬼의 곡성이 내 귀에 들리는 것 같았다. 고요한 밤에 홀로 앉으면 남북에서 헐벗고 굶주리는 동포들의 원망스러운 용모가 내 앞에 나타나는 것도 같았다.

삼천만 동포 자매 형제여!

붓이 이에 이르매 가슴이 막히고 눈물이 앞을 가려 말을 더 이루지 못하겠다. 바라건대 나의 애달픈 고충을 살피고 내일의 건전한 조국을 위하여, 한 번 더, 깊이 생각하라.

허리가 끊어진 조국을
어찌 차마 더 보겠나이까
북의 김두봉에게 보낸 편지

이 편지는 1948년 4월 남북연석회의의 계기가 되는 중요한 편지이다. 김구와 김규식은 남북지도자회의를 위해서 두 사람의 '공동명의'로 김일성金日成과 김두봉金枓奉(호 백연白淵, 1890~1961)에게 각각 편지를 보냈다. 두 편지의 내용은 차이가 있는데, 김일성에게 보낸 것은 남북협상의 구체적인 제안들이 주로 언급되어 있는 반면, 김두봉에게 보낸 이 편지에는 남북지도자회의의 성사를 위한 지도자 간의 유대를 간절하게 언급하고 있다. 또한 이 편지는 일제 말기 충칭 임시정부와 옌안延安 독립동맹이 합작을 모색한 역사적 경험을 자세하게 언급하고 있어 사료적 가치도 높다.

백범과 김두봉의 인연은 상하이 시절로 거슬러 올라간다. 1924년 1월 1일 백범의 부인 최준례崔遵禮 여사가 사망하자, 김두봉은 비탄에 빠진 백범에게 순 한글로 묘비명을 써 주었다. 이런 인연 때문인지, 백범은 편지에서 14살 아래의 김두봉을 인형仁兄이라 예우하고, 자신을 제弟로 낮추어 부르기도 했다. 편지를 받은 북측의 김일성과 김두봉은 한 달여가 지난 3월 25일 답신을 보냈는데, 그 편지에는 "이것이 누구의 잘못입니까"를 포함하는 상당히 문책적인 내용이 포함되어 있다. 이 두 편지의 필사본은 백범김구선생기념사업협회에 소장되어 있다. 자료의 중요성을 고려하여 두 편지의 원문자료를 별도로 수록한다(405, 408쪽). _ 백범김구선생기념사업협회, 『백범김구전집』 8

백연白淵 인형仁兄.

1944년 10월 16일 중국 옌안延安에서 주신 서신을 받아 읽은 이후 얼마 되지 않아 해방을 맞아, 형은 압록강을 건너고 나(弟)는 황해 바다를 건너, 각각 그립던 고국을 찾아오게 되었나이다. 그때에야 누가 한 나라 한 울 밑에서 3~4년 긴 세월 동안 서로 보지 못할 줄 알았으리오. 아아! 이것이 우리에게는 해방이라 합니다. 이 쓰라리고 설운 정을 말하면 뜨거운 눈물만 흐를 뿐, 차라리 말하지 않는 편이 좋을 것입니다.

곽낙원 여사, 백범, 아들 인과 신이 애처롭게 둘러싼 최준례 여사의 묘비. 태어나신 날은 ㄹㄴㄴㄴ해(단기 4222년, 서기 1889년) ㄷ달(3월) ㅊㅈ날(19일), 돌아가신 날은 대한민국 ㅂ해(대한민국 임시정부 6년, 1924년) ㄱ달(1월) ㄱ날(1일). 김두봉의 작품으로, 순 한글로 쓴 것이 이채롭다.

여하간 우리는 자유롭게 고국 땅을 밟았습니다. 우리의 원수 왜구를 쫓아내어 환국할 수 있는 자유를 준 미소 두 동맹국의 은혜를 무한히 감사하지 않으면 안 되겠지요. 독사의 입에서 벗어난 우리 삼천만 동포들도 두 동맹국의 은혜를 깊이깊이 감사하고 있습니다. 그러나 우리에게는 환희에 넘치는 광명한 정면正面이 있는 동시에, 두 동맹국 자체 간의 모순으로 인하여 암담한 반면反面도 없지 않습니다.

인형이여, 이것을 어찌하면 좋겠습니까. 저는 가슴이 답답하고 형이 보고 싶을 때마다, 때 묻은 보따리를 헤치고 일찍이 중국 충칭에서

받았던 형의 편지를 다시 읽곤 합니다. 그 편지에는 나에게 보내셨다는 이러한 전문電文도 기록되어 있습니다. "금년 3월 선생(김구)이 김학무金學武 군 편으로 보낸 편지를 10월 초에 받았습니다. 오늘날 우리(김두봉 측)는 모든 것을 민족의 이익을 기준으로 해서 사소한 견해 차이에 연연하지 않으며, 선생(김구)이 옌안에 오시는 것에 대해서 환영합니다." 또 나와 각 단체로 보냈다는 다음 전문도 기록되어 있습니다. "우리는 지역의 남북, 파벌의 다름을 가리지 않고 진심으로 단결하고 서로 연락하여 (한반도 본토로 진격하기 위해) 압록강에서 항일 부대가 합류하는 것에 여러분들이 동의한다면, 저(김두봉)는 그 뜻을 받들어 알선할 수 있습니다." 또 이러한 것이 기록되어 있습니다. "선생(김구)의 이번 서신에 '연락과 통일을 위하여 이 늙은이(김구)가 먼저 옌안에 가면 그곳의 중국인 및 한국인들이 같이 환영할 가망이 있겠는지?' 문의하였는데, 이에 대하여 우리(김두봉 측)는 성심으로 선생을 환영할 뿐 아니라, 이곳의 중국 인사들도 물론 환영합니다."

인형이여, 현재 우리의 환경은 그때와 비슷한 점이 많습니다. 조국의 통일이 실현되고 자주독립이 완성될 때까지, 우리의 임무를 태만히 할 수는 없지 않습니까. 책임을 남에게 전가할 수 없음에 저도 남은 생이 다하기 전에 최후의 노력을 다하려니와, 형도 우리에게 현안이 되어 있는 문제의 해결을 위하여 심각히 책임을 느끼실 줄로 확신합니다.

인형이여, 아무리 우방 친우들이 호의로써 도와주려 해도, 우리 자체가 지리멸렬하여 준비가 되어 있지 못하면 어찌 그 호의를 받아들일 수 있으리까. 그리하여 지난번 미소공위도 성과를 보지 못한 것입

니다. 이번 UN위원단의 활동도
어떠한 성과도 얻을 희망이 보
이지 않습니다. 그러면 어찌 하
겠습니까. 되어 가는 대로 맡겨
두고 약속된 독립을 포기하겠
습니까.

인형이여, 지금 이곳에는
38선 이남과 이북을 별개의 국
가라고 생각하는 사람도 많습
니다. 또한 그렇게 만들려고 노
력하는 사람도 많습니다. 그쪽

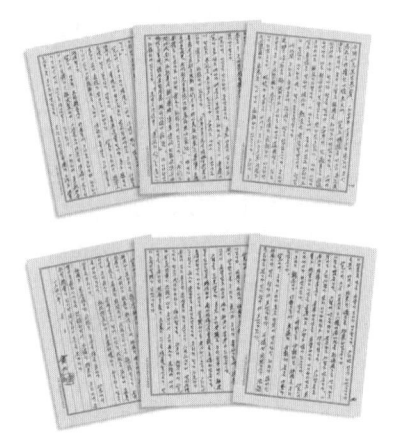

백범이 김두봉에게 보낸 서신의 필사본(1948. 2.
16). 백범김구선생기념사업협회 소장.

에도 그런 사람이 없지 않으리라 생각됩니다. 그 사람들은 남북의 지
도자들이 같이 자리하는 것을 희망하지 않을뿐더러, 같이 자리할 수
없다고 선전하는 사람도 많이 있습니다. 인형이여, 이래서야 되겠나이
까. 남이 일시적으로 분할한 조국을, 우리 스스로의 관념이나 행동으
로 영원히 분할할 필요가 있겠습니까.

인형이여, 우리가 우리의 몸을 반쪽으로 나눌지언정 허리가 끊어
진 조국이야 어찌 차마 더 보겠나이까. 가련한 동포들이 남북으로 흩
어져 떠도는 꼴이야 어찌 차마 더 보겠나이까.

인형이여, 우리가 서로 다르지만 둘 다 나라를 사랑하는 것은 틀
림없는 사실이 아닙니까. 동포의 사활과 조국의 위기와 세계의 안전이
이 순간에 달려 있거늘, 우리의 양심과 우리의 책임을 버리고 편안히
앉아 희망 없는 외세에 의한 해결만 꿈꾸고 있겠습니까.

그러므로 우사尤史 김규식金奎植 형과 저는 "우리 문제는 우리 자신만이 해결할 수 있다"고 확신하고 남북지도자회의를 주창하였습니다. 주창만 한 것이 아니라 실천하기로 결심하였습니다. 그리하여 이 글월을 우리 두 사람(김구·김규식)의 연명으로 올리는 것입니다. 우리의 힘은 부족하나 남북에 있는 진정한 애국자의 힘은 큰 것이니, "사람이면 그 마음이 같고, 마음 또한 그 바탕 이치가 같은지라"(人同此心, 心同此理), 반드시 성공하리라 확신합니다. 더구나 북쪽에서 형과 김일성 장군이 선두에 서고, 남쪽에서 우리 두 사람이 선두에 서서 이것을 주창하면 절대다수의 민중이 이를 옹호할 것이니, 어찌 성공하지 않을 이유가 있겠나이까.

인형이여, 김일성 장군께는 별도로 서신을 보내거니와, 형께는 중국에서 수십 년 같이 투쟁한 오랜 인연과, 4년 전 중국에서 성사시키지 못한 합작에 대한 연대책임과, 애국자가 애국자에게 호소하는 성의와 열정으로, 이제 조국의 땅에서 남북지도자회의를 가장 빠른 시일 내에 성취시키기를 간청합니다. 남쪽에서는 우리 두 사람이 애국자들과 함께 최선을 다하겠나이다. 지면은 짧고 말은 길어 품은 생각 다 말할 수 없으니, 하루라도 빨리 답신을 주사이다.

조국의 완전독립과 동포의 자유 행복을 위하여 형께서 노력하시길 기원하면서 멀지 않은 장래에 대면할 기회가 있기를 갈망하고 붓을 놓나이다.

1948년　월　일

김구

◆ 김일성·김두봉이 김구·김규식에게 보낸 답신

김구·김규식 양 선생님께

지난 2월 16일 보내신 서한을 받았습니다. 그 서한에서 제기된 문제에 관하여 회답코자 합니다.

조선이 일본 통치로부터 해방된 지 이미 2년 반이 되었으나 아직도 조선 민족은 자주독립의 통일정부를 수립하지 못하고, 인민은 남북 조선으로 판이한 정치 조건하에서 서로 다른 생활을 하고 있습니다. 다 아시는 바와 같이 북조선 인민들은 자기 손으로 자기 운명을 해결하는 모든 창발성을 발양하고 있습니다. 그러나 남조선에는 모든 주권이 미국 사람의 손에 있기 때문에 남조선 인민들과 당신들은 아무런 권리와 자유 없이 정신적 물질적 곤란을 당하고 있습니다.

이것이 누구의 잘못입니까. 그것은 조선에 관한 모스크바 3상 결정과 소미공동위원회 사업을 적극 반대하며 출마한 그들에게 책임이 있다고 우리는 재삼 언명합니다. 만일 모스크바 3상 결정을 실시하였다면, 벌써 조선 민족은 통일된 자주독립 정부를 가졌을 것임을 다시금 확신하여 마지 않습니다.

양 선생이 중국으로부터 조국 땅에 들어설 때에 우리는 당신들의 활동을 유심히 주목하였습니다. 당신들은 평범한 조선 사람이 아닌 일정한 정치단체의 지도자들로서, 조선 인민의 기대와 배치되는 표현이 있을 때마다 우리는 의아하게 생각하였습니다. 당신들은 조국 땅에 돌아온 후 금일까지, 민족 입장에 튼튼히 서서 조선이 부강한 나라로 발전하여 나갈 수 있는 정확한 강령과 진실한 투쟁을 문헌으로나 실천으

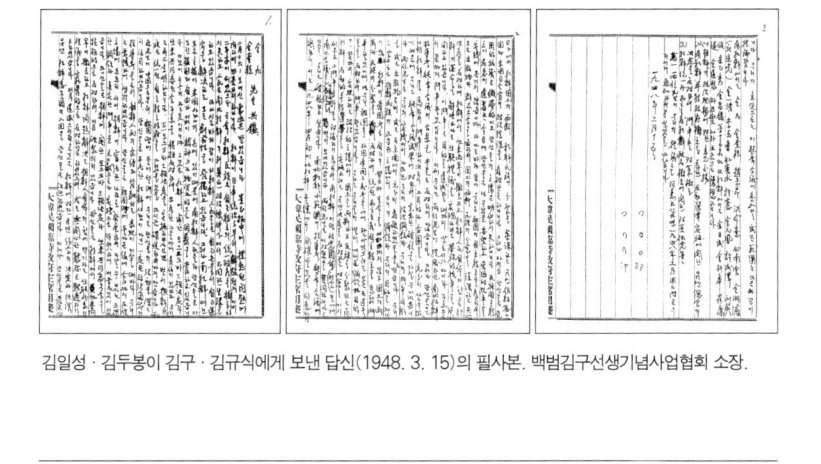

김일성·김두봉이 김구·김규식에게 보낸 답신(1948. 3. 15)의 필사본. 백범김구선생기념사업협회 소장.

로 뚜렷하게 내놓은 것이 없습니다. 당신들은 조선에 관한 모스크바 3상 결정과 소미공동위원회를 적극적으로 반대하여 거듭 파열시켰습니다. 당신들은 조선에서 소미 양군이 철수하고 조선 문제 해결을 조선인 자체의 힘에 맡기자는 소련 대표의 제의를 노골적으로 반대하기도 하였으며, 혹은 무관심한 태도로 묵과하기도 하였습니다. 더욱 유감스러운 것은 조선에 대한 UN총회의 결정과 소위 UN조선위원단의 입국을 당신들은 환영하였습니다.

이제야 당신들은 청천백일 하에서 조선 국토의 양단, 조선 민족의 분열을 책모하는 UN조선위원단과 미국 사령관의 정치 음모를 간파한 듯합니다. 그러나 아직도 당신들의 애국적 항의는 미온적이고, 당신들의 입장은 명백하지 못합니다. 민족 자주독립이 위급에 봉착한 금일, 당신들은 또 무엇을 요망하고 애국적 항쟁을 실천에 옮기지 않습니까.

다 아는 바와 같이 우리는 조국의 자주독립을 위하여 모든 출판물과 군중대회를 통하여 국토의 양단·민족의 분열을 음모하는 UN의 결

190

정을 반대하며, 조선에서 소미 양군이 철수하고 조선 인민 자체의 힘으로 조선의 운명을 해결하자는 소련의 제의를 실현하려는 거족적 항쟁을 전개하고 있습니다. 이 투쟁은 목적을 달성할 때까지, 말로써가 아니라 사업으로써 끝까지 투쟁할 것입니다.

이제 우리는 양 선생이 제의하신 남북 조선 지도자 연석회의의 소집을 반대하지 않습니다. 그러나 당신들이 어떤 조선을 위하여 투쟁하시려는지 그 목적과 기도를 충분히 알 수 없기 때문에, 우리는 연석회의의 성과에 대하여 완전한 확신을 가질 수 없습니다.

양 선생은 우리의 실천에서 나타난 우리의 정치 강령과 우리의 투쟁 목적을 혹은 출판물로써 혹은 사업 면에서 충분히 간파하셨을 줄로 믿습니다. 우리는 앞으로도 조선 민족의 정당한 입장에서 우리의 강령과 목적을 떠나지 않고, 조선의 애국자로 자기의 노력과 생명을 아끼지 않고 국토의 양단과 민족의 분열을 반대하며 통일된 민주주의 자주독립을 위하여 투쟁할 것이며, 또 우리 조국을 외국 제국주의자들에게 팔아먹으려는 모든 반역자들을 반대하며 투쟁할 것입니다.

우리는 우리들이 내세운 강령과 목적을 끝까지 실현하려는 정치적 입장에서 국토를 양단하고 민족을 분열하는 남조선 반동적 단독선거를 실시하려는 UN 결정을 반대하는 대책을 이미 세우고, 그 투쟁 방법을 토의하기 위하여 남조선의 정당 사회단체들에게 남북회의를 소집하자는 서신을 벌써 보냈습니다. 양 선생이 이 대책에 찬동하리라는 것을 우리는 확신하고 싶습니다. 남북 조선 소범위의 지도자 연석회의에 관해서는 1948년 4월 초 북조선 평양에서 개최할 것을 동의합니다. 우리의 의견으로는 이 연석회의에 참가하는 성원 범위를 다음과

같이 제의합니다.

남조선에서는 김구·김규식·조소앙·홍명희·백남운白南雲·김붕준金朋濬·김일청金一淸·이극로李克魯·박헌영·허헌許憲·김원봉金元鳳·허성택許成澤·유영준劉英俊·송을수宋乙洙·김창준金昌俊 등 15명과 북조선에서는 김일성·김두봉·최용건崔庸健·김달현金達鉉·박정애朴正愛 이외 5명으로 예상합니다.

(1) 조선 정치의 현재 정세에 대한 의견 교환

(2) 남조선 단독정부 수립을 위한 반동 선거 실시에 관한 UN총회의 결정을 반대하며 투쟁 대책 수립

(3) 조선 통일과 민주주의 조선 정부 수립에 관한 대책 연구 등등

만일 양위 선생이 우리의 제의를 동의하신다면 1948년 3월 말일 내로 우리에게 통지하여 주실 것을 바랍니다.

1948년 3월 15일

○ ○ ○ 印

○ ○ ○ 印

죽음도 사양하지 않겠다
2·26 UN소총회와 3·1절을 맞이하며

1948년 2월 26일, 미국의 적극적인 노력에 힘입어 UN소총회는 한반도에서 '가능한 지역 선거'를 주장하는 미국의 결의안을 통과시켰다.

UN소총회 결정을 가장 환호한 것은 이승만과 한국민주당 등 단독선거 진영이었다. 이들은 소총회 결정 직후부터 이화장에 모여 축하대회 개최 및 총선거 대비책을 논의했다. 반면 김구·김규식으로 대표되는 남북협상파들은 소총회 결정으로 매우 어려운 처지에 놓이게 되었다. 더욱이 백범은 장덕수 암살 사건의 배후로 지목되어 법정에 서야 할 형편이었다.

이러한 상황에서 3·1절을 맞이한 백범은 격렬한 감회를 가감 없이 표출했다. UN소총회의 결의에 대한 성명에서는 분골쇄신粉骨碎身·부당도화赴湯蹈火를, 3·1절 기념사에서는 "죽음의 도끼가 눈앞에 있더라도 사양치 않겠다"고 언급했다.

남한만의 선거로 정부가 수립되어도 소련의 거부권으로 UN 회원국이 될 수 없을 것이라고 한 백범의 판단은 결과적으로는 UN에서의 미국의 힘을 과소평가한 착오라 할 수 있다. 아무튼 이 구절은 1948년 후반 백범이 김규식과 더불어 독자적인 UN 외교를 전개하는 중요한 하나의 근거가 된다.

__ 『대동신문』·『조선중앙일보』 1948. 2. 29; 『김구주석최근언론집』

● UN소총회 결의에 대한 성명 : 분골쇄신粉骨碎身도 부탕도화赴湯蹈火도
   피하지 않겠다

이번 UN에서의 한국 문제에 대한 소련의 태도는 민주주의를 무시한 것이라 하지 않을 수 없거니와, UN소총회가 일개 소련의 태도도 시정하지 못하고서 한국 문제에 대한 UN의 결정에 위반되는, 남한에서만의 단독선거를 실시한다는 것은 민주주의의 파산을 세계적으로 선고함이나 다름이 없다고 본다. 국내외를 막론하고 정의와 평화를 애호함에서 UN에 대하여 큰 기대를 가지고 있던 절대다수의 인사는 너무나 큰 실망을 가질 것이다. 나는 이로부터 세계가 다시 혼란으로 들어갈 것을 우려한다.

그러나 역사의 바퀴는 앞으로 구르고 인류는 진보하는 것이다. 그러므로 최후의 승리는 오직 정의에만 있는 것이다. 나는 조국을 분할하는 남한의 단선도 북한의 인민공화국도 반대한다. 오직 정의의 깃발을 잡고 절대다수의 애국동포들과 함께 조국의 통일과 완전 자주독립을 실현하기 위하여만 계속 분투하겠다. 이것을 위하여 뼈를 가루로 만들고 몸을 부수는 분골쇄신도, 끓는 물이나 타오르는 불에 몸을 던지는 부탕도화도 사양하거나 피하지 않겠다.

● 3·1절 기념사: 죽음의 도끼가 눈앞에 있더라도 회피하지 않겠다

우리는 해방되었다는 조국의 통일과 독립을 보지 못한 채 3·1절을 맞

1948년 3·1절에 쓴 백범의 휘호, "良心建國"양심건국. 당시 백범은 죽음의 도끼도 사양하지 않겠다며 격렬한 심정을 지니고 있었다. 양심건국은 나라를 잘 건국하라는 일반적인 의미가 아니라, 양심이 있는 자가 나라를 건설해야 한다는 현실 비판을 내포하고 있다.

게 되었다. 돌아보건대, 1919년 3월 1일에는 우리의 민족 대표 33인이 전국의 애국동포들과 함께 총궐기하여 왜적으로 더불어 생명을 던져 조국의 독립을 쟁취하려 했던 것이다. 왜적에 대한 우리의 투쟁은 이 3·1운동을 통하여 더욱 강화·확대되었던 것이다. 이 투쟁은 왜적이 패망하던 그 시간까지 중단된 일이 없었다.

그동안에 우리의 희생은 너무도 컸다. 왜적의 패망은 우리에게 당연히 자유와 민주와 독립을 주었을 것이거늘, 사태는 정반대로 진전되어 동맹국의 군대로 인해 우리의 조국은 둘로 나뉘고 말았다. 우리는 왜적을 타도하기 위하여 수십 년간 혈투하였다. 동맹군의 승리를 위하여 매일같이 기도하고 최선을 다하여 협조하였다. 그러나 동맹군은 우리 국토를 무기한으로 점령하고 말았다. 그 결과 북에서는 북대로, 남에서는 남대로 민생은 도탄에 빠졌다. 삼천리강산에는 근심과 슬픔이 넘쳐흘렀다.

이때에 있어서 북에서 전해 오는 소위 조선민주주의 인민공화국이나 남에서 떠드는 중앙정부를 수립한다는 것은 모두가 우리의 조국

을 영원히 양분시키는 것으로, 이것은 독립 전선에서 사망한 독립투사들이 바라는 바가 아닐 것이다. 이것이 그들의 자녀로서 어찌 차마 할 일이겠느냐?

지금 남쪽에서는 일부 인사들이 UN의 원조하에 정부를 수립하면 이 정부는 UN의 회원이 될 수 있다고 하나, 이것은 민중을 기만하는 것이다. 왜 그러냐 하면 UN헌장 제2장 제4조 제2항에 규정되기를 "새로 가입하는 국가는 반드시 안보이사회의 추천"을 받아야 하는데, 안보리 5대 강국이 거부권을 가지고 있은즉, 만일 소련이 남한 정부의 가입을 거부하면 가입할 수 없는 까닭이다. 일전에 이태리·몽고공화국 등이 UN에 가입하려다가 성공하지 못한 것도 우리는 본 것이다. 또 그들은 민생 문제 해결을 위하여 반쪽에라도 정부를 세우기를 주장하고 있지만 구체적으로 어떻게 해결할 수 있다는 것을 보여 주지 않고 있지 않은가. 우리는 속지 말자.

최근 유럽 통신을 보면 영·미가 점령하고 있는 독일 영토를 통일하고 그곳에 독일인의 자치정부를 수립할 것을 허락한바, 독일 인민들은 독일의 영원한 분할이라고 전체가 이에 반대하는 동시에 전 독일을 통일한 후에 정부를 수립하기로 요청하였다고 한다.[1] 독일의 문화가 우리보다 떨어진 바도 아니요, 민생이 우리보다 낮을 바도 아니건만 그들은 단독정부 수립을 반대한 것이다. 타산지석他山之石으로 보자.

친애하는 자매 형제여,

우리의 살길은 자주독립의 한 길뿐이다. 이 길이 아무리 험악하다 하여도 살고자 하는 사람은 아니 가지는 못하는 길이다. 주저하지도 말고 유혹 받지도 말고 앞만 향하여 매진하자. 내가 비록 못난 사람일

지라도 이 길을 개척하고 나가는 데는 앞에서 나갈 각오와 용기를 가지고 있다. 죽음의 도끼가 눈앞에 닥치더라도 회피하지 않겠다.

친애하는 자매 형제여,

위대한 3·1절을 지킬 때에 3·1절의 역사와 또 거기서 얻은 교훈을 다시 한 번 새롭게 인식하고 한마음 한뜻으로 자주독립의 길만 향하여 나가기를 다시 결심하자. 우리의 독립은 이미 국제적으로 약속돼 있다. 이 생명이 계속될 때까지 통일된 조국의 자주독립만을 쟁취하기 위하여 분투하자.

이에서 비로소 우리들이 3·1절을 기념하는 의의도 표현될 수 있다. 바라건대 3·1절을 기념할 때에 제사와 같은 형식에 치중하지 말고 혁명 정신을 널리 선양하라.

1

제2차 세계대전 이후 미국·소련·영국·프랑스 등 연합국은 독일의 전쟁 능력 회복을 원천적으로 봉쇄하기 위해 독일을 4분할 점령하였다. 그 후 미소냉전이 개시되면서 미·영·프 점령 지역은 하나로 통합되었으며, 나아가 1948년 봄 런던 6개국 회의에 의해 서독 지역의 정부 수립이 추진되었다. 이 글에서 백범은 독일인들이 통일정부 수립을 위하여 서독 지역의 정부 수립을 반대하고 있다고 전하고 있다. 그러나 결국 1949년 9월 서독에서 독일연방공화국, 10월 동독에서 독일민주공화국이 각각 수립되었다.

꿈에서라도 갈 길을 일러 주사이다

도산 안창호 선생 애도문

도산 안창호安昌浩와 백범 김구의 사연은 간단하지 않다. 그들은 이미 한말 애국계몽운동기에 같이 활동을 한 바 있고, 백범은 안창호의 누이동생 안신호安信浩와 혼담까지 오간 각별한 사이였다. 안창호는 백범보다 두 살 아래지만, 근대적 민족운동에 일찍 투신하여 상하이 임정 초기 내무총장으로서 백범을 경무국장으로 추천한 바도 있다. 그러나 이들은 1932년 4월 29일 윤봉길 의거로 영영 이별하였다. 백범은 그 사건으로 파란만장한 피난의 길로 떠나고, 도산은 그때 체포되어 서울로 압송되었다. 도산은 2년 반 만에 가출옥하여 평양의 대보산 송태산장에 은거하며 옥고를 다스렸지만, 1937년 중일전쟁 직전 흥사단 동지들과 함께 다시 체포되었다가 병보석으로 풀려나 1938년 결국 사망하였다. 이처럼 윤봉길 의거로 백범은 민족운동의 지도자로 우뚝 서지만, 도산은 사경에 처하여 서로 생사를 달리하는 마지막 이별을 했으니, 도산에 대한 백범의 회한은 남달랐을 것이다.

1948년 3월, 백범은 장덕수 암살 사건에 대한 수사로 어려운 지경에 처했다. 3월 8일 증인비 및 여행비 250원이 첨부된 법정소환장이 배달되었고, 3월 10일 미군정 법정에 출두한 백범은 곤욕을 치러야 했다. 그날이 바로 도산이 사망한 지 10주년 되던 날이었고, 백범은 미군정 법정에서 나와 망우리의 도산 묘를 찾아 다음과 같이 애도했다. 이 애도문은 당시 백범이 처한 위

기 국면을 반영하여, 다른 어떤 추도문보다 의례적인 구절이 적고 현실 정국에 대한 백범의 입장이 강하게 반영되어 있다. 한 달여 뒤, 백범은 평양에서 열린 남북연석회의에 참여하여, 4월 26일 안도산의 여동생이자 한때 자신과 혼약한 바 있는 안신호 여사와 같이 도산이 요양했던 대보산 송태산장을 찾았다. 원문자료를 별도로 수록한다(411쪽). __ 『조선일보』 1948. 3. 12~13; 『한보』 1948년 4월호; 『김구주석최근언론집』

대한민국 30년(1948) 3월 10일에 김구는 삼가 고故 도산 안창호 동지 선생 영전에 몇 마디 올리나이다.

선생이여! 15년 전 4월 29일 윤봉길 의사가 상하이에서 적괴敵魁 시라카와白川 등을 박살 냄으로써 찬란한 세계 역사의 한 페이지를 창조하던 그날, 우리는 선생을 적에게 빼앗겼습니다. 세계에 자랑할 만한 승리의 소유자가 된 그 쾌미와 그 영광을 끝없이 느끼면서도, 우리는 선생을 잃은 불행을 회복하려고 최선을 다하였습니다. 그리하여 지척에 있던 왜적의 영사관에서 선생을 구출하려고 우리의 머리를 짜 볼 대로 짜 보았던 것입니다. 이 운동에서 지금 서울에 와 있는 미국 친우 피치George. A. Fitch 선생 부부의 노력이 자못 컸던 것도 영원히 잊을 수 없습니다. 그러나 우리의 선생 구출 운동은 끝내 수포로 돌아가고, 선생은 적에게 붙잡혀 한 많은 고국에 돌아와 영어囹圄의 생활을 하신 것입니다. 그래도 우리는 우리의 손으로 왜적을 타도하여 자유로운 조국 강토에서 선생을 맞이하고자 낮밤으로 하느님께 선생의 건강을 위하여 기도했는데, 하늘이 돕지 않으셨는지 우리의 악한 운세가 아직

끝나지 않은 것이었는지, 적의 독해를 입어 선생은 결국 옥중에서 세상을 뜨셨습니다.[1] 선생이 세상을 뜨신 지 7주년이 되는 해 우리가 입국했습니다. 입국한 그때부터 우리는 동포들과 손을 맞잡고 선생이 못다 하신 유업을 완성하고자 분투노력하였나이다. 그러나 이룬 것 하나도 없이 이제 동지들과 함께 선생이 가신 10주년을 맞게 되니, 한갓 무량한 감회만 금할 수 없나이다.

선생이여! 우리 조국이 해방된 것을 십으로 나눈다면, 그중 7분은 우리의 애국적 선열 선현들의 피와 땀일 것이요, 그 7분 중에는 선생의 노력 또한 중요한 부분을 차지한다는 것은 말할 필요가 없는 것입니다. 그러나 불행히 최후의 3분이 우리의 힘으로 되지 못한 까닭에 우리의 해방은 사전상에 새 해석을 올리지 않으면 안 될 기괴한 내용을 포함하게 되었습니다. 우리의 해방이 왜적을 좇아낸 것만은 감사한 일이지만, 다른 각도에서 보면 통일과 자유와 행복이 아니라 분열과 구속과 불행이 되어 있습니다. 우리에게는 해방의 환희도 벌써 지나간 꿈이 되고 말았습니다. 선생이 돌아가서 누워 계시고 이 몸이 붙어살고 있는 남한의 정세를 볼지라도 암담하기 짝이 없습니다.

날마다 늘어 가는 것은 실업자뿐입니다. 이 겨울을 지내는 동안 서울 안에서만 얼어 죽은 시체가 61구인데, 그들은 거의 다 전쟁으로 재난당한 동포라 합니다. 그 외 길거리를 떠돌다 죽은 자가 금년 1월 한 달 동안에만 111명이라 하니, 이것은 작년 1월 중 70명에 비해 41명이

1

1937년 중일전쟁 직전 도산은 흥사단 동지들과 함께 다시 체포되었다가 병보석으로 풀려났다. 옥중에서 사실상 거의 죽은 몸이 되었으나, 옥에서 나온 이후 1938년 3월 10일 경성제국대학 병원에서 친형 안치호安致浩 등이 지켜보는 가운데 사망했다.

급증된 것이며, 작년 1년 전체 599
명에 비해 벌써 5분의 1이 되는 놀
랄 만한 숫자를 나타내고 있습니다.

　가련한 농촌의 동포들은 과분
한 공출에 신음하고 있으되, 식량의
부족은 여전히 도처에서 위협을 주
고 있습니다. 설상가상으로 모 기관
모 단체에서 갖가지의 명목으로 부
가한 가혹한 잡부금은 향촌과 도시
의 빈곤한 동포를 울리고 있습니다.
근로 동포들은 공장에서 종일 일하
되 입에 풀칠하기도 극히 어려운 형
편입니다. 학교는 문이 열려 있으되
교수는 부족하고 부담금은 과중하

1948년 4월 26일, 도산이 요양한 바 있는 평양
대보산 송태산장을 찾은 백범 부자, 도산의 누
이 안신호(왼쪽 끝)와 형 안치호(오른쪽 끝).
1904년 29세의 백범은 평양에서 열린 예수교
사범강습회에 참여했을 때 안신호와 혼담이 오
간 바 있으며, 남북연석회의 당시 안신호는 진
남포기독교여맹위원장으로서 백범에게 평양의
민정民情을 전달한 안내자였다.

여, 순진하고도 정열에 타오르는 청년 학생들의 가슴을 초조하게 하고
있습니다. 발전소는 여러 곳에 있으되 석탄 부족으로 최대한 가동하지
못하고, 북한이 제공하는 부족한 전기에만 의존하는 까닭에 전등과 동
력은 정지될 때가 더 많습니다. 지하에 석탄이 상당히 매장되어 있다
하나, 이것을 힘껏 채굴하지 못하고 있습니다. 공장은 적지 않게 있으
되, 이것을 운영하지 못하고 있습니다. 철로의 증설은 고사하고, 있는
열차도 운행 정지 통고뿐입니다. 화폐 정리는 고사하고, 지폐는 필요
한 대로 찍어 내기만 합니다.

　모리배는 탐관오리와 결합하여 경제를 교란하며 가련한 영세민들

의 피를 빨고 있습니다. 그리하여 물가는 기하급수로 올라만 가고 있습니다. 그중에도 가장 큰 결함은 과거에 왜적에게 가장 충실하던 주구배·부호배 등 특수계급의 등용입니다. 그들은 최근 수년간에 벌써 군정軍政과 얽히고설켜 가장 견고한 세력을 형성하여, 이제는 군정당국이 그들을 좌우하기보다 그들이 군정당국을 좌우하게 되었습니다. 만일 군정당국이 그들에게 단호한 처단을 하고자 할지라도 치안까지 고려하지 않을 수 없게 된 것입니다.

군정당국이나 일부 우리 지도자들이 독립정부가 수립된 이후 친일파와 민족반역자를 처단할 것이라고 주장하고 있는 이상, 그들이 어떠한 명목이라도 빌려 통일된 독립정부, 더구나 애국자로 조직된 정부의 수립을 방해할 것은 당연한 논리입니다. 이것이 어찌 미국의 정책이며 하지 장군의 진의이리오마는, 이것이 우리 눈으로 볼 수 있는 현실인 것을 어찌 하겠나이까? 그러므로 미군이 점령하고 있는 독일과 일본에서 다 진보와 발전이 있으되, 오직 우리 한국에서만 수년 동안 하등의 향상이 없는 것이 무리는 아닌 것입니다. 우리가 가 보지 못하는 북한에도 장점과 단점이 각각 있겠지만, 다수의 동포가 남하하는 것을 보면 남한보다도 더욱 참담하다는 것을 상상할 수 있는 것입니다.

선생이여! 우리는 미소공위에서 이 모순이 해결되기를 희망하였습니다. 그러나 미소공위는 도리어 우리에게 신탁을 강요하다가 영용한 우리 애국동포의 분노와 반대로 실패하였습니다. 이에 실망한 우리는 UN이 정의의 발동으로 정당한 해결을 하기를 간망하였습니다. 과연 UN에서는 한국 문제에 대하여 당당한 결의안을 통과시키고 그 결과로 임시위원단을 한국에 파견하였습니다. 과연 의장 메논K. P. S.

Menon(인도 대표) 씨는 위원단을 대표하여 환영회 석상에서 혹은 방송국에서 "하나님이 합한 것은 사람이 나눌 수 없다" "통일이 없으면 독립이 없다" "이번에 38선은 기어이 철폐하고 통일정부를 수립하도록 하겠다"고 굳은 언약을 하였습니다.

그러나 1개월 후에는 그것을 잊어버린 듯한 행동을 취하였습니다. 북한에 들어가겠다는 서신 한 통을 보낼 뿐, 북한의 거부가 있은 후에는 성의 있는 노력도 없었습니다. 노력이 있었다면 뉴욕을 내왕한 것뿐이었고, 성공이 있었다면 자기가 파키스탄의 분열에서 맛본 고통을 우리에게 맛뵈려 하는 것뿐이었습니다. 이 분열 공작을 성공하는 데는 미국인이 만들어 낸 "북한에서 인민공화국이 수립되었다"는 유언비어가 상당한 효과를 냈다는 것까지 솔직하게 고백하였습니다.

UN임시위원단 중에서, 우리와 가장 길게 환난을 같이하여 친교가 깊은 중국의 대표(리우위완劉馭萬)가 남한의 단선을 주장하여 한국의 분할을 국제적으로 합리·합법화하는 데 노력할 줄은 꿈에도 생각지 못했습니다. 중국의 내란이 중국의 통일을 방해하고 중국의 위신을 국제적으로 추락시키고 있거늘, 우리 한국에 같은 화근을 심을 필요야 어디 있겠습니까? 놀라운 것은 필리핀 대표 루나Pufino Luna가 우리 한국에 미국의 육해군 기지를 건설하라고 주장한 것입니다. 또 워싱턴 7일발 UP통신에 의하면 워싱턴 소식통의 전언으로, "남한정부 수립 후에라도 일정한 기간은 미국이 보호를 계속하리라"고 하였으니 이것은 더욱 놀라운 것입니다. 그러면 남한의 앞길은 불보다도 환하게 보이는 것이며, UN임시위원단의 할 일이 무엇이라는 것도 예측할 수 있는 것이지만, 특별히 동병상련의 처지에 있는 약소국 대표들이 이 공작에 중요

한 배우로 출연하는 것은 이해하기 곤란한 일입니다. 그들이 우리에게 은혜를 베풀지 못할망정, 하필 우리 자손만대에 영원히 잊을 수 없는 원한이야 끼칠 것이 무엇이겠습니까? 선생이여! 그러나 이것도 감사하다고 환호하며 춤추는 염치없는 수많은 무리들이 우리 안에 있는 바에야 누굴 원망하고 누굴 미워하오리까? 4국 신탁이 싫다고 미소공위를 반대한 것이 애국자라 한다면, UN의 협조하에 실시하려는 1국 신탁도 반대하는 것이 애국자일 것입니다. 소련만을 의존하는 인민공화국을 건설하는 것이 조국을 분열하는 반역자라고 규정하면서 자기 자신은 남한 단정을 수립하려 한다면, 그것을 무엇이라고 규정해야 옳겠나이까? 옛 보호조약을 찬성한 것을 매국노라 규정한다면, 앞으로 오는 보호조약도 방지하는 것이 당연히 애국자일 것입니다.

선생이여! 선생은 조국의 강토를 수호하고자 방방곡곡에서 목이 터지도록 소리를 질렀던 것입니다. 조국의 독립을 완성하려고 힘을 다하였던 것입니다. 망한 조국을 광복하기 위하여 만리이역에서 동분서주하다가 불행히 적의 포로가 되어 감옥에서 생명까지 빼앗긴 것을 단군의 자녀들은 다 알고 있나이다. 그러나 선생의 위대한 정신과 영용한 전적戰績을 체득하는 자가 과연 얼마나 되겠나이까? 오늘 이 자리에서 선생을 추모하는 자 중에서는 선생의 발자취를 밟고 나갈 동지가 얼마나 되겠나이까? 바라건대 삼천만 각개의 뇌리마다 선생의 위대한 정신을 주입하여서 조국의 통일과 독립이 완성될 때까지 영용한 투쟁을 계속하게 해 주사이다.

선생이여! 옛날에는 조국에 비운이 당두하면 근심이 전 국토에 충만하여 혹은 통곡, 혹은 순국, 혹은 투쟁 등의 각종 방식으로 민족

의 정기가 표현되더니, 지금에는 조국의 위기를 담소와 환희와 추종으로 맞는 자가 적지 않나이다. 바로 보지 못할 이러한 현상을 볼 때마다 김구도 죽음으로써 그들의 정신을 환기시키고자 선생의 뒤를 따르고 싶은 마음이 불현듯이 날 때가 한두 번이 아니었으나, 한갓 죽는 것보다는 죽을 때까지 분투하는 것이 좀 더 유효할까 하여 구차히 생명을 연장하고 있나이다. 이것이 행복한 듯한 때도 있으나 도리어 송구하고 고통스러운 때가 더 많습니다.

선생이여! 나라의 위기에 충신은 기꺼이 죽는다 하였거니와, 조국의 위기가 박두할수록 위대한 지도자를 추모하는 심회가 더욱 간절하나이다. 그러므로 오늘 우리는 슬픈 추모사로 선생이 가신 것을 슬퍼하기보다는, 오늘 우리가 처한 바를 선생에게 하소연하여서 우리를 인도하여 주시기를 간절히 원하고 싶습니다.

선생이여! 선생의 영혼이 계시면 이날 이때에 평안히 누워 계시지는 못하리이다. 김구는 도탄에 빠진 삼천만 동포, 그중에도 특별히 38선 이북 우리의 그리운 고향에 있는 가련한 동포들을 대표하여 선생께서 우리의 갈 길을 가르쳐 주시기를 간절히 원하나이다. 앞산에서 두견이 울면 선생이 부르시는 줄 알 것이요, 뒤창에서 빗소리가 나면 선생이 오신 줄 알 것이니, 꿈에라도 나타나서 우리의 갈 길을 일러 주사이다.

선생이여! 강산도 의구하고 선생이 남긴 발자취도 완연하건만 선생의 영용한 모습만은 뵈올 길이 없으니 서글픈 가슴을 어찌 진정하오리까. 저 출렁이는 한강수가 다할지언정 끊임없는 이 한이야 어찌 끝이 있사오리까!

통일 독립에 여생을 바칠 것을
동포 앞에 맹세한다

7거두 성명

이승만·한국민주당 진영이 단정을 추진하기 위해 '민족대표단'을 구성하자, 3월 초 김구·김규식·홍명희는 몇 번의 극비 회동을 통해 '남조선 선거와 남북회담에 관한 행동 통일'을 모색했으며, 그 결과 3월 12일 '통일 독립을 위해 여생을 바칠 것'을 맹세하는 「7거두 성명」을 발표했다. 7거두는 김구·김규식·김창숙金昌淑·조소앙·조성환·조완구·홍명희이다. 명문의 성명에서, 특히 한반도의 분단은 불을 보듯 뻔하게 "미소 전쟁의 전초전"으로 나아갈 것이라는 예견은 대단히 정확한 것이다. 이 성명은 3월 말 통일독립운동자협의회를 탄생시키는 모태가 된다. 백범이 직접 작성한 것은 아니지만, 중요한 문서이고, 서명자에 포함되어 있기에 소개한다. ＿『동아일보』·『조선일보』 1948. 3. 13;『새한민보』 1948년 4월 하순호;『김구주석최근언론집』

통일과 독립은 우리 전 민족의 갈망하는 바다. 그러므로 우리 민족에게 우리 문제를 스스로 결정하고 해결하라 하면 통일 독립 이외 다른 말을 감히 입 밖에 낼 수 없으련만, 우리 문제가 세계 문제의 작은 고리로 국제적 연관성을 가졌고, 현 세계의 양대 세력인 미소 양국의 분

UN한국위원단과 백범 일행(1948. 3. 13). 7거두 성명 다음 날 UN한국위원단의 의장 메논과 사무국장 후스쩌가 경교장을 방문했다. 앞줄 왼쪽부터 메논, 백범, 후스쩌. 세 사람의 표정이 밝지 못하다. 당시 백범은 UN 한위의 남한 총선거 노선을 비판하고 남북협상을 주장하고 있었다. 이와 관련하여 뒷줄의 인물들, 특히 양측 끝의 두 인물이 중요한 의미를 지니고 있다. 오른쪽 끝은 서영해徐嶺海(1902~1949)인데, 그는 파리 주재 임시정부의 외교관이자 학자이다. 그는 1948년 12월 파리 UN총회에 김구·김규식이 UN 사무총장에게 보내는 서신을 전달하기 위해서 출국한 이후 영영 한국에 돌아오지 못했다. 왼쪽 끝은 안우생安偶生으로 안중근 의사의 조카이며, 당시 백범의 대외담당 비서였다. 그는 백범이 남북협상을 제안할 때 성시백成始伯을 만나는 등 핵심 참모 역할을 했다. 연석회의 이후 그는 북에 남았으며 1992년 사망, 평양 애국열사릉에 묻혔다.

할 점령한 바가 되었고, 또 미소 양국이 문제 해결의 일치점을 얻지 못한 까닭으로, 남에서는 가능한 지역의 총선거로 중앙정부를 수립하려 하고, 북에서는 인민공화국 헌법을 제정 반포한다 하여, 남북이 분열되고 각각 나라를 수립할 계획을 공공연하게 떠들게 되고, 현재 정세는 그것의 실현 일보 전에까지 이르게 되었다.

　　미소 양국이 군사상 필요로 일시 설정한 소위 38선을 국경선으로

고정시키고 두 정부 또는 두 국가를 형성하게 되면, 남북의 우리 형제 자매가 미소 전쟁의 전초전을 개시하여 총검으로 서로 대하게 될 것은 불을 보듯 뻔한 일이니 우리 민족의 참화가 이에서 더할 것이 없다. 외국인의 입장에서 보면, 우리 한반도 민족이 멸망하더라도 우리 한반도 명칭이 세계지도에서 사라지더라도 그다지 큰 관심사가 안 될지 모르나, 우리 한국인에게는 이보다 더 큰 문제가 없다. 그러므로 우리는 우리 민족의 이해를 돌아보지 않고 미소의 정책으로만 우리의 운명을 좌우하는 데는 따라갈 수 없는 것이다.

지금 미소 양국의 세계적 대립으로 말미암아 전 세계 인류가 거의 다 고통을 받되, 양국의 분할 점령하에 있는 민족이 더욱 심각한 고통을 받으니, 서쪽에 독일인이 있고, 동쪽에 우리 한국인이 있다. 독일은 연합국의 적국이었으나 우리는 적국이 아니었고, 독일은 동서로 양단된 채 각각 정부를 가지게 되더라도 동족상잔할 우려가 우리와 같이 크지 않다.

그런즉 우리는 현 세계의 가장 심각한 고통을 받는 불행한 민족이다. 인류의 자유와 이성과 민주주의의 유지를 전담하는 미국이, 또 약소민족 해방의 사도로 자임하는 소련이, 전 세계 인류 앞에 선포한 '카이로' '포츠담'의 공약을 준수하지 않고 책임을 서로에게 전가하며 불행한 우리 민족에게 더욱더 불행을 입히려고 하는 것은 미소 양국의 수치가 될지언정 명예는 되지 못할 것이다.

미소 양국이 우리의 민족과 강토를 분할한 채 남북 두 정부를 수립하는 날에는 세력 대항으로든지 치안 유지로든지 양국 군대가 장기 주둔하게 될지 모르고, 민생 문제로 말할지라도 인민의 수입은 증가

되지 못하고 부담은 대량으로 증가될 것이니, 문제 해결은 고사하고 다소 완화할 방도도 찾기 어려울 것이다. 남에서는 오직 하나 기대가 미국의 달러 원조뿐일 것인데, 원조도 우리가 중국에서 본 바와 같이 또는 그리스에서 들리는 바와 같이 대부분 자본가나 모리배의 전횡에 맡기게 되어서, 이익은 몇몇 개인이 차지하고 책무는 일반 인민이 지게 될 것이다.

우리가 보는 바로는 남북의 분열이 우리 민족에게 백 가지 해롭고 한 가지 이로움도 없다고 단정하지 않을 수 없다. 반쪽이나마 먼저 독립하고 그 다음에 반쪽마저 통일한다는 말은 일리가 있는 듯하되, 실상은 반쪽 독립과 나머지 반쪽 통일이 다 가능성이 없고, 오직 동족상잔의 참화를 격렬하게 일으킬 것이다. 우리 문제가 국제적 연관성을 무시하고 해결될 것은 아니로되, 우리 민족적 견지를 돌아보지 않고 미소의 견지를 따라 해결하려는 것은 본말과 주객이 전도된 부정당하고 부자연한 일이니, 부정당 부자연한 일은 영구 계속하는 법이 없다.

우리 문제를 미소공위도 해결 못하였고, 국제연합(UN)도 해결 못할 모양이니, 이제는 우리 민족이 스스로 결정하는 길밖에 없을 것이다. 이것이 가장 근본이 되는 길이다. 그러므로 미소 양국은 각각 자국의 명예를 높이기 위하여, 「대서양헌장」의 정신을 살리기 위하여, 우리에게 민족자결 할 기회를 주는 데 문제 해결의 일치점을 구하고, 국제연합은 이 기회를 촉진하는 데 약간이라도 도움을 주기를 바라마지 않는다.

우리 몇 사람은 정치적 임기응변이나 민족운동의 신축성, 기타 여러 가지 구실로 하는 수 없이 현 정세에 따르는 것이 우리들 개인의

이익임을 모르지 않으나, 개인의 이익을 도모하려고 민족의 참화를 촉진하는 것은 민족적 양심이 허락지 않으며, 반쪽 강토에 중앙정부를 수립하려는 가능한 지역 선거에는 참가하지 않는다. 그리고 통일 독립을 달성하기 위하여 여생을 바칠 것을 동포 앞에 굳게 맹서한다.

단기 4281년(1948) 3월 12일

김구, 김규식, 김창숙, 조소앙, 조성환, 조완구, 홍명희

통일과 자주를 위한 건투를
대한독립촉성국민회에 보낸 글

소련 및 북한이 UN한국임시위원단의 국경 내 진입을 거부함으로써 UN의 1947년 11월 결의 즉 'UN 감시하 전국 총선거'가 불가능해지자, 1948년 2월 26일 UN소총회는 한반도에서 '가능한 지역 선거'를 주장하는 미국의 결의안을 통과시켰다. 이에 대해 소련 진영은 UN소총회를 소련이 거부권을 가지고 있는 안전보장이사회를 회피하기 위한 '비합법위원회'로 규정하고 표결에 참여하지 않았다. UN한국임시위원단에서는 소총회 상정에 대해 호주·캐나다 대표가 반대했고, 프랑스와 시리아 대표는 기권했으며, 중국·인도·필리핀·엘살바도르 등 네 나라 대표는 찬성했다.

　이 글에서 백범은 반탁운동의 연장선상에서 UN소총회의 결의를 본격적으로 비판하고 있으며, 메논을 비롯한 UN한국임시위원단 대표들을 일일이 거론하면서 비판했다. 그런데 당시 대한독립촉성국민회는 전반적으로 UN소총회를 지지하는 입장이었기 때문에, 백범은 1948년 3월 18일 열린 전국대회에 참여하지 않고 글만 보내어 대독케 했는데, 그것도 중단되었다.

＿ 『경향신문』 1948. 3. 18: 『김구주석최근언론집』

친애하는 대의원 여러분!

세계의 풍운이 날로 험악해지고 조국의 운명이 풍전등화 같은 이때, 피 끓는 여러분 애국자의 모임은 과연 중대한 사실의 하나입니다. 여러분이 창조하는 이 사실이 능히 양심과 정의를 파악함으로써, 우리러 하늘에 부끄러움이 없고 굽어보아 사람들에게 죄지은 것이 없을진대, 이로 인하여 우리 자손에게 무한한 복을 만들어 낼 것이요, 세계 평화에 공헌함이 또한 위대할 것입니다.

회고하건대 본회의 탄생이 얼마 되지 않은 관계로 인하여, 우리의 노력이 부족하였으므로, 우리의 업적은 공功으로만 표현된 것이 아니라 뜻하지 않은 과過로 표현된 것도 적지 않았습니다. 우리의 잘못에 대해서 당연히 반성하여 보안책을 급속히 강구할 것이며, 우리의 공에 대해서는 용기를 배가하여 앞으로 더욱 분투할 것이어니와, 과거 반탁 투쟁의 승리는 다만 우리 한민족의 생존을 위하여 광영스러운 사실이 될 뿐 아니라, 세계 평화를 수립함에 있어서도 과연 명예스러운 사실이었습니다.

친애하는 대의원 여러분!

과거 미소공위는 우리에게 자주통일 정부 수립을 언명하면서도 이와 모순되는 4국 신탁이라는 것을 우리에게 싸서 주려 하였습니다. 이를테면 약은 주겠으니 병부터 받으라는 것입니다. 그러나 이번 UN 한국임시위원단은 한국인도 그렇게 우둔하지 않은 데 특별히 유의를 하였음인지, 그들의 수단과 기술이 고명함인지, 우리를 기만하여 얼른 깨닫지 못하게 하고 있습니다. 그러나 이것이 결코 UN총회의 본의는 아닐 것입니다. UN위원단 중에서 캐나다와 호주 대표가 강경히 반대

하고 프랑스와 시리아 대표가 기권한 것은 정의와 평화를 위하여 분투하는 UN총회의 정신을 반영한 것이라고 볼 수 있는 것이며, 따라서 오는 9월 파리에서 열릴 UN총회에서는 한국 문제의 정당한 해결이 있으리라고 확신할 수 있습니다.

과연 메논 씨는 우리에게 무엇이라고 말하였습니까? 리우위완 씨는 우리에게 무엇이라고 말하였습니까? 그들이 처음에 말한 것은 다 UN총회에서 우리에게 약속한 것이었습니다. 다시 말하면 신탁 없는, 내정간섭 없는, 분열 없는, 자주독립 정부를 우리에게 세워 주겠다는 것이었습니다. 그러나 과거나 현재에 밖으로부터 침략과 압력에 고통을 당하여 우리에게 남다른 동정을 할 줄 알았던 중국·인도·필리핀·엘살바도르 등 4국 대표가, 캐나다·호주·프랑스·시리아 등 4국 대표의 정당한 반대가 있음에도 불구하고, 4대 2라는 표수만 요행으로 아는 듯이 소위 UN소총회의 결의안을 채택하였습니다.

그 채택하였다는 결의안의 내용을 보면, 첫째 UN의 공동 협조하에서 1국 신탁을 실시하려는 것, 둘째 미소 양국이 획정한 38선을 국제적으로 합법화하려는 것, 셋째 우리로 하여금 동족이 서로 화합하는 것(同族相聚)이 아니라 서로 싸우게 하는 것(同族相殘)밖에 아무것도 아닙니다. 이것은 하나도 UN총회의 정신에 부합되는 것이 없습니다. 그들은 그 더러운 얼굴을 엄폐하기 위하여 반쪽 선거로써 총선거라 하고 반쪽 정부로써 중앙정부라 합니다.

그러나 여기에 속아서 후회할 일을 할 우리는 아닙니다. 이것은 과거 미소공위 당시의 정황을 회고해도 잘 증명할 수 있는 것입니다. 그때도 처음에는 미소공위의 협의 대상으로 들어가는 것이 거의 남한

전체의 여론 같았으나, 얼마 되지 않아 여론이 완전 전환되었던 것과 같이, 현재도 UN한국임시위원단의 결의에 반대하는 함성이 날로 높아 가고 있습니다. 진정한 애국자는 조국을 분열시키려는, 북한에 인민공화국을 수립하려는 것을 반대하는 것과 동일한 이유로 남한의 반쪽 정부도 찬성할 수 없는 것입니다. 바라건대 이 문제를 신중히 검토하사이다.

친애하는 동지 여러분!

조국의 위기에 당면하여 민족의 정기를 환기하며 우리가 나아갈 바른길을 재인식하여 국민운동을 강화 확대하려고 한곳에 모이신 여러분 앞에 내가 친히 나아가 가슴에 가득한 답답하고 분한 심회를 호소하여서 현명한 지도를 받는 것이 당연한 일이나, 지난날 선열이 우리에게 가르쳐 주신 길을 밟지 못하고 구차하게 생명만 연장하는 늙은 몸을 끌고 감히 여러분을 대할 면목이 없으며, 더욱이 최근에는 비양심분자들의 모략·중상에 빠져 사회에 불안까지 끼치고 보니 너무 송구하여 아직은 문을 닫아걸고 칩거하고 자기반성만 구하고 있습니다. 그러므로 이에 몸을 대신하여 글월을 보내오니 널리 양해하심을 바라며, 끝으로 조국의 통일과 자주의 완성을 위하여 여러분의 건투를 아울러 비나이다.

정의는 결국 승리할 것이다
건국실천원양성소 소원들에게 주는 글

1948년 3월, 장덕수 암살 사건의 배후로 지목되어 미군정 법정에 서고, 단정 반대로 정치적 위기에 처한 백범이 자신의 심정을 가감 없이 토로한 글이다. 3월 20일 건국실천원양성소 창립 1주년 기념식에 보낸 글인데, 자신을 따르는 젊은이들에게 보내는 치사이기 때문에 다른 어느 글보다 솔직하게 심경을 밝힌 것으로 보인다. ㅡ 「김구주석최근언론집」

제4기 입소생 개학식을 거행할 때 나는 병으로 인하여 참가 못하였다. 병이 좀 나은 뒤에 첫 번 출입으로 미군 재판정에 증인으로 나서게 되었다. 그때 나의 소감은 이러하였다. 과거 수십 년 동안 해외에서 조국의 독립을 위하여 분투하던 김구가 이 목적을 달성하지 못한 채로 고국에 돌아왔으니 삼천만 동포 앞에 허물을 받음이 마땅하거늘, 도리어 해외에서 망명생활을 할 때보다도 안일한 생활을 하게 되고 국내 동포로부터 과분한 대우를 받고 있다는 것을 하느님이 꾸짖으시며 징계하시는 뜻으로, 나로 하여금 미군 법정에 나가서 과거에 내가 왜놈

의 법정에서 당하던 단련을 다시 한 번 맛보게 하시는 뜻으로 생각하고 마음속에 많이 뉘우치게 되었다.

그리하여 나는 미군 법정에서 나오는 길로 바로 효창원의 3열사三烈士[1] 산소에 참배하고 선열의 영령 앞에서 참회의 묵도를 올렸다. 돌아오는 길에 양성소에 들렀을 때에, 나는 소원所員 여러분이 손가락을 처맨 것을 보고 이상히 여겼더니, 나중에 50여 명 소원이 손가락을 베어서 혈서를 써 가지고 나의 억울함을 밝히려 미군정청으로 가려던 길이라는 것을 알았다. 나는 이 순간에 곧 교직원 여러분의 과거 1년 동안 훈육의 업적은 과연 훌륭한 것이라고 느끼며, 여러분의 불타오르는 애국 정열에 대하여 무한한 만족과 감사를 표하였다.

여러분, 조국은 지금 위기에 처하였다. 진정한 애국자는 궐기하여 조국을 구하지 않으면 안 된다. 한국 문제는 미소공위에서 실패되고 UN에 상정되어 43대 0으로 결정되어 한국위원단이 파견된다기에, 1월 8일 나도 우리나라를 위하여 방문하는 그들을 진정으로 환영하기 위하여 이 늙은 몸을 끌고 김포비행장까지 나갔던 것이다. 먼젓번에 마셜안(1947년 10월 한국 문제의 UN 이관 방안)이 UN총회에 제출되었을 때에도 나는 온 장안 동포와 같이 서울운동장에 나가서 목이 터지도록 마셜안 지지 만세를 부르고, 미소 양군 철수와 38선 철폐와 남북통일 자주 정부 수립의 주장을 목이 터질 만큼 절규했고, UN위원단 환영대회 때에도 서울운동장에 나가서 성심으로 환영하였다. 메논 박사도 나에

---

[1]

3열사는 윤봉길·이봉창·백정기. 백범은 일본으로부터 3열사의 유해를 봉환하여, 1946년 7월 6일 용산 효창원에 매장하는 것을 주도했다.

용산구 원효로에 있었던 건국실천원양성소 4기 졸업 기념사진(1948. 4. 7). 백범은 이들의 개학식에는 참여하지 못했지만 졸업식에는 참여했다.

게 찾아와서 말하기를 삼천만 한국인이 기원하는 남북통일 총선거, 38선 취소, 남북요인 회담, 내정간섭과 신탁 없는 통일 독립 정부 수립, 미소 양군 철수 등등의 조건을 실시하러 온 것이라고 하기에 나도 그 럴 듯싶어서 감사의 악수를 하였던 것이다.

그러나 그 뒤에 UN위원단은 소련이 '보이콧' 하였다 하여, 메논·후스쩌胡世澤 양씨가 소총회에 한국의 실정을 보고하고 토의한 결과로 "가능한 지역에서만이라도 총선거를 실시하라"는 권고를 하기로 결의하였고, 메논·후 양씨는 지시를 받아 가지고 서울로 다시 돌아오게 되었다. 그래서 또 환영한다고 김포비행장과 연도에 수많은 군중이 물끓듯 하였다 한다. 나는 이 말을 들을 때, 도대체 이 사람들이 환영에 절망귀絶望鬼가 들렸는지 밤낮 환영 환영하며, 온 떡을 준대도 환영, 반

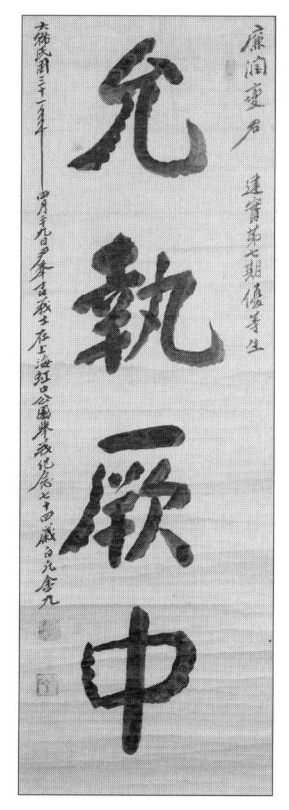

쪼가리 떡을 주겠대도 환영, 그러다가는 독립이 아니라 노예를 준대도 환영, 죽으래도 또 환영, 이렇게 덮어놓고 떠들 것인가. 원, 무슨 일인지 도무지 알 수 없다.

이북에서 넘어온 동포가 450만 명이나 되는데 이들을 구원해 주지 못하는 나의 가슴은 쓰라리고 아프다. 그러나 이북 사람인 나로서는 이북 동포를 구원하기에 죽을힘을 다할 것이며, 이북 인사와 동포를 제쳐 놓고 실시하는 남한만의 단정을 절대 반대하겠다. 38선 취소, 남북통일이라는 말은 나의 일관한 주장이다. 여러 사람들이 나에게 와서 그 방책이 무엇이냐고 질문할 때 아직 어떤 묘한 구체적 방책을 일러 줄 수 없으나, 이것은 오직 나의 양심이 지시하는 지상명령이다.

이 중에도 『중용』中庸을 읽은 이가 있는지 모르나, "진실로 그 가운데를 잡아라"(允執厥中), "선한 것을 선택하여 굳센 의지로 지키라"(擇善固執)라는 말이 있는데, 이것은 정의가 반드시 최후의 승리를 한다는 것이다. 38 이북은 내놓고라도 반쪽 정부를 세우자는 사람들은 남북 통일정부 주장을 '공염불'이니 '관념론'이니 비방하지만, 기독교인들은 천당에 가 본 일이 없고 예수를 보지 못했지만 예수

1949년 4월 29일 백범이 건국실천 원양성소 7기 우등생 염윤섭 군에게 써 준 휘호, "允執厥中"윤집궐중. 당시 단독선거 노선을 변칙으로 보았던 백범이 자주 사용하던 말이다.

의 이름으로 하나님 앞에 기도를 드리고 그분 뜻대로 행하면 천당에 꼭 갈 수 있다고 믿는다. 우리는 5천 년의 역사를 통하여 우리나라는 독립국이고 자유민임을 확신하는 것이니, 우리의 주장은 공염불이 아니라 삼천만 동포의 일관한 신조이며 민족의 절대명령이다.

두 동강 정부를 주장하는 사람들은 선거를 실시하여 남조선 정부를 수립하고 군대를 양성하여 북쪽으로 쳐들어가겠다고 말하는데, 이것은 위험한 말이다. 남한으로 넘어온 450만 동포들은 자기의 부모·처자·친척들이 북한에 아직도 남아 있다. 그 사람들(단독정부를 주장하는 사람들)이 남쪽에서 총을 메고 쳐들어갈 때에, 북한의 공산당들이 먼저 이 사람(북한에 있는 월남 동포들의 친지)들을 강박하여 38선에 내세우고 북쪽에서 마구 쳐내려온다면, 북에 있는 우리의 할아버지·아버지·어머니·동생들을 향하여 총으로 쏘고 칼로 찔러서 죽이고 싸워야 한단 말인가? 이것이 이북인의 자손이 할 도리인가. 민족의 양심이 허락할 것인가. 동족상잔과 망국멸족亡國滅族의 참극을 조장하는 자의 정체가 참으로 우리 한국 사람인가 생각해 보라.

그러면 우리 삼천만 동포가 당연히 취해야 할 태도는 무엇이겠는가? 1948년 UN위원단에서 결정한 안은 1947년 UN총회의 결의안, 즉 신탁이 없는, 분열이 없는, 38선이 없는, 자주독립 통일정부를 세우자는 결의안과 반대되는 것이며, UN위원단 대표 9개국 중에서 겨우 4표의 찬성으로 반쪽 정부와 반쪽 선거를 실시하려는 것은 법적으로도 근거가 없을 뿐 아니라, 중국·필리핀·인도·엘살바도르 4개국 대표들이 UN의 입을 빌려서, ① 1국 신탁을 실시하려는 기도이며, ② 미소 양국이 임의로 획정한 38선을 국제적으로 합법화하려는 기도이며, ③ 우

리의 국토를 둘로 쪼개고 민족을 분열시켜 동족상잔의 비극을 초래하는 것밖에 아무것도 아니다.

그러므로 우리 삼천만 한국인은 총궐기하여 남한만의 단정 단선을 반대하고, 한국 문제를 다시 UN총회에 회부할 것을 강경히 요구하는 것이 마땅하다. 우리의 나가려는 길에는 태산준령이 가로놓여 있으나, 위대한 정의는 반드시 최후의 승리를 취득할 날이 있을 것이다.

한국인은 한국인을 죽이지 말라
월남 동포에게 주는 글

백범이 월남 동포들에게 보낸 글. 좌익과도 다르고, 당시 남한 단정을 추진하던 이승만과도 다른 백범의 통일론이 잘 드러나 있다. "이북인은 같은 이북인을 죽이지 말라" "한국인은 같은 한국인을 죽이지 말라" 등등의 주장에서 백범의 민족주의적 통일론을 잘 알 수 있지만, 당시 두 개의 적대적 세계로 나아가던 냉전의 현실과는 상당한 거리가 있었다. __ 『개벽』 1948년 5월호; 『김구주석최근언론집』; 『백범김구전집』 8

"입이 화의 근원"(口是禍門)이라 하였으니 처세술로는 "입을 병마개처럼 막는 것"(守口如瓶)이 제일일 것이다. 그러므로 나는 힘써 침묵해 왔다. 평소 침묵하던 내가 최근 말을 상당히 많이 하였다. 어찌 내가 좋아서랴, 실로 하는 수 없었기 때문이다.

보라! 금일 조국은 흥망의 기로에 서 있고, 민족은 멸망의 위기에 처하였다. 그리하여 경술국치를 회고하는 감회가 없지 아니하다. 이러한 때에 애국자의 한 사람으로서 더 이상 침묵을 지킬 수가 있으랴,

무지몰각한 무리들이 나에게 모욕을 가할까 염려하여 터지는 분통을 더 누르고 참을 수 있으랴. 나는 일생 동안 왜적과 그놈들의 앞잡이들에게 박해와 능욕을 당하였다. 악형도 당하였고 여러 차례 생명도 빼앗길 뻔하였다. 내 심장에는 조선 놈이 쏜 왜적의 탄환이 아직도 박혀 있다.[1]

내가 더 이상 꺼리며 더 이상 주저할 것이 무엇이랴. 아주 쓰러지려 하는 조국을 붙들기 위하여 목이 터지도록 소리를 지르는 것이 마땅하다. 내가 한국 사람인 까닭에 한국을 누구보다도 더 잘 사랑할 줄 안다. 같은 이유로 내가 이북 사람인 까닭에 이북을 누구보다도 더 사랑할 줄 안다. 내가 입국한 뒤에 남한에서 고향의 친지들을 수많이 만났다. 반갑기는 하나, 우리 조상의 무덤이 있고 우리가 자란 그 땅에서 만나지 못하고 객지에서 유랑하는 신세로 만날 때, 나에게는 형언할 수 없는 비애가 있었다. 결국 우리 이북인은 이중의 망국노亡國奴가 되었다. 우리는 왜적이 패망한 것을 보면서도 조국의 광복을 못 본 채 남쪽으로 망명한 것이다. 우리는 조국을 잃은 망국노의 치욕을 면하지 못한 채, 다시 고향을 잃은 망향노亡鄕奴까지 된 것이다.

이와 같이 우리에게는 이중의 비애와 고통이 있느니만큼 이중의 임무가 있다. 망국의 경험이 없는 자는 망국의 고통을 모르는 것과 같이, 망향의 경험이 없는 자는 망향의 고통을 모를 것이다. 우리 한국인은 일반적으로 망국의 비애는 잘 알고 있지만, 망향의 비애는 오직

1

백범은 1938년 중국 창사長沙 남목청楠木廳에서 조선인 이운환李雲煥의 총에 맞았는데, 일본의 공작에 의한 것으로 보아 여기서 왜적의 탄환이라 표현했다.

우리 이북인만이 잘 알고 있는 것이다.

그러므로 남쪽에 있는 동포들은 진정한 애국자를 제외하고는 이북의 흥망에 큰 관심이 없다. 정상배政商輩·모리배謀利輩·반역도배叛逆徒輩들은 입으로 독립·자주·통일을 부르짖으면서도, 내심으로는 오직 사리사욕에만 팔려 개인의 영달을 위하여 매국 매족이라도 할 만한 비열한 심리를 가지고 있다. 금수禽獸도 그 자식이 죽을 곳에 빠지면 그것을 구하려다가 제 자신까지 희생하는 일이 있다. 그런데 소위 애국자라면서 일천만 북한 동포가 위기에 처한 것을 보고도 태연히 입을 열어, "북한은 구할 수 없으니 우선 남한이나 살리고 보자. 앞으로 여유 있는 대로 북한까지 구해 보자"라고 말할 수 있으랴! 이것은 결국 명 짧은 북한 사람은 죽어도 좋다는 것이나 마찬가지이다.

나는 중국에서 일찍이, 만주 사람들이 망명하여 중국 본토로 오니까 경박하고 무지한 무리들이 그들을 망국노라고 비웃는 것을 보았다.[2] 우리나라도 이 꼴대로 더 나가면 그따위 현상이 없지 않을 것이다. 조국의 독립은 조국의 통일에서만 완성할 수 있는 까닭에 내가 모욕을 당해 가면서 분열주의자들과 맹렬한 투쟁을 계속하거니와, 그들과 투쟁하는 또 한 가지 이유는 내가 이북인인 까닭에 우리의 손으로 차마 이북을 버리려 하지 않는 것이다. 우리의 부모처자가 있는 우리 고향을 남이 찾아 주기만 기다리지 말고 우리의 손으로 광복할 결심을

2

1930년대 일본의 만주 침략 이후 많은 만주 사람들이 중국 본토(관내 지역)로 이동했다. 관내 지역의 중국인들이 만주 출신 중국인들을 동정하고 함께 단합한 것이 아니라 망국노로 비난하거나 배척한 적이 있었다. 백범은 한국에서도 월남 동포들이 망국노, 망향노로 배척받을 상황이 생길 수 있다고 우려하면서 통일을 강조했다.

하자! 이것은 조국의 독립을 방해하고 민족을 분열하는 지역 관념을 고취하는 것이 아니요, 정서와 이치에 합당한 것이다.

우리가 우리의 고향으로 평안히 돌아갈 수 있는 길은 무엇인가? 그것은 조국 통일과 자주독립을 쟁취하는 것뿐이다. 분열주의자들은 이것을 비웃어 "원칙은 옳지만 관념적 도의론道義論에 불과하다"고 말한다. 만일 원칙이 옳다면 그것에 입각한 도의는 반드시 관념적이 아니요 과학적이며, 과학적인 도의는 반드시 승리하는 것이다. 일의 크기를 막론하고 반드시 원칙이 있나니, 원칙을 무시하는 자는 그 사업에 실패하는 것은 물론이거니와, 때에 따라 이기주의자·변절자·매국노도 될 수 있는 것이다. 원칙적 도의에 근거한 독립운동은 삼천만 대중이 일치하게 요구하는 바요, 전 세계 정의로운 인사들이 일치하게 애호하는 바이니, 필연적으로 성공하는 것이다.

그러나 반탁하기 위하여 미소공위의 협의 대상이 되기를 거부하다가, 끝내 신탁정부가 될 것 같으니까 미소공위의 협의 대상에 기어들어 가고자던 그 사람들은, UN총회의 정당한 결의(전국 총선거)는 우리의 독립을 방해한다고 반대하면서, 한국임시위원단이 내한한 후 UN소총회에서 정말 한국의 독립에 불리한 결의(가능 지역, 즉 남한만의 총선거)를 하자 그 결의가 실시될 듯하니까 지극히 만족하다고 솔선 환호하였다. 그들은 지금 춤추고 있지만 미소공위에서 하던 망신을 또 하지 않는다고 누가 보증하랴. 그들은 일찍이 38선을 철폐하기 위하여 미소 양군은 철수하라고 고함도 질러 보았다. 작년 6월에는 미군정에서 좌익정치범을 석방할 때 불만을 토하면서 북한의 정치범도 즉시 석방하라고 소리쳤다. 그러나 정말 적절한 때에 다른 사람이 그것을 주

장하면 공산당이라고 명명하면서 반대하고 있다. 그러면서도 그들은 과학적 현실론자로 자처한다. 그러나 그것은 위험한 자살적 현실론자다.

조국의 분열을 촉진하면서 독립의 길로 간다 하며, 단독정부를 수립하면서 중앙정부를 수립한다고 고함을 쳐 봐야 속을 사람이 없는 것이다. 그들이 말하기를 반쪽 정부라도 수립하면 3개월 내에 민생 문제를 해결한다고 한다. 그러나 민생 문제를

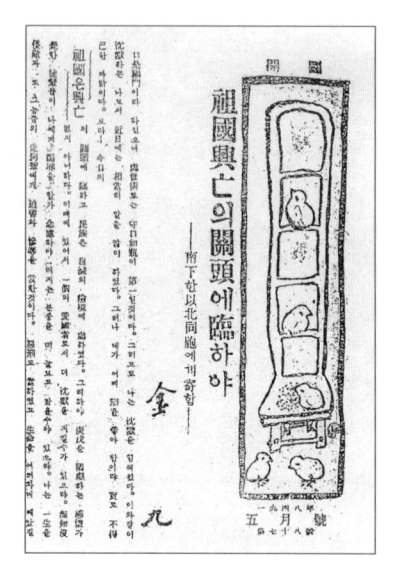

조국 흥망의 위기 관두關頭에 월남 동포에게 주는 글(『개벽』 1948년 5월호).

연구한 한 미국인 전문가는 통일정부를 수립한다면 5년 내에 수출입 무역에 균형을 얻을 수 있을 것이고, 만일 남한에만 단정을 수립한다면 그 정부는 미국의 경제적 원조가 없는 한 3개월 이내 전복될 것이라고 하였다. 또 그들은 그들이 세우는 단정이 UN 회원이 될 수가 있다고 한다. 그러나 UN헌장에는 이 문이 열리지 않았다. 그들은 당장에 독립이나 되는 듯이 대통령도 내고 조각組閣도 하느라고 분망하지만, 프랑스의 베트남 총독 밑에 베트남 황제가 있다는 것을 알면 그토록 흥이 날 것이 없는 것이다.

그리고 그들은 무력으로 북한까지 통일하기를 희망하는 까닭에 전쟁이 폭발하기만 고대하고 있지만, 전쟁은 아직 나지 않을 것이다.

미소가 다 전쟁을 할 수 없거니와, 설령 미국이 개전을 할 수 있다 하더라도 현 정세로 보아서 전우戰友로 나설 능력 있는 동맹국이 없는 것이다. 일보를 퇴하여 전쟁이 된다 하더라도 제일선에서 북으로 진군할 자는 이북 청년일 것이요, 우리의 사살 대상은 우리의 부모·친척·친구일 것이다. 그리고 전쟁의 결과는 소련이 승리하면 한국은 소련의 연방이 될 것이요, 미국이 승리하면 미국의 부속국이나 혹 일본의 전리품이 되는지도 모른다.

그러면 우리는 무엇을 위하여 전쟁을 고대하겠는가. 나는 "이북인은 이북인을 죽이지 말라"고 주장한다. 또 "한국인은 한국인을 죽이지 말라"고 주장한다. 인류는 진보하는 까닭에 이 세상의 모든 문제를 전쟁으로만 해결하게 되지는 않을 것이다. 평화로도 능히 해결될 것이다. 나는 근 30년 전에 중국에서 소위 봉직奉直전쟁[3]이 일어난 것을 보았다. 이 전쟁은 우페이푸吳佩孚 대 장쭤린張作霖의 전쟁이었는데, 그때에 우 씨가 전선에서 "직예인은 직예인을 죽이지 말라"고 쓴 기旗를 들고 전진한 까닭에 장쭤린 진중의 직예 군인이 투항하였다. 그리하여 우 씨는 대승하였다. 우리도 우리 민족의 애국심과 애향심에 호소하여 외국인이 획정한 38선을 우리 동포끼리 철폐하도록 하여 보자. 외국군의 전쟁으로 동족상잔의 길을 찾지 말고 민족적 단결로 우리의 독립도 완성하고 세계 평화도 촉진하는 것이 훨씬 가능하고도 유효할 것이다.

혼란기에는 완력도 필요한 것이나, 질서가 점차로 서게 되면 법이

3
1922~1928년 중국 군벌 장쭤린張作霖의 봉천파奉天派와 우페이푸吳佩孚의 직예파直隷派가 베이징의 패권을 다툰 군벌 전쟁.

이것을 추구하는 것이다. 그러면 완력을 이용하던 사람들을 모른 체할 뿐 아니라 도리어 싫어하거나 심하면 중상中傷까지 하게 되는 것이다. 최근 김두한金斗漢 군의 사건을 보아도 우리가 얻는 교훈이 많다. 김 군이 자기 범행에 대해서 법적 제재를 받는 것은 당연하다고 말할 수 있으나, 그 범행이 애국적 동기에서 나왔다고 간주할 수 있으며, 또 그가 위대한 애국자 김좌진 장군의 아들이라는 점에서 보면, 그에 대한 구명운동이 열렬하지 못하다고 아니할 수 없다.[4]

그러면 우리는 과연 어떻게 할 것인가. 우리에게는 탄탄한 대로가 있다. 그것은 오직 자주독립의 통일조국을 건설하기 위하여 매진하는 것이다. 조국을 광복하기 전에 고향까지 잃은 우리로서, 반쪽 의회에 국회의원 몇 사람을 들여보냈다고 해서 자기에게나 고향 부모에게 얼마나 큰 위안을 줄 수 있으며, 독립운동에는 얼마나 큰 공헌을 할 수 있으랴! 이것은 마치 왜정하에서도 망국의 수치를 모르는 썩은 선비들이 과거科擧의 한을 풀어 보려고 백일장白日場에 머리를 싸매고 덤비는 것과 같다.[5] 이것이 어찌 우리의 취할 길이겠느냐?

우리에게는 목전에 마땅히 할 일이 두 가지가 있으니, 첫째는 UN 총회에 향하여 소총회의 비법非法을 지적하면서 UN총회에서 작년 (1947) 11월에 우리에게 약속한 통일 독립의 정부를 수립해 줄 것을 일

---

[4] 김두한은 1947년 4월 좌익 청년에 대한 테러 때문에 미군정에 체포되어 재판을 받게 되었는데, 오랜 우여곡절 끝에 1948년 교수형을 선고받았다. 그러나 김두한은 정부 수립 직후 가석방되었다.

[5] 조선 시대 지방에서는 과거 낙방생들의 명예욕을 충족시키고자 벼슬길과 관련 없는 백일장을 시행했다. 백범은 일제하에서 하찮은 벼슬을 탐하는 세태를 백일장에 비교했다.

치하게 요구할 것이요, 둘째는 남하한 이북의 빈궁한 동포를 구제하기 위하여 먼저 이북 출신의 부유한 동포들이 분발할 것이다. 진정한 애국애향자愛國愛鄉者라면 거금을 소모하여 국회의원 감투를 사려고 애쓰지 말고, 그 돈으로 먼저 가련한 동포를 구하라!

혁명 운동 재출발의 신결심

『신민일보』 사장과의 대담

1948년 3월 21일 『신민일보』 사장과의 대담은 통일론을 비롯하여 당시 백범의 사상과 이념이 잘 드러난 대표적인 글이다. 이 자료가 이러한 가치를 지니게 된 데에는 질의자인 『신민일보』 사장 신영철申永哲의 날카롭고 거침없는 질문의 공이 크다. 그는 백범의 정치노선이 지닌 애매모호함이나 약점에 대해서도 여지없이 질문하였고, 백범은 또한 성의 있게 대답하였다. 백범 통일노선에 대해 제기되는 이러저러한 문제들이 거의 이 대담에 포함되어 있다 할 수 있다. 『신민일보』는 1948년 2월 10일 창간되어 진보적인 논조를 전개하다가 그해 5월 26일 『우리신문』과 더불어 미군정에 의해 폐간되었다. 세 달여 동안만 발간된 신문이라 잘 알려져 있지 않지만, 이 대담은 중요한 자료이다. ── 『김구주석최근언론집』

문   선생께서는 지난번 성명 중에서 모某 당을 가리켜서 일진회─進會와 같은 매국 매족적 반역자 집단이라고 말씀하셨습니다.[1] 그런데 여기에 이해하기 곤란한 점이 있습니다. 그것은 모 당이 참으로 매국노 집단이라면 저들에게 국사國事를 맡기는 것 같은 일은 도저히 용납

될 수 없는 일이거늘 충칭 임시정부는 환국 이후 왜 저들과 합작하였으며, 선생이 환국하신 지 2년여의 세월이 지나도록 일찍이 그러한 의사 표시를 하신 일이 없었는데, 오늘에 와서야 그런 말씀을 하시니 석연하지 못한 점이 있다는 것입니다.

답   나는 모 당만을 지적하여 일진회와 같은 매국노 집단이라고 한 것은 아닙니다. 어떠한 정당을 막론하고 그 실제 행동에 있어서 민족을 팔고 국가를 망하게 하는 집단이 있다면 그것은 곧 일진회인 것입니다. 그러므로 내 말의 진의는 현명한 민중이 스스로 판단할 줄로 믿습니다. 그리고 반역자들과 합작한 것이 잘못이라고 하는 것은 너무나 피상적 관찰인 것입니다. 충칭 임시정부가 환국할 당시로 말하면 오직 감격과 흥분 속에 있었으니까 무엇을 따지고 캐고 할 여지가 없었던 것이 사실이고, 또 무엇보다도 국내 사정을 잘 모르는 우리로서는 누가 반역자이고 누가 애국자인지를 분별하기가 어려웠던 것입니다.

또 한 가지는 나의 신조로 인하여 그렇게 된 점도 있습니다. 친일파라고 해서 가혹한 규정을 내려 배제와 처단만을 주장할 수는 없는 것입니다. 그것은 민족적 단결과 정치적 통일의 강력한 추진이 요청되는 시기에 있어서는 더구나 신중을 기하지 않을 수 없는 것입니다. 그러니까 우리는 극단의 악질이 아니면 그들을 포섭하여 건국 사업에 조력하도록 하는 것이 옳다고 생각한 것입니다.

또 당시의 실정이 친일파 민족반역자를 규정하고 처단할 만한 조

1
백범은 1948년 2월 10일 「삼천만 동포에게 읍고泣告함」에서 한국민주당을 중심으로 하는 단정 세력을 "매국 매족의 일진회"에 비유한 바 있다.

건을 갖추고 있지 못하였습니다. 재판소가 없고 법률도 제정되지 않은 것을 입으로만 친일파·반역자 운운할 수는 없는 것입니다. 뜻이 있는 이들은 내가 모 당에 대하여 한독당에 무조건 합당하라고 누차 권고한 사실을 기억하고 있을 것입니다.[2] 혁명 세력이란 탁류濁流라도 정화시킬 수 있는 것이고 또 그래야 하는 것입니다. 불순한 세력이라고 해서 강제로 꺾을 것을 기도하는 것은 위험한 처사일 것입니다. 불행히도 외국 세력이 저들의 세력을 조장시키고 세태가 근본적으로 삐뚤어져서 우리의 당초의 기도가 성공되지 못한 채, 도리어 저들로 인하여 국가에 큰 화를 초래하게 되었으니 결과에 있어서 범의 새끼를 기른 것이 되었지마는, 그러나 우리는 이에 대하여 속수무책이라 함도 아니요, 다만 개탄慨歎만을 일삼는 것도 아닙니다. 저들의 과거의 죄상이 명백하고 금일의 과오가 삼천만 앞에 뚜렷하게 나타나 있는 것이니 여기에 있어 우리가 어떠한 태도를 취할 것인가는 불문가지不問可知인 것입니다.

문   선생께서는 현재 단독정부를 배격하고 통일정부 수립을 위하여 싸우고 계신데 이 점에도 약간의 의문이 있습니다. 첫째는 단정單政을 반대하시는 경위입니다. 작년(1947) 12월, 이 박사가 도미하여 단정 운동을 전개할 때 선생께서는 시종일관 침묵을 지키셨습니다. 그러다가 1947년 말 정당협의회가 무산되면서 조소앙 씨가 남북협상운동을 '일

2
합당 권고란 1946년 3월 한국독립당이 국민당·신한민족당·한국민주당 등과 합당을 추진한 것을 말한다. 당시 한민당은 한독당이 제시한 합당 원칙에 반대하여, 4월 18일 한국독립당·국민당·신한민족당 등 세 당이 통합, 한국독립당을 결성하였다.

이승만은 1947년 4월 5일 미국 방문을 마치고 귀국 길에 올랐다. 귀국 도중, 일본에서 맥아더를 만났고, 중국에 들러 장제스와 회담하고, 4월 22일 중국에 있던 광복군 총사령관 지청천을 대동하고 귀국하였다. 이날 김구와 김규식은 공항에 마중나갔다. 오른쪽 끝은 프란체스카.

시 중지한다'고 선언한 직후에는 선생께서는 이 박사와 공동보조를 취하여 단정에 참가할 의사가 있는 것 같은 태도를 보이셨습니다. 이와 같이 선생의 노선에는 약간 확연하지 않은 점이 있습니다. 이에 대하여 일부에서는 선생이 단정을 반대하시는 것은 정의에서가 아니고, 아직 토대가 약해서 정권을 잡을 수 없으니까 그렇게 하는 것이라고 말하는 이도 있습니다. 그러니까 이 기회에 대중의 인기를 끌어서 지반을 강화하려는 심산에서 통일정부 수립을 부르짖는다는 것이지요.

답   이 박사가 도미하여 단정 운동을 전개하던 때만 하더라도 나는 공표만 안 했을 뿐이고, 동지들에 대해서는 그 부당성을 지적하여 사태의 악화를 방지하기 위해 최선을 다하도록 역설하였던 것입니다. 그리고 이 박사가 귀국하면 친히 만나서 그것을 만류하려고 생각한 것입

니다. 물론 성명서를 발표하고 보다 더 적극적인 반대 운동을 전개할수도 있었지만 그렇게 하는 것은 나에게는 너무나 괴로운 일인 것입니다. 그러지 않아도 수백 정당이 난립하여 국정이 극도로 혼란한 가운데다가 나와 이 박사의 충돌이 표면화한다면 대내외적으로 지대한 영향을 끼칠 것이 명료하였기 때문입니다. 그리고 나는 이 박사의 애국심을 믿었기 때문입니다. 이 박사도 평생을 조국 해방을 위하여 바친분이니, 일시적 착각으로 그릇된 길로 들어갔다 할지라도 친히 만나서사리를 따지고 대의를 밝혀서 간절한 뜻으로 말한다면 잘 깨달으리라고 생각했던 것입니다.

나는 이 박사가 돌아오는 즉시로 만나서 나의 뜻을 말하였습니다. 뿐만 아니라 이 박사가 비행기에 내려서라도 기자단에게 무슨 말을 하면 안 되겠기에 내가 비행장에까지 나갔었습니다. 그러나 이 박사는나의 권고를 듣지 않고 마침내 단정 노선으로 돌진한 것입니다. 그러면 이와 같이 어디까지나 대의에 입각하고 협조 정신으로 시종일관한나에게 허물이 있다고 한다면, 세상에 대의를 존중할 사람이 누구이며겸양의 미덕을 찬양할 자가 누구이겠습니까?

또 내가 남북협상운동이 정체 상태에 빠졌을 때에 이 박사와 보조를 같이할 것같이 보였다는 것만 하더라도 실은 그것이야말로 통일을위한 나의 최후 노력이었습니다. 반탁운동과 자주정부 수립은 불가분의 관계이거늘 반탁 구국 정신이 자주통일 독립 정신에 배치된다는 말이 있을 수 있는 말인가? 나는 이것을 믿을 수가 없고, 설사 그것이 냉엄한 현실이라 할지라도 간단히 집어치우고 말 수는 없었습니다.

무엇보다도 슬프고 딱한 것은 이 박사가 다시 나오지 못할 '함정'

으로만 들어가고 있다는 사실입니다. 이 박사를 포위하고 있는 세력이 어떤 종류의 것이며 그 결말이 어떠한 것일까에 대하여는, 이 박사를 아끼고 국가의 앞날을 염원하는 이로서는 이것을 모르는 이가 단 한 사람이라도 있겠습니까? 나는 하다가 실패하는 한이 있더라도 UN위원단이 도착하기 전에 이 박사를 붙들고 그의 뜻을 바꾸기 위하여 마지막 정성을 다하려고 결심하였습니다. 그래서 나는 국민의회와 민족대표자회의의 합동 공작을 계기로 하여 이것을 이루어 보려고 기도하였습니다. 이것이 내가 이 박사와 보조를 같이하는 듯이 보이게 된 동기입니다.

내가 정의에서가 아니고 당세의 확장이나 노리고 지위를 얻기 위한 정략에서 단정을 반대하는 것이라면, 진실로 내가 그러한 비열한 사람이라면, 어찌 하필 오늘날 막판에 와서야 반대를 표명할 것인가? 정략의 생명은 기회라고 하거늘 그래, 그런 술책을 알고 방법을 몰라서 UN위원단이 업무를 개시하고 단선 공작이 활발한 시기를 기다려서 반대 운동을 전개하는 우책愚策을 쓰고 있겠습니까? 물론 이러한 논의에 대하여 변명을 할 필요는 없겠습니다. 다만 나는 여기서 다시 한 번 단독정부론의 부당성을 지적하고, 참으로 민족을 구하고 국가의 안위를 확보하는 길이 무엇인가를 천명하고자 합니다.

반쪽 정부에 대하여는 누차 언급한 바와 같이 첫째는 UN의 이름을 빌려 1국 신탁을 실시하려는 계략을 꿰뚫어 보아야 하며, 둘째는 미소 양국이 획정한 38선을 국제적으로 합법화하는 것이요, 셋째는 우리의 국토를 두 조각으로 나누고 민족을 분열시켜 동족끼리 서로 싸우게하는 비극을 초래하는 것밖에 아무것도 아니라는 것을 생각한다면 삼

척동자라도 이것을 독립이라고 기뻐할 자는 없을 것입니다.

보시오! UN위원단도 저들이 한국인도 그렇게 우둔하지는 않은 점에 특별 유의하였음인지, 혹은 수단과 기술이 높아서인지 우리를 교묘하게 유도하여 그 기만을 호도하려 하고 있는 것입니다. 우리는 UN위원단 중에서 캐나다와 호주 대표가 단정 추진을 강경히 반대하고, 프랑스와 시리아 대표가 기권한 사실을 알고 있습니다. 저들은 정의와 평화를 위하여 단연 반대를 표명한 것입니다. 단정을 찬성한 이는 중국을 비롯하여 인도·필리핀·엘살바도르 4개국 대표입니다. 그러니까 당초에 9개국 대표로써 구성되었던 것으로 하면, 4대 2라는 것은 문제도 안 되는 숫자인 것입니다. 이것은 무엇을 의미하는 것이겠습니까? 삿된 길로써 정의를 굴복시킬 수 없다는 것은 결코 어느 누구의 잠꼬대는 아닌 것입니다. 백방으로 따지고 궁리하여도 우리 민족의 생존권과 우리의 주권을 획득하는 길은 오직 하나밖에 없는 것입니다. 그것은 민족자결 정신으로 미소 양군의 즉시 철수를 요구하고, 남북협상으로 우리의 통일정부를 우리의 손으로 세우는 것입니다.

문　미소 양군을 철수시키고 자주통일 정부를 세우는 구체적 방법은 무엇이라고 생각하십니까? 단정론자들도 원칙적으로는 그것이 옳고 또 그래야 하는 줄을 안다는 것입니다. 다만 저들의 논법에 의하면 그것은 비현실적인 공염불이라는 것입니다. 첫째, 미소 양군이 철수하는 날이면 조선은 진공상태에 놓일 것이고 내란이 발생하여 동족끼리 서로 싸우는 비극을 연출할 것이라고 하는 것입니다. 여기에는 소위 북조선 인민군이 문제라고 보는 편도 있는 것입니다. 그리고 남북협상 문제만 하더라도 막연하다는 것입니다. 오늘날까지 좌우합작을 부르

짖고 실지로 시도한 일도 있지만 아무런 성과도 거두지 못한 것입니다. 그러면 좌우합작에 실패하였으면서 남북협상에 기대를 두는 이유는 어디에 근거를 두는 것인가? 남북통일과 양군 철수와 자주정부 수립을 부르짖는 이들이 명확히 하지 않으면 안 될 점은 이것이 아닌가 생각합니다.

답 세상에 가장 현실적인 방법과 수단이 어찌 한두 가지에 그칠 것인가. 땀을 흘리고 먼지를 무릅쓰고 노동을 하는 것보다 은행 창고를 뚫고 금품을 훔쳐서 안일한 생활을 하는 것이 현실적이라고 할 수 있고, 청빈한 선비의 부인(正室)이 되어 곤궁과 싸우기보다 차라리 모리배나 수전노의 애첩愛妾이 되어 호사스러운 생활을 하는 것이 가장 현실적인 길일지 모릅니다. 그러나 우리는 현실적이냐 비현실적이냐가 문제가 아니라, 그것이 정도正道냐 사도邪道냐가 생명이라는 것을 명심해야 하는 것입니다.

비록 복잡하고 어려운 길일지라도 그것이 바른길이라면 그 길을 택해야 하는 것이요, 진실로 이것만이 사람의 도리인 것이니 여기에 있어서는 현실적이니 비현실적이니 하는 것은 전연 문제 외의 문제인 것입니다. 외국의 간섭 없고 분열 없는 자주독립을 전취하는 것은 민족의 지상명령이니 이 지상명령에 순종할 따름입니다. 우리가 망명 생활을 30여 년이나 한 것도 가장 비현실적인 길인 줄 알면서도 민족의 지상명령이므로 그 길을 택한 것입니다.

과거의 일진회도 "현실적인 길"을 가야 한다고 주장한 것입니다. 오늘날 외세에 아부하여 반쪽 정부의 요인이라도 되어 보려고 하는 이들은 통일정부 주장은 공염불이라고 비방하지마는, 그러나 기독신자

들은 천당에 가 본 일이 없고 예수를 본 일도 없지만 예수를 믿고 그의 이름으로 기도하고 그의 뜻대로 행하면 천당에 갈 수 있다고 믿는 것입니다. 우리는 5천 년의 역사를 통하여 우리가 독립국이고 자주민임을 확신하는 것이니, 우리의 주장은 공염불이 아니라 삼천만의 일관한 신조요 일관한 구호인 것입니다.

좌우합작에 실패하였거든 어찌 남북협상을 기대할 것이냐고 하지마는, 과거의 좌우합작은 진정한 의미의 좌우합작은 아니었던 것입니다. 외세의 영향을 받은 어떠한 운동도 성과를 거둘 수는 없는 것입니다. 그리고 무엇보다도 한국 안에는 소위 우익은 없는 것입니다. 세계적으로 볼 때에 우익이란 흔히 보수반동保守反動을 말하는 것인데, 혁명 세력으로서는 보수반동일 수가 없고, 한국의 실정을 아는 양심적인 인사로서 보수반동일 리 없는 것입니다.

그러므로 우리가 자칭 '우익'이라고 하는 말부터 재검토해야 합니다. 그런데 보통 말하는 이 땅의 소위 우익 중에는

백범이 만년에 자주 쓴 휘호, "思無邪"사무사. 일찍이 공자孔子가 『시경』詩經의 시 삼백 편을 한마디로 요약하면 사무사, 즉 "마음에 사특함이 없는 것"이라고 밝힌 후, 사무사는 현실의 삿된 이해관계를 넘어서는 덕목으로 강조되었다. 백범은 만년의 남북합작 노선이 비현실적이라는 비판에 대해, 사무사의 정신, 즉 삿된 길인가 아닌가가 더 중요하다고 여러 번 강조했다. 이러한 백범의 사무사에는 권력을 탐하는 무리들이 단정 노선에 참여하고 있다는 비판을 함의하고 있다. 이 글은 서거 직전인 1949년 6월 정세호에게 써 준 것이다.

왕왕 친일파 반역자 집단까지 포함되는 것이 큰 문제입니다. 그것들은 우익을 더럽히는 '군더더기' 집단입니다. '군더더기'들이 정당이니 단체니 하고 혁명 세력에 붙어서 거불거린 것입니다. 혁명 세력과 반역 집단이 합작할 수는 없는 것입니다. 오늘날 내가 반성하는 것은 이 점입니다. 혁명 세력끼리의 합작이나 협상이라면 성립되지 않을 하등의 이유도 없는 것입니다. 미소 양군 철수를 주장하는 것은 삼천만 동포의 혈원血願입니다. 우리나라 강토 안에 때 아닌 외국군 주둔이란 절대로 있을 수 없습니다.

외국군 주둔이 일각이라도 연장되면 연장될수록 온갖 해악이 양성되어 우리의 국운을 쇠멸시키는 것입니다. 적국이 아닌 우리나라에 외국군이 계속 주둔한다는 것은 국제헌장에 어긋나고 정의와 인도에 배치되는 일입니다. 미소 양군이 철수하면 우리나라가 진공상태에 빠지고 북조선 인민군이 쳐들어오고 내란이 일어난다는 것은 모두가 구실이고 모두가 비과학적 관찰입니다. 남南은 북北을 의심하고 북은 남을 의심한다면 몇백 년을 끌어도 문제는 해결되지 않을 것입니다.

남南을 의심한다면 소련이 의심할 것이요, 북北을 의심한다면 미국이 의심할 것이라는 것입니다. 그리고 외국의 의심을 자기가 맡아서 의심에 의심을 가하는 자는 비민족적 외국의 주구走狗적 인간임을 스스로 폭로하는 것밖에 아무것도 아닐 것입니다. 외국군이 철수한다고 해서 내란이 일어난다는 것은 사대소심증事大小心症에서 나오는 망상인 것입니다. 8·15해방 직후야말로 가장 불순한 요소와 흥분한 군중과의 사이에 충돌이 생길 우려가 농후했었지만 국부적인 마찰조차 없었던 것입니다. 무장한 군대가 위험하다면 철수할 때 그 무장만 완전히 해제

시키고 철수하면 되는 것이요, 미소 양국이 합의하지 않으면 철수하지 않을 것이요, 철수한다면 어느 일방이 그것을 이행하지 않을 리가 없는 것입니다.

　아직도 때는 늦지 않았습니다. 현재 시국이 아무리 복잡하고 혼란하다 하더라도 냉철한 안목으로 앞날을 내다보고, 굳센 마음으로 '우리의 길'을 지키면 살길은 그곳에 스스로 있는 것입니다. 미소 어느 편으로든지 기우는 날이면 외국의 간섭을 더욱 불러일으키고 외국군 철수를 더욱 지연시키는 것밖에 아무것도 아닌 것입니다. 미소 양국의 협조 없이 한국 문제가 해결될 수 없다는 것은 금번 UN의 업적이 웅변하고 있습니다. 그러므로 우리는 민족자결 원칙을 날줄로 하고 공명정대의 친미·친소 외교를 씨줄로 하여, 평화적 국제 협조 노선 위에서 우리 문제의 해결을 구해야 하는 것입니다. 이에 우리는 혁명 시대로 돌아가서 짚신감발[3]하고 새 독립운동을 하려는 것입니다. 갈 길은 험산준령이나 영원한 진리의 위대한 힘이 따를 것이니, 끝까지 이 길로 나갈 것입니다.

3
짚신감발이란 짚신을 신고 발감개를 한 허름한 차림새, 여기서는 다시 독립운동 시절의 고생을 각오한다는 의미이다.

1948. 4

평양 남북연석회의

빈손으로 돌아오는 것은 아닌가?
한독당 대표 환송연

1948년 4월 15일 경교장에서는 남북연석회의 한독당 대표 환송연이 열렸다.
이날 오후 5시경, 백범은 출입기자단에게 북행을 앞둔 착잡한 심경을 솔직
하게 토로했다. 특히 "북행했다가 만일 돌아오지 못하는 경우가 있다 하더
라도 내가 통일 독립을 위해서 끝까지 싸웠다는 것을 삼천만 동포에게 전해
주기를 바란다"는 비장하고 중대한 발언을 하여 남북협상을 주장하던 사람
들에게 큰 충동을 준 동시에 정계에 일대 파문을 일으켰다. 이 기자회견은
『경향신문』·『조선일보』에도 수록되어 있으나, 『자유신문』의 것이 가장 자
세하다. __ 『경향신문』·『자유신문』·『조선일보』 1948. 4. 17

지금 우리나라가 당면한 건국 사업은 실로 곤란한 바 크다.

내가 북조선에 가겠다고 하니 외국 사람도 말릴 뿐 아니라 동포들이
매일같이 떼를 지어 울어 가면서 나의 북조선행을 말린다. 지금까지
나는 모스크바 3상회담이니 미소공위니 UN위원단이니 하여 좋은 성
과가 행여나 있지 않을까 몇 해를 경과하였다. 그러나 점점 혼란만 더
해졌다.

돌아오지 않을 각오로 방북한다는 백범의 결의에
대한 보도(『조선일보』1948. 4. 17).

내가 이번 북조선행을 결연히 결정하게 된 이유는, 이렇게 어려운 형편에 우리가 외국 사람들만 의뢰하는 것보다는 비록 주의主義가 다를지라도 내 동포가 낫다는 것을 느낀 때문이다. 우리가 과거 4천 년 역사를 뒤져 보더라도 다른 민족에게 의뢰해서 우리 민족의 활로를 타개해 본 적이 있는가. 그런고로 다른 민족에게만 의뢰하는 것은 전혀 의미가 없다.

그러므로 남조선 총선거를 실시하여 정부를 수립하는 것이나 북조선에서 헌법을 통과시켜 정부를 세우는 것이 각각 중앙정부라고 할 것이로되, 단독정부임에 틀림없다. UN한국임시위원단이 선거를 감시한다고 부채질해도 결국은 단독정부이니, 우리는 사랑하는 자손에게 무엇을 물려줄 것인가. 북조선에서 공산주의를 신봉하는 지도자들이라도 결국은 우리와 말이 같고, 조상이 같고, 마음이 같을 뿐 아니라, 같은 피가 끊임없이 흐르고 있지 않은가. 피와 피가 서로 부닥쳐서 의논이라도 해서 자손만대에 회한이 없도록 해야 할 것이다.

어떠한 모략도, 여하한 짐승 같은 마음도 치열한 애국심 앞에서는

그 정체가 드러날 것을 나는 확신한다. 우선 동족끼리 해방 이후 3, 4년 동안이나 38선이라는 국경 아닌 국경으로 말미암아 외국인의 턱밑만 쳐다보고 말을 못할 이유가 무엇인가. 담판을 해 보아서 안 되면, 차라리 38선을 베개 삼아 자살이라도 함이 마땅하다고 생각한다.

이번 이북행에 대하여 어떤 분은 큰 기대를 가지고 찬사가 놀랍다. 나는 이런 점에서 미안한 점이 없지도 않다. 나는 이번에 북조선에 갔다 오면 내보일 수 있는 무엇이 있을 것인가. 나는 빈손으로 가서 빈손으로 돌아오는 것이 아닌가? 나로서는 이러한 의구심도 없지 않다.

나의 북조선행에 미국 사람들은 실망할지도 모른다. 나는 어떠한 의혹에 싸일지도 모른다. 어떠한 제재가 있을지 빤히 보인다. 장덕수 암살 사건에 연루되어 아무 턱도 없이 군정재판 증인 심문에서 증인이 아닌 죄인 신문을 나는 받았다. 이런 점으로 미루어 오는 5월 10일 남조선 총선거에서 만일 위험 사태라도 발생하게 되면, "김구가 공산분자와 연결해서 하였다"고 할 것이 아닌가. 지난번 김석황金錫璜 문제 정도가 아닐 것이다.[1] 반드시 "북조선과 공모 운운" 하며 나에게 책임을 씌우지 않는다고 누가 단언하랴.

나는 남조선에서 가만히 있으면 안락하게 지낼 수 있다는 것도 잘 안다. 그러나 일생을 바쳐서 오로지 자기 동족을 구하고 국가를 사랑

---

[1] 1948년 1월 16일 경찰은 장덕수 암살 사건의 배후로 수배 중이던 김석황을 체포했고, 장택상 수도 경찰청장은 '모 정계요인'(김구)에게 보내는 김석황의 편지라는 것을 근거로 암살 사건에 김구가 연루되어 있음을 강력하게 암시했다. 또한 김석황 등 피고인들이 경찰과 미군의 강압적인 수사를 받을 당시의 '진술서'에 따르면 김구는 암살 사건의 배후가 아니라 주범이었다. 이러한 '진술서'의 내용은 후일 재판 과정에서 강압에 의한 것으로 모두 부인되었다.

한다는 내가, 몇 해 남지 않은 여생을 안락하게 보내기 위하여 사랑하고 소중히 여기는 동포의 지옥행을 앉아서 보고만 있겠는가.

나는 오늘 나의 측근자들과 경교장 앞뜰에서 나와 최후를 나누는 기념촬영을 하였다. 북조선에 가면 내가 총아寵兒가 되는가 하면 그렇지도 않다. 북조선에서 최근에 온 신문 논조를 보라. 또 "김구·김규식이 와서 북조선에 투항한다"는 설까지 있다고 하지 않는가. 그리고 북조선에서 보내온 서신의 문구를 보라. 3상회담이니 미소공위니 하여, 이쪽의 잘못을 나열하고 있지 않는가.[2] 이런 점으로 미루어 내게 용기가 나겠는가.

그러나 나는 자나 깨나 잊지 못하던 조국의 통일을 위해, 사랑하는 동족을 위해, 나는 피차의 책임 전가보다도 냉엄한 현실을 직시하고 오직 서로 양보하는 정신 아래 허심탄회하게 통일 방략을 강구해야 할 것이라고 생각한다. 나는 상대편을 규탄하지 못해서 안 하는 것도 아니요, 할 것이 없어서 안 하는 것도 아니다. 외국인이 나를 그렇게 모욕했다면 단연코 가지 않겠다. 그러나 동족인 만큼 피와 피를 뚫고 최후의 판단을 하자는 것이다.

나는 민족의 정기와 민족의 단결과 민족의 정의를 위해서 이번 북행을 결행하게 된 것이다. 여러분도 만일 김구가 북조선에서 죽었다는 소식을 듣거든 이 점을 충분히 양찰해 주길 바란다.

2
여기서 서신이란 이 책 189쪽 「김일성·김두봉이 김구·김규식에게 보낸 답신」(1948. 3. 15)을 말한다. 김일성과 김두봉은 서신에서, "이것이 누구의 잘못입니까. 그것은 조선에 관한 모스크바 3상 결정과 소미공동위원회 사업을 적극 반대하며 출마한 그들에게 책임이 있다고 우리는 재삼 언명합니다"라고 김구와 김규식을 비판한 바 있다.

백지로 임하여 목표는 통일

평양 출발 성명

1948년 4월 19일, 백범은 서울의 경교장을 떠나 38선을 넘어 평양으로 출발했다. 평양으로 출발하기 직전, 백범은 출발 성명을 발표했다. 성명서는 백범의 평양행 결의의 내용을 잘 알려 주며, 또한 그동안 나온 여러 가지 추측이나 엇갈리는 보도에 대한 답변이기도 하다. ___ 『서울신문』 1948. 4. 20; 『김구주석최근언론집』

내가 30년 동안 조국을 그리다가 겨우 이 반쪽에 들어온 지도 벌써 만 2개년 반에 가까워졌다. 그동안에 또다시 안타깝게 그리던 조국의 저 반쪽을 찾아 이제 38선을 넘게 되었다. 가슴속에서 즐거움과 슬픔이 교차하는 만 가지 정서야 말로 표현한들 무엇 하랴!

나를 사랑하고 아끼는 수많은 동지 동포 중에는 나의 실패를 위하여 과도히 염려하는 분도 있고, 나의 성공을 위하여 또한 과도한 기대를 하는 분도 있다. 그러나 이번 길에 실패가 있다면 그것은 전 민족의 실패일 것이요, 성공이 있다 하여도 그것은 전 민족의 성공일 것이

백범의 평양행 출발 성명, "우리의 지표는 통일뿐"(『서울신문』 1948. 4. 20).

다. 그러므로 나 개인은 문제가 되지 않는 것이다. 따라서 우리의 길에는 도리어 성공만 있으리라는 것을 믿을 수 있는 것이다. 왜냐하면 진정한 애국자 중에는 사사로운 자기 이익만 도모하려다 전 민족의 실패를 초래할 사람이 하나도 없는 까닭이다.

이번 회담에 방책이 무엇이냐고 묻는 친구들이 많다. 그러나 우리는 미리부터 특별한 방안을 작성하지 않고, 피차 백지로 임하기로 약속하였다. 왜 그러냐 하면 민주·통일·자주의 독립된 조국을 건설하려는, 바꾸어 말하면 조국을 위하여 민주·자주의 통일·독립을 쟁취하는 현 단계의 우리에게는 벌써 우리의 원칙과 노선이 명백히 규정되어 있는 까닭이다.

그러므로 모든 방안의 작성과 해결은 이 원칙과 이 노선에 부합됨을 전제조건으로 할 뿐이다. 따라서 남쪽에서 단선 단정을 결사반대하던 우리가 북에 가서 단정 단선과 유사한 어떤 형태를 표명하지 않을까 걱정하는 것은, 우리의 생명이 있는 한 완전한 기우杞憂가 되리라는 것도 단언하여 둔다.

우리 조국의 독립이 민족자결과 아울러 국제 협조의 정신으로 성공할 수 있다는 것은 이미 우리의 상식이 되어 있다. 그러므로 우리가 소련의 위성국가를 만들러 가느니, 혹은 친소반미의 정책을 정하러 가

248

느니 하는 뜬소리는 일종의 억측이 아니면 모략선전밖에 아무것도 안될 것이다. 우리의 국제 정책은 평등한 상호협조의 입장에서, 우리의 민주·자주의 통일·독립을 호의로써 협조하는 우방과는 모두 친선을 도모함에 있는 것이다.

북으로 떠남에 즈음하여 심회를 금하기 어려워 인사의 말씀을 겸하여 몇 마디 드린다. 친애하는 동지 동포여! 조국의 독립을 쟁취하기 위하여 내내 건강하소서.

역사적 찰나

1948년 4월 19일 6시 45분, 38선상에서

1948년 4월 19일 오후 6시 45분, 백범은 38선을 넘었다. 백범의 북행에 대해서 언론인 류중렬柳重烈은 미문美文의 특종 취재기를 남겼다. 또한 그는 영문 경고문이 완연한 38선상에 선 백범의 모습을 사진으로 담아 "역사적 찰나"라 명명했다. 긴 시간의 '역사'와 한 호흡보다 짧은 '찰나'는 대체로 서로 모순 관계이지만, 6시 45분 백범과 38선은 서로 만나 "역사적 찰나"가 되었다.

— 『우리신문』 1948. 4. 21

북으로 북으로 개성開城으로부터 여현礪峴까지 30리 길. 김구가 탄 서울 2253호 자동차를 쫓아서 달리는 트럭의 느린 속도가 끝내 안타까웠다. 19일 오후 5시 50분, 씨를 실은 자동차는 개성을 통과했으나 기자가 손을 들고 고함을 치며 제지하는데도 불구하고 그대로 시가를 질주하여 자취를 감추고 말았던 것이다.

여현 38선 경찰지서 앞에 닿은 것이 6시 40분. 자동차는 여기서 비로소 머물렀다. 왼편에 영식 신信 군, 그리고 바른편에 선우진鮮于鎭

군. 단 두 사람이 수행하는 역사적 38선 길에 오른 김구 씨는 달려간 기자의 출현에 놀란 듯, "아니! 어떻게들 오셨소?" 하며 자못 의아한 기색이다. 그러나 "어서 갑시다! 밤중이라도 빨리 대가야지." 38선상의 감상을 묻는 기자에 대한 답변이다. 아침부터 경교장 앞에 모여든 군중들 등쌀에 여장을 들고 나올 사이도 없이 손수건 하나 못 가지고 왔다는 것이었다.

역사적 찰나, 38선상의 백범(1948. 4. 19). 우측은 영식 김신, 좌측은 비서 선우진. 38선 말뚝에 영문 경고(Warning)가 완연하다.

경찰서에서 형식적인 기록을 한 다음 차는 38선상에 섰다. "이것이 바로 38선이다." 경계선 일보 직전 3개년 풍상에 글씨조차 흐릿한 고목 앞에서 씨의 근엄한 표정으로 혁명가 김구 씨는 기어코 38선을 넘었다. 때는 6시 45분. 너웃너웃 저물어 가는 황혼 속에 한 발 넘어서면 멀리 바라다보이는 곳이여. 역 정거장 녹슨 철로 위에 오지도 않는 기차를 기다리는 '시그널'의 붉은 등불이 눈물 속에 아롱거린다.

아무 방해도 없이 38선을 넘은 자동차는 어느덧 천천히 여현 마을 입구에 다다랐다. 확실히 지도상에 명시된 이북으로 통하는 탄탄대로를 씨는 달리는 것이었다. 마침내 어느 청사 앞에서 두 사람의 소련병이 나오고 이어서 보안대원으로 보이는 수 명의 청년이 나타났다.

자동차 문이 열린다. 잠시 말이 오락가락하는 듯, 곧 문은 닫히고 그대로 차는 움직이기 시작했다.

고요한 38선에 스미는 듯 어둠의 장막이 내려왔다. 이북 마을에 등불이 반짝인다. 달이 뜨고 하늘에 별도 반짝인다. 기어코 이루어질 지어다. 남북회담 성공을 상징하는 희망의 별인가. 김구 씨가 떠난 하늘 아래로 별은 반짝인다.

남북통일은 세계 평화의 초석
평양에서 동포에게

1948년 4월 19일 오후 6시, 평양의 모란봉극장에서는 남북 46개 단체 대표 545명이 참석한 가운데 남북연석회의 본회의가 개최되었다. 개회 시간에 백범은 아직 38선에도 도착하지 않았다. 남북연석회의는 주석단 28명을 선출하였고, 김일성의 사회로 조선 정치 정세 및 남한 단선과 단정 반대 투쟁 대책을 회의 안건으로 채택했다. 이어서 김구·김규식을 비롯한 남한 민족주의자들의 북행 소식을 듣고 하루 휴회를 결정했다. 4월 20일 김일성과 김두봉은 평양에 도착한 백범을 예방하여 회담했지만, 백범은 남북연석회의 주석단에 참여할 의사가 없음을 밝히고 김일성과의 단독회담을 요구했다. 따라서 4월 21일 남북연석회의 제2일 회의가 속개되었지만 백범을 비롯한 남한의 우익 민족주의자들은 거의 참여하지 않았다. 대신 백범은 그날 남북 동포에게 다음 성명서를 발표했다. 여기서 그는 민족자결을 강조했지만, 국제협조에 대한 희망도 피력하고 있다.　— 『조선일보』 1948. 4. 22: 『김구주석최근언론집』

위도로서의 38선은 영원히 존재할 것이지만, 조국을 분단하는 외국 군대들의 경계선으로서의 38선은 일각이라도 존속시킬 수 없는 것이

백범의 평양 제일성을 바로 다음 날 보도한 『조선일보』(1948. 4. 22). 당시 『조선일보』는 남북연석회의에 우호적이었으며, 특파원 최성복을 평양에 파견하여 그 경과를 신속하게 보도했다.

다. 38선 때문에 우리에게는 통일과 독립이 없고 자주와 민주도 없다. 어찌 그뿐이랴. 대중의 기아가 있고, 가정의 이산이 있고, 동족의 상잔까지 있게 되는 것이다. 이로 인하여 국제 관계에 있어서도 또한 엄중한 것이 있으니 그것은 미소 관계의 악화다.

우리 조국은 현재 민주 자주의 통일 독립을 전취하는 단계에 처해 있다. 우리의 통일 독립이 없이는 세계의 평화도 없을 것이다. 그러므로 우리의 우방인 민주국가들도 우리의 독립을 보장하였다. 이것을 실현하기 위하여 미소가 회담하였고 UN도 노력한 것이다. 그러나 미소공위도 성과를 남기지 못하고, UN한국위원회도 도리어 38선을 국제적으로 합리화하여서 우리 조국을 영구히 분열하려 하는 것뿐이다.

이에 우리의 갈 길은 민족자결 정신에 의하여 우리끼리 단결하여, 우리의 정성과 우리의 노력으로써 우리의 독립 문제를 완성하는 것뿐일 것이다. 이번에 우리가 38선을 넘어온 것은 이것을 사실로써 증명하는 것이다. 그렇다고 해서 국제 원조를 거절하는 것은 아니다. 어느 국가든지 우리의 자결 정신을 이해하고서 우리를 협조하면 우리는 그 나라와 흔연히 악수할 것이요, 우리를 이해 못하는 국가가 있다면 이

해시키도록 노력할 것이다.

나는 이번에 꿈에도 그리던 이북의 땅을 밟았다. 내 고향의 부모 형제 자매를 만날 수 있게 된 것을 생각하면 미칠 듯이 기쁘다. 그러나 그보다도 우리들이 민주 자주의 통일 독립 국가를 건설하기 위하여 의견을 교환할 수 있는 기회를 얻은 것을 더욱 기뻐한다. 조국은 분열에, 동포는 멸망에 직면한 이 위기에 우리의 이 모임은 자못 심장한 의의가 있으며, 우리의 임무도 중대하다. 이 모임은 마땅히 전 민족의 실패를 실패로 할 것이요, 전 민족의 승리를 승리로 할 것이다. 이 전제하에서는 해결하지 못할 문제가 없을 것이다.

우리 겨레의 양해와 정성과 단결은 우리의 통일 독립을 완성할 것이요, 우리의 통일 독립의 완성은 미소 간의 위기를 완화할 수 있으며, 미소 간의 완화는 세계 평화의 초석이 될 수 있는 것이다. 이 방법으로써 우리는 현 단계의 세계 평화사의 첫 페이지를 우리의 손으로써 창조할 수 있을 것이니, 어찌 우리 민족의 영광이 아니며 세계 인류의 행복이 아니랴.

친애하는 동지 동포여!

만강滿腔의 애국 애족적 열성으로써 우리에게 다대한 지도와 격려를 주어서 공동분투의 열매를 거두기 바란다.

민족이 없으면
무엇이 존재할 수 있겠습니까?
남북연석회의 축사

4월 21일 백범은 남북연석회의 제2일 회의에 참여하지 않고, 대신 김일성과 비공식적으로 단독회담을 가졌다. 회담에서 백범은 여전히 북한이 남북연석회의를 통해 정권 수립을 기도하지 않는가 비판적이었다. 그러나 4월 22일 남북연석회의 제3일 회의에 참여하여, 조소앙·조완구·홍명희 등과 함께 4명이 주석단에 보선되었고, 백범은 아래와 같은 간단한 축사를 하였다. 그는 남한의 단정 단선뿐만 아니라 "어느 시기 어느 지역에서도" 이것을 반대한다며 북의 단정을 비판하고 있으며, 민족 자주와 통일 독립을 강조하면서도 국제간의 친선과 양해도 피력하고 있다. ＿ 『조선일보』 1948. 4. 24; 『남북 조선 제 정당 사회단체 대표자 연석회의 자료』; 『김구주석최근언론집』

친애하는 의장단과 각 정당, 단체 대표 여러분!

조국 분열의 위기를 극복하기 위하여 남북의 열렬한 애국자들이 한곳에 모여 민주 자주의 통일 독립을 쟁취할 방안을 모색하게 된 것은 실로 우리 독립운동사의 위대한 발전이며, 이와 같은 성대한 회합에 본인이 참석하게 된 것을 큰 영광으로 생각합니다.

평양 모란봉극장의 남북연석회의에서 축사하는 백범(1948. 4. 22). 단상에 선명한 태극기가 교차되어 있지만, 현재 게양하는 방식과는 태극과 궤의 위치가 다소 다르다. 태극기 사이에 한반도 지도가 조금 보인다.

조국이 없으면 민족이 없고, 민족이 없으면 무슨 당, 무슨 주의, 무슨 단체는 존재할 수 있겠습니까? 그러므로 현 단계에 있어서 우리 전 민족의 유일 최대의 과업은 통일 독립의 쟁취인 것입니다. 그런데 현재 통일 독립을 방해하는 최대의 장애는 소위 단선單選 단정單政입니다.

그러므로 현재 우리의 공동한 투쟁 목표는 단선 단정을 분쇄하는 것이 되지 않으면 안 될 것입니다. 현재 조국을 분열하고 민족을 멸망하게 하는 단선 단정을 반대할 뿐 아니라, 어느 시기 어느 지역에서도 우리는 이것을 철저히 방지하지 않으면 안 될 것입니다. 그러므로 단선 단정 분쇄를 최대의 임무로 삼고 모인 이 회합은 반드시 전 민족의 승리를 우리의 승리로 해야 할 것이니, 이 회의는 반드시 성공되어야 할 것입니다.

우리가 만일 단결로써 모든 일에 흉금을 털어놓고 공정하게 진심을 밝힌다면 반드시 성공하리라는 것도 확신합니다. 국제 관계에 있어서도 복잡다단한 바 있으나, 우리의 민족적 단결로써 국제간의 친선과 양해 또는 투쟁에 노력한다면 모든 것을 호전시킬 수 있다고 확신합니

다. 만일 우리의 노력으로써 국제 관계를 호전한다면 세계 평화에 대한 공헌이 또한 적지 않으리라 생각합니다. 조국의 통일 독립을 완성하며 세계 평화에 큰 공헌이 있기 위하여 이 회의의 성공을 간절히 원하며 아울러 여러분의 건투를 기원합니다.

남의 단정도, 북의 단정도 반대한다
평양 소감

4월 27일 오전 11시 백범은 평양 시내 상수리 특별숙사에서 『조선일보』 특파원 최성복에게 평양과 남북연석회의에 대한 간단한 소감을 말했다. 당시 남한에서는 4월 23일 북의 주도로 발표된 남북연석회의 결정서 및 격문에 대하여 김구·김규식이 어떠한 입장인지 구구한 추측들이 있었는데, 백범의 본의는 앞으로 있을 요인회담이라고 밝히고 있다. 이 회견에서 재미있는 것은 만경대 김일성 생가에서 김일성의 조부 김보현金輔鉉과 만난 특이한 경험이다. 백범은 1899년 24세의 탈옥수로 약 6개월간 평양 영천암에서 승려 생활을 한 적이 있는데, 김보현은 당시 영천암에서 백범을 본 적이 있었다고 밝히고 있다. ＿『조선일보』 1948. 5. 3

남북연석회의에 대하여

내가 회의에 참석치 않은 것은 몸도 피곤하고 또 다른 대표들이 참석했었기 때문이다. 여러 결정서에 대해서는 단선 단정 반대가 그 취지인 만큼 그에 찬동한다. 다만 남북요인회담이 선행됐어야 하는데 그렇게 되지 못하고 장차 있을 예정인데, 내 본의는 이 회담에 있는 만치

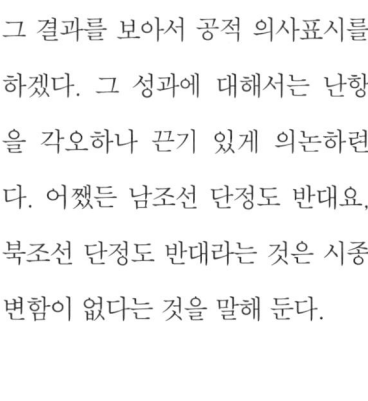

백범이 『조선일보』 특파원에게 밝힌 남북연석회의와 평양에 대한 소감(『조선일보』 1948. 5. 3).

그 결과를 보아서 공적 의사표시를 하겠다. 그 성과에 대해서는 난항을 각오하나 끈기 있게 의논하련다. 어쨌든 남조선 단정도 반대요, 북조선 단정도 반대라는 것은 시종 변함이 없다는 것을 말해 둔다.

북조선의 인상에 대하여

서西 평양 교외 20리 되는 농촌 지대를 돌아보았는데, 농가에 전기가 시설되고 지붕도 거의 전부 새로이 한 것을 보면 마음이 괴롭거나 민생이 핍박한 환경은 아닌 것 같다. 그리고 만경대 김일성 생가를 방문했는데, 78세 된다는 김일성 조부를 만났다. 나를 예전 영천사靈泉寺에서 만난 일이 있다고 퍽 반겨 하였다. 초가집 그대로 삿자리를 깔고 한 것으로 보아 김일성 조부의 살림살이라고 생각 못할 만큼 소박하여 김일성이 공사를 구분하는 것을 짐작하였다. 그러나 군중대회 때 스탈린 초상을 들고 다니는 것은 남조선에서 트루먼Harry S. Truman 대통령 초상을 들고 다니는 일이 없는 만치 이상한 감을 가지게 한다.

남북정당사회단체지도자협의회 공동성명서

4개항 합의

김일성 등의 북측 인사들과 김구·김규식을 포함한 남측 인사들이 수일간의 협상 끝에 1948년 4월 30일 「남북조선 제 정당 사회단체 공동성명서」에 합의 하여, 5월 1일 평양방송을 통해 발표됐으며, 남한 신문에는 5월 3일자로 보도되어 정국의 핵심적인 논란거리가 되었다. 성명서의 핵심 내용은 ① 미소 양군 철수, ② 북한의 남침에 대한 우려 불식, ③ 전국 총선에 의한 통일국가 수립, ④ 남한의 단선 단정 반대로 요약할 수 있다. ___ 『조선일보』 1948. 5. 3; 『남북 조선 제 정당 사회단체 대표자 연석회의 자료』; 『전 조선 정당 사회단체 대표자 연석회의 보고문 급及 결정서』

1. 소련이 제의한 바와 같이 우리 강토에서 외국 군대가 즉시 철수하 는 것은 우리 조국에서 조성된 곤란한 상태하에서 조선 문제를 해결하 는 가장 정당하고 유일한 방법이다. 미국은 이 정당한 제의를 수락하 고 자기 군대를 남조선에서 철수시킴으로써 조선 독립을 실지로 원조 하지 않으면 안 된다. 일제가 우리 조국에서 쫓겨난 이후 우리 조선 인민은 자력으로 외국의 간섭 없이 우리 문제를 우리 민족의 힘으로 능히 해결할 수 있을 만큼 성장하였으며, 우리 조국에는 이것을 해결

하기에 충분한 간부들이 다수 있다.

2. 남북정당사회단체지도자들은 우리 강토에서 외국 군대가 철수한 이후 내전이 발생할 수 없다는 것을 확인하며, 또한 통일에 대한 조선 인민의 열망에 배치하는 여하한 무질서의 발생도 허용하지 않을 것이다. 남북정당사회단체들 간에 성취된 확약은 우리 조국의 완전한 질서를 확보하는 튼튼한 담보이다.

3. 외국 군대가 철수한 이후 남북제 정당 단체들은 공동명의로써 전조선 정치회의를 소집하여, 조선 인민의 각층 각계를 대표하는 민주주의 임시정부가 즉시 수립될 것이며, 국가의 모든 정당과 정치·경제·문화·생활의 모든 책임을 갖게 될 것이다. 이 정부는 그 첫 과업으로 일반적 직접적 평등적 비밀투표로써 통일적 조선 입법기관을 선거할 것이며, 선출된 입법기관은 조선헌법을 제정하여 통일적 민주정부를 수립해야 할 것이다.

4. 위의 사실에 의거하여 본 성명서에 서명한 제 정당 사회단체들은 남조선 단독선거의 결과를 결코 승인하지 않을 것이다. 또 이러한

남한 신문에 보도된 남북요인(지도자협의회) 공동성명서(『조선일보』 1948. 5. 3).

선거로써 수립되는 단독정부를 결코 인정하지 않으며 지지하지 않을 것이다.

…年 한꿈에서 共同奮鬪한 舊誼와 四年

懸案의 解決이 連帶責任과 愛國者가 南北

誠意와 熱情으로써 祖國이 앞우에서 南北

…期間內에 成就식히기를 懇請합니다

愛國毒음가 함께 이것이 成就를 爲하여 …

紙短情長하아 未盡所懷하니 하오라도 …

…와 同胞의 自由幸福을 爲하야 仁兄…

處 祝禱하면서 不遠한 將來에 우리에

기만 渴望하고도 붓을 놋나이다

月　　日

金九 [印]

1948. 5~9

서울로 돌아와서

첫술에 배부를 수는 없다

김규식과의 공동성명과 회견

1948년 5월 5일 오후 1시, 김구·김규식은 일행 30명과 함께 남한으로 귀환했다. 서울로 돌아온 두 사람은 언론의 초점이 되었으며, 공동성명서를 발표하고 내외신 기자들과 회견했다. 민족 단결과 국제 협조를 강조하는 기조이며, 북한에 대한 인상도 간단하게 토로했다.   __ 『경향신문』·『동아일보』·『서울신문』·『조선일보』 1948. 5. 7~8

● 양김 공동성명 _5월 6일

이번 우리의 북행은 우리 민족의 단결을 의심하는 세계 인류에게는 물론이요, 조국의 독립을 갈망하는 다수 동포들에게까지 이번 행동으로써 많은 기대를 이루어 준 것이다. 그리고 남북정당사회단체연석회의는 조국의 위기를 극복하며 민족의 생존을 위하여 우리 민족도 세계의 여느 우수한 민족과 같이 주의와 당파를 초월하여서 단결할 수 있다는 것을 또 한 번 행동으로써 증명한 것이다.

이 회의는 자주적·민주적 통일 조국을 재건하기 위하여 남조선 단선 단정을 반대하며, 미소 양군의 철수를 요구하는 데 의견이 일치하였다. 북조선 당국자도 단정은 절대 수립하지 않겠다고 확언하였다. 이것은 우리 독립운동에서 새로운 역사적 발전이며 우리에게 큰 서광을 주는 바이다.

더욱이 남북정당사회단체들의 공동성명서는 앞으로 양군 철수 후, 전국정치회의를 소집하여 통일적 임시정부를 조직하고, 전국 총선거를 통하여 헌법을 제정하고 정식 통일정부를 수립할 것을 약속함으로써 우리 민족 통일의 기초를 마련할 수 있게 하였으며, 자주적·민주적 통일 조국의 건설 방향을 명시하였으며, 외세의 간섭만 없으면 우리도 평화로운 국가 생활을 할 수 있다는 것을 확증하였다. 그러므로 우리는 앞으로 여하한 위험한 정세에 빠지더라도 공동성명서에 표시된 바와 같이 동족상잔에 빠지지 않을 것을 확언한다.

첫술에 배부를 수 없는 것이니 우리가 이것으로써 만족을 느낄 수는 없는 것이다. 이미 거두어진 성과를 가지고 최후의 성공을 하는 것은 오직 우리의 애국동포 전체가 일치하게 노력하는 데 있을 뿐이다. 앞서 언급한 연석회담에서 국제 협조 및 기타 수 개 문제에 대하여 우리의 종래의 주장이 다 관철되지 못한 것은 우리로서는 유감으로 생각하는 바이나, 국제 협조 문제에 대해서는 앞으로 어느 나라가 우리의 독립을 더 잘 도와주느냐는 실지 행동에서 용이하게 해결될 수 있는 것이며, 또 기타 문제에 있어서도 앞으로 각자가 노력하며 남북 지도자들이 자주 접촉하는 데서 원만히 해결할 수 있으리라고 믿는다.

우리는 행동으로써만 우리 민족은 단결할 수 있다는 것을 증명한

김구·김규식이 남쪽으로 돌아온 이후 첫 공동성명(『조선일보』 1948. 5. 7). "통일기초는 전정奠定, 애국동포의 단결끽긴團結喫緊"

것이 아니라, 사실로도 우리 민족끼리는 무슨 문제든지 협의할 수 있다는 것을 체험으로 증명하였다. 한 예를 들어 말하면, 첫째 북조선 당국자가 남조선 미 당국자와의 분규로 인하여 남조선에 대한 송전을 최단 기간 내에 정지하겠다고 남조선 신문기자단에게 언명한 바 있었고, 둘째 연백 등 수 개 처의 저수지 개방 문제도 원만하지 못한 일이 있었지만 이번 우리의 협상을 통하여 그것이 다 해결될 것이다.

앞으로 북조선 당국자는 단전도 하지 않으며 저수지도 개방할 것을 결정하였다. 그리고 조만식 선생과 동반하여 남행하겠다는 우리의 요구에 대하여 북조선 당국자는 이번에 실행할 수 없으나, 곧 그리 되도록 노력하겠다고 약속하였다.

끝으로 우리 일행의 안부를 위하여 관심하여 주신 동포와 우리에게 환대와 편의를 주신 남북의 당국자와 여론계, 또 미소 양 주둔군 사령장관에게 사의를 표한다.

문   남북정당사회단체대표자연석회의의 성과는 무엇인가?

답   (가) 남북에 여하한 군정이라도 있을 수 없다는 점에 합의를 보았다. 그러므로 우리 국토에 완전 자주통일 정부를 수립함이 민족 최대의 과업이기 때문에 행동을 통일하여 매진하자는 것이었다.

(나) 민족자결 원칙에 의하여 자주적 정권을 수립하자면 미소 양군이 주둔해서는 자주적이라 할 수 없기 때문에 미소 양군을 조속히 철병해 달라고 요청한 것이 그 회의의 성과라 할 것이다.

문   전력 공급 문제와 저수지 문제는 어떠한 조건으로 해결을 보았는가?

답   북조선에서 말하기를 방수放水의 대가는 남조선 당국에서 해당 지방 농민으로부터 대가를 징수하여 가지고 북조선 당국에는 한 푼도 보내지 않았으므로 급수를 원활히 하지 않았다고 하였으나, 우리로서는 요구하기를 최악의 경우에 이르더라도 불쌍한 농민을 위해서는 여하튼지 급수를 원활히 해 달라고 요구하였더니 응하였다. 전력에 있어서는 말하기를 교섭을 북조선인민위원회를 상대하지 않을 뿐 아니라 북조선에서 염가로 공급하는 전력을 남조선 당국은 소비자에게 고가로 징수하되 도리어 대가는 지불하지 않고 미룬 까닭에 단전하겠다고 하였으나, 우리 동포를 위해서 우리의 요구대로 계속 공급하겠다고 언명하였다.

문   남북정당사회단체대표자연석회의에서의 결정에 대한 실천 방략은 무엇?

답　연석회의 결정에 의하여 남조선 단선 단정을 반대하는 투쟁위원회를 설치하고 운동을 전개하기로 한바, 남조선에서 종래로 합법적 투쟁을 계속하던 정당 단체는 앞으로도 합법적으로만 투쟁할 것을 언명하였다.

문　북조선의 인상은?

답　우리가 보지 못한 이면의 여하한 것은 말할 수 없다. 그러나 우리의 눈으로 본 사실에 대하여 말하면 그들의 일 처리 방법과 제도가 엄밀하니 만치 모든 것이 정리되어 가고, 특히 건설 방면에 있어서는 아직 초기이지만 틀이 잡힌 것같이 보였다.

혁명자는 언제나 낙관적
정계 은퇴 일축

백범이 남북연석회의를 하고 남쪽으로 돌아온 뒤, 특히 5·10 선거 이후 미군정 요인들과 정치권 일각에서는 남한 신정부의 안정을 도모하기 위해 이승만·김구·김규식 등 이른바 3영수 합작을 추진했다. 한독당 일부에서도 정권에서 소외되는 것을 우려하여 정부 참여를 강력하게 주장하는 분파가 있었으며, 나아가 남북협상 노선에 대한 비판과 백범의 정계 은퇴도 거론되었다. 당시 신문들은 백범의 마곡사麻谷寺행을 그의 정계 은퇴와 결부시켜 보도했다. 5월 19일 백범은 정계 은퇴설은 모략이라 일축하고 통일 자주독립에 대한 확고부동한 심경을 피력했다. 다음 날 백범은 마곡사행을 취소하고 한독당은 통일 독립 노선을 재확인하는 기념사진을 남겼다.

__ 『민주일보』 1948. 5. 20; 『우리신문』 1948. 5. 21

나는 긴 여행 끝에 서울로 돌아온 후 연일 방문하는 인사들과의 응대로 인하여 피로를 느끼고 건강에까지 영향이 미치게 되므로 당분간 휴양이 필요하다는 의사의 권고를 받았다. 원래 나와 인연이 깊은 공주 마곡사에서 불탑의 축조가 완성된 후 여러 번 나에게 참관을 종용해

백범의 정계 은퇴설을 일축하고 통일 독립 노선을 재확인하는 남북연석회의 대표자들과 한국독립당 간부들
(1948. 5. 20. 경교장).

왔으나 여러 가지 풍문의 장애로 뜻을 이루지 못하다가, 이번 기회에 잠시 동안 휴양하기 위하여 마곡사행을 결의하였을 뿐이요, 그 외에 아무런 다른 이유도 없다. 나는 조국이 독립되기 전에 28년 동안이나 휴양할 만한 복을 타고나지 못한 사람이다. 오늘 마곡사에 갔다가 내일이라도 서울에 일이 있으면 곧 돌아올 것이다.

시국이 복잡다단한 때인 만큼 구구한 억측을 하는 사람도 있는 모양이나, 이것은 한갓 신경과민 혹은 아전인수 격의 추측에 불과한 것이다. 우리는 지금 전 민족적으로 단결하여 조국의 독립 주권을 전취해야 할 혁명 시기에 있는 것이요, 정권 쟁취가 목표가 아니니, 모 신문에서 말하는 것과 같이 정계 은퇴 운운이라는 말은 나에게 불합당한 언어이다.

혁명은 약한 힘으로써 강한 힘을 물리치기 위한 투쟁이니 만큼 진로에 난관이 허다하다. 그러나 혁명자는 언제나 인류 사회의 정의와 철석같은 신념을 출현시키기 위하여 최후의 목적을 달성할 때까지 계속 투쟁할 뿐이므로, 혁명자는 언제나 낙관적 태도와 환경에서 생활할 뿐이다.

남북협상의 결과로 남북통일의 길은 일보 전진할 것이다. 동족상잔의 유혈 참극과 국토 양단의 위기를 방지하고 자주와 민주의 원칙 하에 남북통일을 촉성함으로써 조국의 완전 독립을 쟁취하려는 나의 주장과 태도에는 추호도 변함이 없다. 그리고 출발 기일에 관해서는 아직 미정인바, 마곡사에서 연락인이 와야 확정될 것이라 한다.

통일 없이 독립 없다

김규식과의 공동성명

1948년 6월 7일, 백범은 김규식과 더불어 통일 독립 운동 기구의 강화에 관한 강령적인 성명서를 발표했다. "통일 없이 독립 없다"로 시작되는 성명서의 기조는 '선 민족 단결, 후 국제 협조'로 정리할 수 있다. 민족 단결을 주장한 면에서 남한 단정 진영과 달랐으며, 국제 협조를 요청한 면에서 좌익 및 북한의 주장과 달랐다. __ 『동아일보』·『조선일보』1948. 6. 8; 『김구주석최근언론집』

통일이 없이 독립이 있을 수 없고, 독립이 없이 우리는 살 수 없다. 조국의 독립을 쟁취하려면 우리의 유일한 무기는 민족 단결뿐이다. 그러나 현재 우리 조국이 미소 양국의 분단 점령을 당하고 있는 이상, 국제 협조를 무시할 수 없는 것도 사실이다. 그러므로 우리는 국제 협조에 노력하였고, 앞으로 이 노력을 계속할 결심을 가졌다.

그러나 과거 경험에서 얻은 교훈에 의하여 국제 협조의 노력도 공고한 민족 단결이 있은 뒤에야 주효할 수 있다는 것을 더욱 절실히 인식하게 되었다. 우리들의 남북협상도 이러한 견지에서 추진하였던 것

이다. 국제 제약하의 어려운 사업인 남북협상 공작이 단번에 만족한 성과를 거두리라고 당초부터 믿기 어려웠던 것도 사실이나, 외세 없이 우리의 손으로 평화스러운 자주 민족 통일적 조국 건설 공작이 제일보를 내디뎠던 것은 우리의 앞길에 새로운 희망을 부여한 것이다.

그런데 현 단계의 조국 실정을 살피건대 우리의 통일 공작이 모든 애국동포의 열렬한 지지하에 추진되는 반면, 반통일 남북 분단 공작이 추진되는 것도 엄연한 사실이다. 그러므로 우리는 이제 굳센 결의로써 일층 강력한 통일 공작의 새 국면을 전개해야 할 시간에 직면하였고, 더욱이 우리의 국토 분단을 규탄할 새로운 국제적 기회가 임박한 것도 철저히 인식해야 할 것이다.

그러나 우리의 통일 공작은 전체 애국동포의 노력에서만 성공될 것이다. 그러므로 조국의 독립을 쟁취하기 위하여 삼천만이 총궐기하여 일치한 의사로써, 안으로 통일 방해 공작을 방지하고, 밖으로 정당한 여론을 환기하지 않으면 안 된다. 이에 우리는 아래와 같은 방침으로써 애국동포와 함께 통일독립 노선으로 매진하려 한다.

① 통일 독립 운동을 목적한 기구를 강화 확대할 것.

② 위의 기구를 통하여 통일 독립 운동의 이념과 방략을 일반 국민에게 철저히 침투시킬 것.

③ 조국의 재건과 민족의 복리는 평화로운 건설에서만 성공될 것이니, 야만적 파괴와 테러와 잔인한 동족 살해를 배격할 것.

④ 우리의 통일 운동을 강화 확대함으로써 우리의 일치한 의사를 국제 여론에 반영시킬 것.

제2차 남북협상에 대한 비판

김규식과의 공동성명

1948년 6월 29일~7월 5일 북한 해주에서 제2차 남북조선제정당사회단체 지도자협의회가 개최되었다. 미군 정보 자료에 의하면 이 지도자협의회를 앞두고 김구·김규식과 김일성·김두봉이 서신을 주고받은 사실을 확인할 수 있다. 7월 19일 발표한 이 공동성명서는 북이 제안한 제2차 지도자협의회에 대한 김구·김규식의 최종 입장이라고 할 수 있다. 미 당국자의 언급과 같이 이 성명서는 "남북 두 정부를 모두 비난하는 위엄성과 초연함을 유지하고 있지만, 둘 중 하나를 선택한다면 남한에 더욱 친근한 것"으로 평가할 수 있다. __ 『조선일보』 1948. 7. 20; 『김구주석최근언론집』

통일이 없으면 독립이 없고, 독립이 없으면 멸망한다는 것은 변하지 않는 진리이다. 우리가 작년 11월 UN의 한국 문제에 대한 결의를 지지한 것도 우리 조국의 통일 독립을 전제로 한 까닭이요, 그 내용이 우리에게 만족하여 지지한 것이 아니었다. 그러나 소련이 북한에 들어오는 것을 거절하였다는 이유로 금년 2월 26일 UN소총회가 결정한 개정안은 우리 조국의 분열을 내포한 결의로, 강한 소련의 농단을 더

욱 고무시키는 반면 약한 우리를 유린하였다.

이러한 때 진정한 애국자의 갈 길이 무엇이겠는가. 오직 전 민족 단결로써 정의를 위하여 투쟁할 것밖에 아무것도 없는 것이다. 그리하여 우리가 남북협상을 추진하였고, 그 결과로 미소 양군 철수 이후 남북협상에 참가하였던 정당 사회단체의 주동으로써 전국정치회의를 소집하여 자주 민주의 통일적 임시정부를 수립하기로 굳게 약속한 것이다.

이로써 조국의 앞길에 서광이 비친 것이다. 그러나 최근의 신문보도에 의하면 평양에서 소위 제2차 남북

북의 제2차 남북지도자협의회에 대한 김구와 김규식의 공동성명. "북조선의 반성 요청"이라는 제목처럼 북의 정부 수립에 대해 비판적이었다(『조선일보』 1948. 7. 20).

협상을 행하였다 한다. 이것을 보는 우리는 의심하지 않을 수 없다. 그 회의가 일방의 독단일 뿐 아니라 그 참가 단체로 보더라도 제1차 협상에 남한을 대표하여 참가한 정당·사회단체 41개에 비하면 그럴듯한 단체의 수가 너무 적다.

그래도 이것이 민의民意에 의한 통일이라고 주장하며 인민회의라는 것을 통하여 그들이 일방적으로 결정한 헌법에 의하여 인민공화국을 선포하고 국기까지 바꾸었다. 시기와 지역과 수단 방법에 있어서 차이가 있을지언정, 반 조각 국토 위에 국가를 세우려는 의도는 남북

이 마찬가지인 것이다. 이로부터 남북은 서로 경쟁적으로 국토를 분열하여 동족상잔의 길로 나갈 것이다. 이에 우리는 진정한 애국동포와 더불어 민주적 자주통일의 국가를 건립하려는 그 노선을 더욱 굳게 지켜 최후까지 노력할 것을 천하에 정중하게 성명한다.

끝으로 북한에 대하여 희망하는 것은 그들이 아직도 여유가 있다면, 지금의 과오를 시정하고 남북협상의 결과로 발표된 4월 30일자 공동성명에 제의한 대로 실행하자는 것이다(이 책 261~263쪽 참조). 그리고 홍명희 선생이 신속히 서울로 돌아와 최근 돌변한 북한 정세를 우리에게 알려 주기를 요청하는 바이다.

친애하는 동포들이여! 조국의 완전 자주 통일 독립을 전취할 때까지 환난과 생사를 같이하면서, 전 민족적 단결로써 공동분투하기를 간망하는 바이다.

정부 수립과 동족상잔

8·15 3주년의 내면 풍경

남북 두 정부가 거스를 수 없는 흐름으로 확정된 상황에서 백범은 8·15 해
방 3주년이자 대한민국 정부 수립일을 맞이하게 되었다. 8·15 3주년을 맞이
하는 백범의 기념 담화에는 해방의 감격은 완전히 사라지고, 또한 대한민국
정부 수립에 대한 언급도 자제하고, 남북 분단과 동족상잔의 전쟁에 대한 우
려, 통일 독립에 대한 의지를 강조했다. 이 담화와 아울러 당일 백범이 쓴 휘
호를 같이 보면 해방 3주년과 대한민국 정부 수립에 대한 백범의 내면 풍경
을 더 잘 볼 수 있다. __ 『동아일보』 1948. 8. 15

● 8·15 담화

3년이 지난 오늘에 이르러 과거사를 회상한다면 우리에게는 비분과
실망이 있을 뿐이다. 그러나 우리는 실망과 한탄을 버리고 새로운 결
심과 용기를 가지고 깃발과 북을 재정비하여 강력한 통일 운동을 추진
해야 되겠다.

　　우리 국토 안에는 국경 아닌 국경이 생기게 되었다. 만일 우리 동

포들이 양극단의 길로만 돌진한다면 앞으로 남북의 동포는 국제적 압력과 도발로 인하여 본의 아닌 동족상잔의 비참한 내전이 발생할 위험이 없지 않으며, 재무장한 일본군은 또다시 바다를 건너서 세력을 펴게 될지도 모른다.

우리 동포들은 남에 있거나 북에 있거나, 혹은 현실 사태의 압박으로 인하여 비록 뜻하지 않은 길을 걷게 된다 할지라도, 오직 한 가지 조국의 통일 자주독립을 위하여 노력하겠다는 민족적 양심과, 동족상잔의 내전을 방지해야 되겠다는 애국 애족의 열성을 가지고 나간다면 민족의 앞길에 광명이 나타날 것을 확신한다.

● 1948년 8월 15일 백범이 쓴 휘호

善竹橋頭血 선죽교두혈	선죽교에 낭자한 핏자국을 보고
人悲我不悲 인비아불비	사람들은 슬퍼하나 나는 슬퍼하지 않노라.
忠臣當國危 충신당국위	충신이 나라의 위기를 만나
不死更何爲 불사갱하위	죽지 않고 또 무엇을 하리오?[1]

踏雪野中去 답설야중거	눈 덮인 들판을 걸어갈 때
不須胡亂行 불수호란행	함부로 어지럽게 걷지 말지어다.
今日我行跡 금일아행적	오늘 내가 디딘 발자국은
遂作後人程 수작후인정	언젠가 뒷사람의 길이 되니라.[2]

當年叩馬敢言非 당년고마감언비

節義堂堂日月輝 절의당당일월휘

艸木亦点周雨露 초목역점주우로

愧君猶食首陽薇 괴군유식수양미

그때 말고삐를 잡고서 감히 안 된다고 말리시니

그 절의 당당함이여, 해와 달의 빛남과 같도다.

풀과 나무 역시 주나라의 비 이슬을 맞은즉

부끄럽도다, 그대는 어찌 수양산의 고사리를 먹습니까?[3]

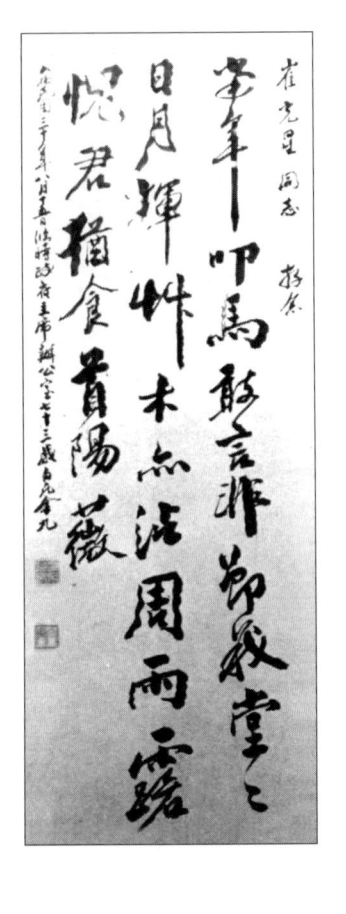

1

조선 건국을 반대하다 선죽교에서 죽은 정몽주를 기리는 시이다.

2

이양연의 시. 이 시에는 해방 3주년이나 정부 수립의 기쁨보다 동족상잔의 우려와 통일 운동에 대한 결의가 내포되어 있다.

3

사육신 성삼문의 시이다.

조국의 분단과 자신의 인생관에 대해서
김동환과의 회견

1948년 중반, 남북 두 정부 수립 당시 백범의 내면을 가장 잘 보여 주는 흥미로운 대담이다. 시인이자 『삼천리』의 주간인 파인巴人 김동환金東煥이 1948년 9월 1일 오전 9시 경교장 2층 베란다에서 백범을 만났는데, 당시 백범은 폐렴으로 요양 중이었다지만 건강한 모습이었다고 한다. 김동환은 "73세면 학발의장鶴髮倚仗의 노인을 상상" 함이로되, 선생은 "기골 장대한 헌헌장부로서 장사로 이름 날리던 청년 시절을 지금도 상상케 한다"고 소감을 밝히고 있다. 김동환의 거침없고 예리한 질문이 다양한 방면에 걸쳐 흥미로운 답변들을 이끌어 냈다. 원문자료를 별도로 수록한다(416쪽). ＿『삼천리』 1948년 9월호:
『백범김구전집』 8

북한 정부의 수명

문   남한에서 '총선거'와 '국회 개설'과 계속하여 '독립정부'가 서고, 북조선에서도 끝끝내 '8·25총선거'가 이제 끝나 9월 현재 인민회의가 열려 '독립정부'를 세울 모양인데, 이제 한 나라 안에 두 정부가 기어이 세워지게 되었습니다. 북한에서 선생님께 오셔 달라는 말씀이

없었습니까?

답　최근까지 와 달라고 했지요. 그러나 내가 무얼 하러 가겠어요. 지난번 4월 평양회담 때에도 미국 뉴욕의 어떤 신문에서는 내가 평양으로 가는 것이 "대통령 하러 간다"고 떠들었는데, 대통령깨나 하러 내가 가겠어요.

문　대통령으로 추대되시거든 취임하셔서, 북조선을 이끌고 남조선에 붙여서 두 쪽을 합체 통일하면 좋지 않겠습니까?

답　…….

문　북조선 정권은 앞으로 버텨 나갈 것입니까?

답　해 나갈 것입니다.

문　조국의 완전 통일을 보자면 앞으로 한 10년 계산해야 되겠습니까?

답　아니, 그렇게 아니 걸릴 것이오. 남은 남대로, 북은 북대로 해 나가다가 한 기회가 있을 것이니, 그때 합쳐질 것이오. 통일의 길로 바로 옳게 잡아들 것이오.

문　그것은 미소 전쟁을 이용한다는 뜻입니까?

답　아니오. 전쟁은 나지 않지요. 전쟁은 하고 싶어도 저이들이 준비가 되어 있지 않아서 못할 것이오. 그러나 국제적으로 어떤 큰 기회가 올 것이오. 외세의 간섭만 없다면 우리 동족끼리 합치는 것이야 그리 어려운 일이 아닐 것이고…….

문　선생이 보시기에 북한을 영도해 나갈 인재는 김일성 씨라고 보십니까?

답　지난번 평양 갔을 때에 수차 만나 보았는데 장래가 있는 사람 같

더군.

문   김일성 씨가 아니면 김두봉 씨일런지요. 그러나 연로할 터인데…….

답   김두봉 씨는 상하이 때부터 오래된 친구인데, 나이는 나보다 아래지요. 그렇게 늙은 것이 아니지요. 그러나 그곳 평양은 묘하여 실제는 '7인회의'라는 것이 있어서 거기서 모든 것을 결정하는 모양이더군. '7인회의'의 구성에 러시아 사람이 셋이라든가, 넷이라든가, 나머지가 우리 한국인들이라더군. 그러기에 김일성이나 김두봉이나 다 맘대로 어디 하든가요. 지난번만 해도 평양에서 내게 전기를 꼭 보내 준다고 해 놓고 단전해 버리고, 또 수리水利 문제 같은 것도…….

문   오늘날 북한에 '독립정부'가 서게 되었으니, 지난봄 이래 남북 협상이요, 회담이요 한 것은 배신과 무력無力으로 결국 헛수고가 되지

않았습니까?

답   남북협상이야 즉시 한 덩어리가 된다고 예견 확신하고 한 노릇
이 아니었지요. 합병 전후부터 일본인이 허다한 돈과 사람을 세계에
퍼내어 온갖 못된 재료만 골라 가지고 세계에 선전하기를, 한국인은
이렇게 우매하여 독립할 힘이 없고 몹쓸 민족이라고, 그러니까 강대한
나라가 보호하고 인도해야 한다고 악선전을 일삼았지요. 예컨대 우리
나라 시골 여자가 물동이 이고 젖통을 내놓고 흔들거리고 가는 모양이
라든지, 머슴아이가 지게 벗어 놓고 대로변 길가에 앉아 꽁무니를 내
놓고 이 잡는 꼴…… 이런 등등의 사실만 사진 찍고 문자로 써서 자꾸
선전했단 말이오. 외국에 자랑할 좋은 미풍양속도 많고, 우리의 우수
한 문화도 문명도 많건만 이런 것은 다 덮어 두고 이런 짓을 하였지.

그러더니 최근 수년 사이에는 또 외국인들이, 우리 한국인들은 서
로 싸움만 한다고, 합칠 줄은 모르고 자기끼리 밤낮 싸운다고, 저대로
내버려두면 유지 못해 갈 민족이라고 자꾸 선전이 시작된단 말이오.
그래서 우리 대한 사람은 서로 이렇게 뭉칠 수 있다, 합하여 통일을 열
망하면서 살려는 국민이라는 것을 실례로 세상에 알리려는 데 목적이
있었지요. 외세의 간여만 없다면 썩 잘 통일 단합해서 살아갈 우수한
민족임을 알리고 싶어서 그리 하였지요. 합병당했던 사이에 일본인의
악선전도 씻어 버리고, 그 선입관도 모두 씻어 버리려고 해서…….

소련군 철수, 제왕 정치와 대통령 정치

문   소련군은 북한에서 정말 철수할 것같이 보입니까?

답　믿어지질 않소. 남쪽의 미국 군대를 떠나보내려고 그 수작인 것 같소. 원, 먼저 나가는 놈이 더 수상하고, 더 안 떠나더라니까……

문　'제왕 정치'와 '대통령 정치'의 우열과 소감을 들려주십시오.

답　만인이 다 살려면 민주 정치의 길로 나가야지요. 대통령은 민의를 가장 존중하는 정치를 해야 하므로 대통령 정치가 낫지요. 군주 정치란 결국 전제 정치에 떨어지기 쉬우니까.

문　이조 시대의 제왕 정치는?

답　조선의 왕권이란 심히 미약한 것이었지요. 왕이 제 마음대로 하는 노릇이 몇 가지 있었나요. 영의정이 맘대로 하고는 잘못되면 책임만 왕에게 둘러씌우는 것이 대다수였지요.

문　또 한 가지, 왕정이든 대통령 정치이든 간에 만백성이 다 잘살 수 있는 '부의 균등' 사회가 아니고는 안 될 터인데.

답　명칭이 무엇이든 간에, 만민공영의 균등사회를 실현하는 원칙에 우리 신국가의 목표를 두어야 할 줄 압니다.

문　우리나라 대통령제도 차츰 개정되어 '종신 대통령'이 출현할 우려가 없습니까?

답　종신 대통령은 절대 안 될 말이지요.

남한 사람, 북한 사람의 우열

문　남북을 와락 흩트려 놓으면 남한이 북한을 못 당할 것이란 말이 있습니다. 그것은 공산주의니 지방 관념이니 해서가 아니라 민족의 기질로 보아 그렇다고 하는데, 즉 서북5도인은 야성野性에 가까워 용맹

스럽고 강하고 대담한 기질과 체구를 가져서 예전에도 시베리아나 만주 벌판의 독립군에는 서북 남아가 많았고 또 용감스러웠다고 합디다. 그러니까 이제 38선을 흩트려 놓고 실력대로 살게 한다면, 이조 5백 년 사이에 벼슬 안 시켜 주었다는 복수심으로써가 아니라, 사실상 조선을 쥐고 흔들 자는 서북인이란 말을 하는 이가 있습니다. 문약한 남방은 거칠고 굳센 북방에 압도된다 합디다.

답   예전에 일본공사 이노우에(井上馨)가 김옥균(金玉均)더러 일본이 출동하면 "서울은 3일이면 점령하겠고, 평양은 석 달이 걸리겠다"라고 말했다는데, 그때에 김옥균은 "평양은 속히 떨어질는지 모르나 서울은 그렇지 않다"고, 불행히 단시일에 떨어진다손 치더라도 "평양 3일에 서울 석 달"이라고 대답했다는 말을 들었는데, 나는 김 씨의 관찰이 옳은 줄로 알아요. 평양 사람들은 기운깨나 잘 쓰지요. 힘센 것 같지요. 평양뿐 아니라, 나는 예전에 인천 감옥을 탈옥하여 이리저리 피해서 평안도 황해도로, 여러 고을로 돌아다니며 인심을 겪어 보았는데, 욱! 하고 덤벼들어 힘깨나 쓰지만 서북인은 오래 가질 않고, 또 표적이 그릇되어 빗나가는 일이 많아요. 지적으로 발달된 남방을 못 이길 걸요. 그리고 나는 늘 하는 말이지만, 사람 쓰려거든 남쪽에선 양반 속에 인재가 있고, 북쪽에선 상놈 속에서 골라 보라 하지요. 남한은 원체 양반의 세력이 크고 오래되어 제소리나 하는 사람은 양반들이었고, 상인은 그 봉건제도 때문에 그랬겠지만 무기력하고 굴종하고 소심하고 하잘 것없이 되었단 말이오.

일본 시찰 여부

문   일본을 가 보신 적이 있습니까?

답   한 번도 없었소.

문   가 보고 싶지 않습니까?

답   가까운 나라이기에 한번 가 보려고 작년 겨울에 여행권을 신청했더니, 나와 일본의 여러 가지 감정을 고려해서인지 도쿄의 맥아더 사령부에서 듣지 않는다고 해서 중지하고 만 일이 있어요.

문   이제 신정부가 섰으니 외무장관의 힘으로 여행권쯤은 주선될 터이니 일본 시찰을 떠나심이 어떠하십니까?

답   글쎄요.

문   일본에 대한 강화조약의 조건을, 충칭 당시의 충칭 정부에서 어떻게 구상하셨습니까?

답   충칭 임정에서는 없었소. 일본 항복이란 말도 그 순간은 잘 믿어지질 않았는데 강화조약을 생각했겠습니까.

문   대한 문제도, 극동 문제도, 세계 문제도 모두 모스크바의 하늘과 워싱턴의 날씨에 달려 있는데, 워싱턴과 모스크바에 가셔서 우리가 당면한 이 국난을 호소, 타개하면 어떠하리까?

답   그런 정치적 사명이 아니고 그저 한 유람객으로 가 보고는 싶었소.

사생관, 기타

문   선생의 사생관은 무엇입니까? 그동안 너무도 여러 차례 죽음의

경지에 이르러서서…….

답　나는 생명을 홍모鴻毛같이 보오. 날개 터럭같이 가벼운 것으로 아오. 큰일을 당했을 때 더욱 그렇게 생각이 들었소.

문　일생 중 가장 위기에 들었다가 "어허 참 천명天命이었구나" 하고 생각하신 적이 어떤 때입니까?

답　일혼세 살 먹는 사이 하도 죽을 고비를 많이 거쳤으니까, 어느 것이라고 따로 말하기 어렵구려.

문　서재필徐載弼 박사가 미국으로 돌아가신답니다. 나라가 독립되었으니 흩어졌던 지사와 애국자들이 모두 먼 곳에서 백골白骨을 묻으러 조국으로 찾아오는 법이거늘, 팔십 노지사가 도로 미국으로 떠나가십니다. 이렇게 우리나라 현실이 차디차고 살기 어려운 나라였습니까?

답　글쎄, 나도 어찌나 애석한 일인지요. 어제 저녁에 초대를 받아 작별을 하고 왔는데…… 그러나 그분 생각은 다르더군. "아무 데서나 죽으면 어떠냐고. 나라의 독립을 보았으면 그만이지" 하더군.

문　지난번 평양에 가셨을 때 북조선 요인들과 지내시던 이야기를 좀 들려주십시오.

답　내가 예상했던 것과는 달리 친절하게 굴더군요. 김일성 씨나 박헌영 씨나 김두봉 등이 매일 한자리에서 이야기했는데, 나는 농담 삼아 그들에게 "평양에서도 현재 종교의 자유는 인정한다는데 그대들은 어째서 기독교를 박해하는가?" 그들은 "그게 무슨 말씀입니까? 누가 그럽디까? 그런 일은 없습니다." 나는 또 "그래도 목사들을 많이 하옥시켰다는 말을 들었는데?" 그들은 "천만의 말씀입니다. 구체적 증거를

들어 말씀하세요." 나는 "글쎄! 그렇다면 고맙소. 그런데 조만식 씨는 왜 감금 상태에 두었소?" 한즉, "조만식 선생을 감금하다니요? 이제 당장 이 자리로 모셔 올 터이니 만나 보시렵니까?" 하매, 나는 조 선생을 만날 마음은 간절했으나 혹시 잘못하여 내가 떠난 후 조 선생에게 해가 될까, 그들에게 "아! 그렇다면 고맙소. 당장 만나 볼 것까지는 없소. 모든 말이 낭설이겠지!" 하였소. 내가 평양을 떠나던 날 나는 김일성 씨에게 "오늘 조 선생을 데리고 가고 싶으니 같이 가게 해 주구려!" 했더니, 김일성 씨가 "아! 제 마음이야 얼마든지 같이 가게 해 드리고 싶습니다만, 어디 제가 무슨 권한이 있어요? 주둔군 당국의 양해가 있어야 됩니다" 하더군. 나는 "그대들의 권한이 그뿐인가? 그래서야 어디 자주 정권인가?" 하며 농담하였지. 여하간 외국군만 다 나가면 우리 사람끼리는 타협 못 될 일이 없는 것을 더욱 느꼈소.

문　북방 정치에 대해 특별히 느낀 점은 없으셨습니까?

답　나는 북쪽에 가기 전에 한 가지 이상하게 생각한 것은 북에서 쫓겨나는 사람들 중에는 돈 있는 사람들이 많은데 어째서 그런가 했더니, 거기 가서 몇 날 동안 좀 한가하여 낮잠만 자니 머리가 아프고 해서 소설책이나 하나 사 오라고 했더니, 이태준李泰俊의 소설[1]을 한 권 사 왔소. 자세히 읽었는데 그 속에 북조선의 혁신숙청革新肅淸의 조건이 씌어 있어 잘 알았는데, 즉 유산자有産者는 물질적으로 착취한 자로 비유컨대 냉장고와 같이 냉혹한 존재이니 새로운 사회에서 몰아내야 할

1
이태준의 소설이 무엇인지 정확하게 알 수 없지만, 북의 토지개혁을 다룬 『농토』(1948)일 가능성이 크다.

조건이고, 물질이 아닌 소위 도덕적 정신적으로 지배해 온 자는 모든 폐해와 해악을 기른 온상적 존재이니 역시 새로운 사회에서 숙청해야 한다는 것이었소.

一年 한곳에서 共同奮鬪한 榮譽와 四年

一懸案未解決의 遠隔 責任와 愛國者가

誠意와 熱情으로써 祖國의 명우에서 南北

한 期間內에 成就식히기를 懇請합니다

愛國者들이 함께 이것이 成就를 爲하여 는

紙短情長하니 來盡竹帛하나 하도라도

와 同胞의 自由幸福을 爲하야

꼭 祝禱하면서 不遠한 將來에 우리에

기만 渴望하오 붓을 놋나이다

月　日

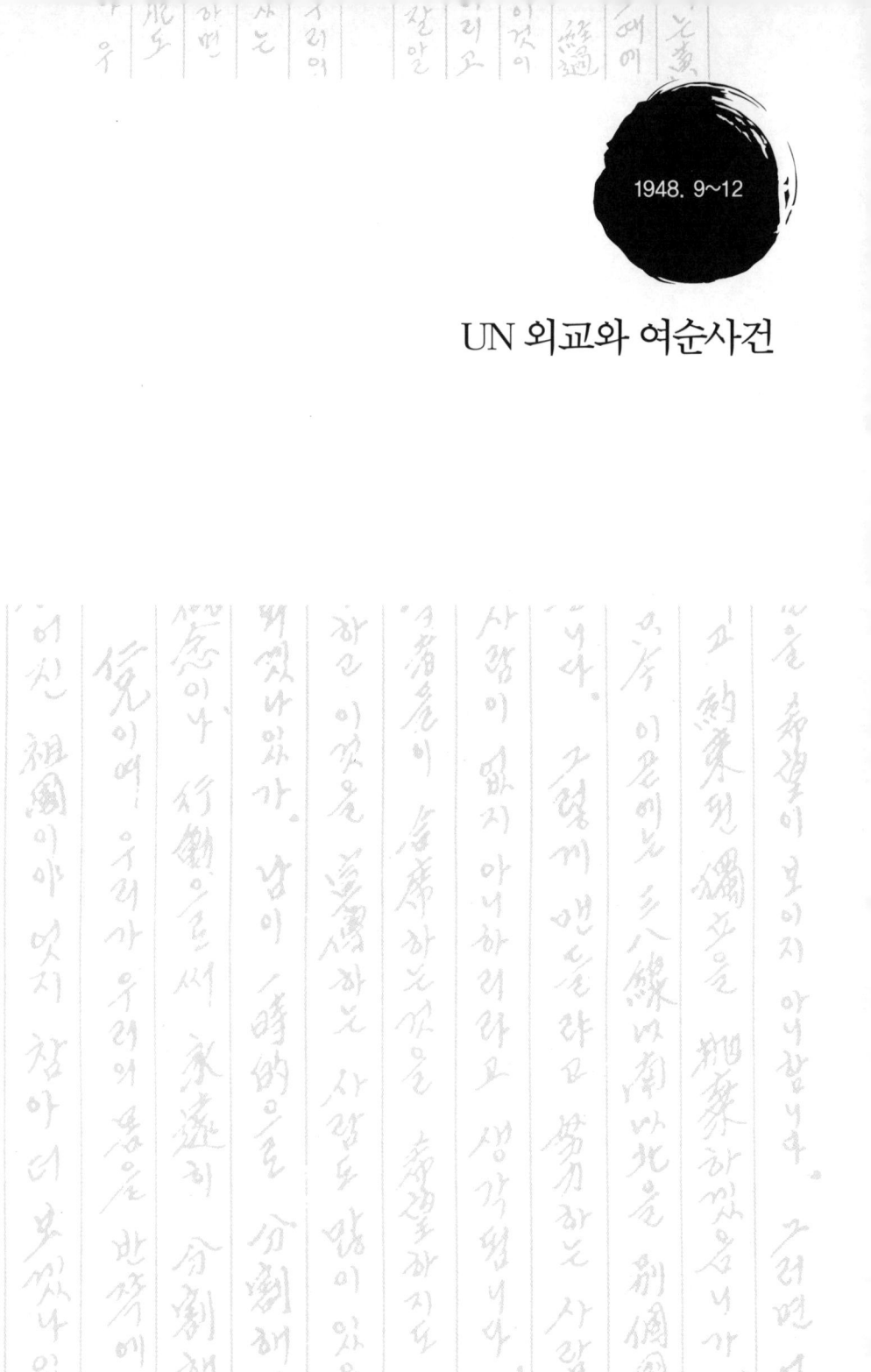

UN 외교와 여순사건

한국인의 의사를 충분히 청취하라

UN 사무총장 리에게 보낸 서신

1948년 중반 김구와 김규식은 남북회담과 더불어 UN에 다시 일련의 기대를 걸고 있었다. 두 김 씨의 UN 외교는 6월 통일독립촉진회(이하 통촉)를 발의하는 초기부터 제기되었고, 선발대로 서영해가 상하이를 경유하여 파리에 도착해 있었지만, 그 이후 상당 기간 지연되었다. 9월 UN총회가 임박하자 통촉은 더 이상 이 문제를 연기할 수 없어, 설의식薛義植·엄항섭·배성룡裵成龍·신기언申基彦 등으로 구성된 '외무위원회'가 UN 사무총장 리Trygve Lie에게 보내는 서신을 작성했다.

서신은 남북 두 분단 정부에 대한 승인 반대, 1947년 11월 14일 UN 결의에 의한 UN 감시하 전국 총선을 핵심 내용으로 하고 있다. 김구는 이 서신에 바로 서명했지만, 김규식은 "김구의 서명으로 충분하다"면서 자신의 서명을 유보했다. 이러한 연유로 9월 15일자 영문 서신 초안에는 김규식의 서명은 없고 김구 주석과 김붕준 사무국장의 서명만 있다. 그러나 9월 23일 통촉 회의 결과 김규식도 결국 서명에 동의하여, 김구·김규식은 그날 UN한위에 서신 전달을 요청했다. UN총회에서 대한민국의 승인을 추진하던 정부는 대변인을 통해 두 김 씨의 서신을 강력하게 비판했다.

김구·김규식이 UN 사무총장에게 보낸 편지(1948. 9. 15)의 영문 초안 복사본은 백범김구선생기념사업협회에 소장되어 있으며, 한글 초역抄譯은 『서

울신문』·『민주일보』·『새한민보』 등에 수록되어 있다. 여기서는 영문 초안
은 별도의 원문자료로 이 책 뒤에 첨부하며(424쪽), 한글본은 『새한민보』에
수록된 것을 소개한다. ___ 『새한민보』 1948년 11월 하순호; 『민주일보』 1948. 9. 29

사무총장 리 각하

우리는 진정으로 통일과 독립과 민주를 애호하는 한국인을 대표하여,
세계의 영구한 평화를 확립하여 인류의 무궁한 행복을 창조하기 위해
최선의 노력을 다하고 있는 각하와 UN 여러분에게 심심한 경의를 표
하며 아울러 그 성공을 위하여 축원합니다. 우리는 이러한 기회를 가
질 수 있게 된 것을 무한한 영광으로 생각합니다.

통일이 없으면 독립이 없고 독립이 없으면 생존할 수 없는 것은
삼천만 한국인이 다 이해하고 있습니다. 이것은 과거 36년간 일제의
압박 아래 그 쓰라린 경험으로부터 얻은 교훈일 뿐 아니라, 현실에서
도 남북한이 통일되지 못하면 경제상으로 생존할 수 없는 것을 확실히
체험하고 있는 까닭입니다. 그러므로 삼천만 한국인은 UN 감시하에
완전한 자유 분위기로 남북한 전체 선거를 실행하고, 이 총선거로 피
선된 대표로써 외세의 간섭과 신탁 없이 완전한 민족자결과 민주주의
원칙에 의하여 한국의 통일적 독립정부를 수립하는 것을 협조하자는
1947년 11월 14일의 UN총회 결의안을 환영했던 것입니다.

그러나 UN총회의 기대는 하나도 성취된 것 없이 남한만의 정부
가 건립되었습니다. 그리고 지금 북한에서도 또 다른 정부를 세우고자

급속히 공작을 진행하고 있습니다. 이로 인해 한국의 국토 분열은 더욱 심각해지고 민족 감정은 더욱 첨예화되어 동족상잔의 위기가 박두하고 있습니다. 이것이 어찌 한국만의 불행이겠습니까. 실로 세계 평화에 위협을 주는 바가 적지 않습니다.

우리는 이번 파리에서 열리는 UN총회가 1947년 11월 14일의 한국 독립 원조에 대한 결의안의 정신을 관철할 것을 확신하거니와, 총회에서 한국 문제를 다시 토론할 때 어떤 한국인이든지 자유의사로 말하라면 반쪽 조국 위에 세워진 정부를 자기의 통일정부라고 부르지 않으며, 그 정부가 자기들에게 행복을 줄 것이라고 승인하지 않으리라는 것을 기억하기 바라는 바입니다. UN총회에서 한국문제의 좀 더 정당한 해결을 얻기 위하여 한국인의 의사를 충분히 청취하기를 요청하는 바입니다.

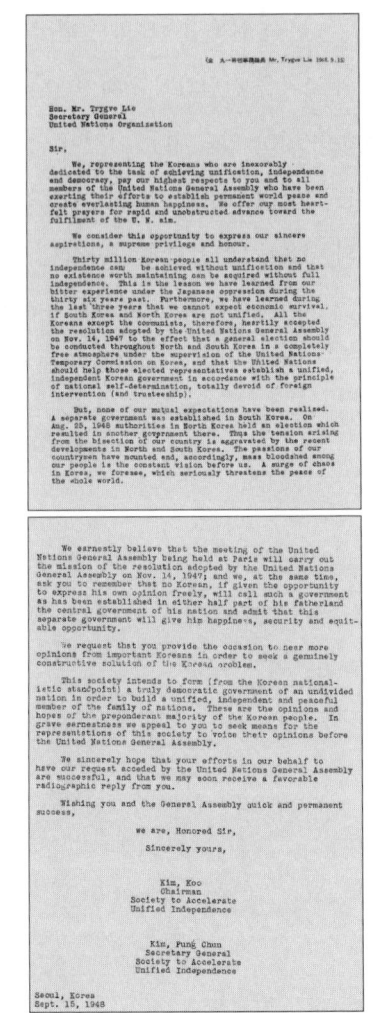

김구·김규식이 UN 사무총장에게 보낸 영문 서신(1948. 9. 15). 서신 초안에는 김규식의 서명은 없고 김구 주석과 김봉준 통일독립촉진회 사무국장의 서명만 있다.

본 통일독립촉진회는 한국 민족의 입장에서 통일과 독립과 평화의 조국을 건립하기 위하여 남북을 통한 진정한 민주주의 정부를 조직하려 하고 있습니다. 이것이 곧 절대다수 한국인의 의사입니다. 우리는 그들의 대표적 의사를 귀 UN총회에 충분히 진술하기 위하여 본회의 대표를 UN총회에 참가시킬 것을 견결히 요청합니다.

우리는 각하의 노력을 통하여 우리의 요청이 UN총회에 채택되고, 아울러 각하의 회신이 속히 있기를 간망합니다.

UN총회의 위대한 성공을 기원하면서.

통일정부 수립에 대하여

광주 기자회견

1948년 10월 1일, 백범은 전남 삼균학사三均學舍 개소식에 참여하기 위해 광주를 방문했다. 그날 오후 5시부터 광주여중 강당에서 김구 선생 환영회가 개최되었는데, 그 직전인 오후 3시에 충장로 관음사에서 광주 지역 기자들을 만나 내외 정세에 관하여 다음과 같은 소신을 피력했다. __ 『호남신문』 1948. 10. 3

진공 기간의 치안 문제에 대하여

미소 양군은 즉시 철수하고, 진공 기간의 혼란을 방지하기 위하여 UN은 남북을 통한 임시 통일의 행정기구가 성립될 때까지 남북의 기존 무장 조직을 통제하고, 전국적인 치안 유지와 통일 공작에 적극 협조해야 할 것이다.

자주 민주 통일 독립정부의 수립에 대하여

UN은 작년 11월 14일 총회에서 결정된 바와 같이, 남북을 통하여 절

대적인 자유 분위기 속에서 전국 총선거를 실시하여, 자주 민주 통일 독립정부를 수립해야 한다.

남북 정권에 대한 태도

지금 남과 북에 수립된 정권은 현실상의 행정부일 것이다. 그러나 삼천만 동포들은 영토의 통일과 민족의 통일된 완전 자주 독립정부를 갈망하고 있다.

조소앙 씨 한독당 탈당설에 대하여

조소앙 씨는 좀 더 가기 쉽고 동행이 많은 길을 찾으려고 고생하고 있는 것 같다. 그러나 한독당 노선은 정당하다고 믿기 때문에 지난 29일 만류차 방문한 일도 있다.

한미협정에 대하여

북에서도 중국의 팔로군八路軍과 무슨 협정이 성립되었다고 듣고 있다.

남북을 막론하고 우리 주권을 침해하는 국제 협정에 대해 우리 삼천만이 필사적으로 반대할 것이다.

미국의 일본 재무장 문제

미국은 소련의 남하를 막기 위하여 일본의 재무장을 꿈꾸고 있는 것 같다. 이는 한말 영국의 대일 정책과 제1차 세계대전 직후 영국이 취한 대독對獨 정책의 재판이라고 보지 않을 수 없다. 이에 대해서는 중국은 물론이요 태평양 각국 어느 나라 치고 반대하지 않는 나라가 없을 뿐 아니라, 미국과 동일 보조를 취하는 영국에서도 반대하고 있다. 소위 "호랑이를 키워 화를 자초한다"라는 말이 여기에 마땅히 적용될 것이다. 미국 자체의 고충도 있겠지만 일본을 재무장시키는 것보다 자기네의 우방 각 민주국가를 원조함이 도리어 타당한 일일 것이다.

친일 반역자 처리 문제

우리 동양의 정치 윤리는 무엇보다도 대의명분을 많이 주장한다. 이 대의명분과 민족정기를 내세우지 않고서는 민족 질서와 혁명 기율紀律을 바로잡지 못할 것이다. 이러한 의미에서 반역 친일분자들은 그대로 둘 수 없는 것이다.

마음속의 동상은 누구도 뽑아 가지 못한다
언더우드 동상 제막식에서

김학규金學奎의 『혈루血淚의 고백』에 의하면, 이것은 백범이 미국인 선교사 언더우드Horace Grant Underwood(1859~1916) 박사의 동상 제막식에서 한 연설이다. 김학규는 1949년 1월로 착각하고 있지만, 다른 자료에서 확인되는 연설 시기는 1948년 10월이다.

　언더우드 동상은 상당한 수난을 겪었다. 1928년 4월 28일 연희전문학교 설립자인 언더우드 박사의 동상이 서울에서 최초의 동상으로 세워졌으나, 1942년 일제는 동상을 내리고 그 자리에 흥아유신기념탑興亞維新記念塔을 세웠다. 1945년 일본이 패전함으로써 흥아유신기념탑은 내려지고, 1948년 10월 16일 조각가 윤효중尹孝重의 작품으로 언더우드 동상을 복원했다. 그러나 한국전쟁 이후 좌익들에 의해 이 동상도 무너졌다. 현재 동상은 1955년 윤효중 씨가 다시 만든 세 번째 동상이다.

　1948년 10월 16일 두 번째 동상 제막식 날, 당시 3영수 즉 이승만, 김구, 김규식이 모두 참석했다. 백범의 광진학교 제자였던 최태영의 회고에 의하면, 이날 이승만 대통령이 "오늘 이 동상 제막식을 시작으로 언더우드의 손길이 닿아 있는 전국 각처에 동상을 세우도록 합시다"라고 했던 반면, 백범은 "동상은 깨어질 수도 있으나 우리들 마음속의 동상은 없어지지 않는다"고 강조했다고 한다. 즉 전쟁으로 언더우드 동상이 다시 무너질 수 있다고 놀랍게

도 예견하고, 마음의 동상을 세울 것을 제안했던 것이다.

백범 서거 후 민족시인 조지훈趙芝薰은 「마음의 비명碑銘」이란 제목으로 "아! 이제 여기 남을 것은 차운 산 한 조각 돌에 새긴 대한민국 임시정부 주석 백범 김구가 아니라, 삼천만 겨레의 가슴 깊이 대대로 이어 갈, 비바람에도 낡지 않을 마음의 비명"이라고 백범을 추모한 바 있다. 백범의 "마음 속의 동상"이 지훈의 "마음속의 비명"으로 이어졌던 것이다. ―

김학규, 『혈루의 고백』(미출간)

1955년 설립된 세 번째 언더우드 동상(윤효중의 작품)

오늘은 언더우드 박사의 동상 제막식을 거행하는 날이다. 언더우드 박사로 말하면 미국 선교사로서 일찍이 우리나라에 와서 종교·교육·사회 모든 면에서 불멸의 공헌을 하신 분이다. 우리 한국 사람 누구나 그에게 감사를 아끼지 않는 바이며, 그의 공로를 표창하기 위하여 동상을 세우고 오늘 이 시간 제막식을 거행하는 것이다.

그런데 나는 언더우드 박사의 동상을 구리로 만들어 거리에 세우는 것보다는 우리 마음속에 세워 두자고 주장하고 싶다. 왜냐하면 제2차 세계대전이 일어나서 일본 병공창에 철물이 고갈되자, 왜놈들은 우리나라에 와서 구리를 수집하기 위해 놋그릇과 놋숟가락까지 모조리

빼앗았으며, 언더우드 동상을 비롯하여 각처의 동상마저 끌어갔던 것이다. 앞으로 언제 터질지 모르는 대전大戰을 생각할 때 지금 우리가 세우는 언더우드 박사의 동상이 또 위험하지 않다고 누가 보장할 수 있겠는가? 그러나 우리 한국 사람의 마음속에 언더우드 박사의 동상을 세워 둔다면, 누구도 이를 뽑아 가지 못할 것이다.

그들은 우리와 다른 사전을 가지고 있다

여순사건의 배후에 대한 반박

1948년 10월 중순, 김구·김규식의 UN 외교와 국회 소장파 의원들의 「외군外軍 철수 긴급 결의안」으로 정국이 혼란한 가운데, 10월 19일 백범은 한독당 지구당 대회를 위해 전라도 일대를 순회했다. 바로 이날, 여수에서 군인 폭동이 일어났다. 이승만 정부는 "극좌極左와 극우極右의 공모"라고 규정하고, 백범에게 배후 조종의 혐의를 두었다. 여수에서 시가전이 치열하게 전개되던 27일, 백범은 서울로 돌아와 여순사건의 우익 개입설에 대해 "그들은 극우라는 단어에 대해 다른 해석을 내리는 자신의 사전辭典을 가지고 있는 것으로 보인다"며 일축했다. 이어서 30일, 동족상잔同族相殘에서 동족상애同族相愛로 전환할 것을 촉구하는 성명을 발표했다. __ 『자유신문』 1948. 10. 28; 『서울신문』 1948. 10. 31

● 그들은 다른 사전辭典을 가지고 있다 _10월 27일 성명

나는 극우분자가 이번 반란에 참여했다는 말을 이해할 수 없다. 그들은 극우라는 용어에 관하여 다른 해석을 내리는 자신의 사전을 가지고

극우 참여설은 이해곤란

金九氏談

여순사건의 극우 참여설을 부인하는 백범의
담화(『자유신문』 1948. 10. 28).

있는 것으로 보인다. 나는 이번 반란을 주목하고 있다. 이 불행한 사건은 제주 4·3사건과 더불어 민생에 중대 영향을 끼치고 있다. 그리고 순진한 청년들을 유혈 사태로 오도한 자들은 용서할 수 없는 죄를 범하였다. 현재까지의 당국 발표에 의하면 반도들의 목적은 북한 정권을 남한에 연장시키려는 것으로 보인다. 이번 반란의 반격에 관해서 예측하기는 어렵다. 그러나 이는 한국 정세에 대하여 중립적 입장에 있는 UN 회원국의 견해에 영향을 미칠지도 모른다.

● 동족상잔同族相殘에서 동족상애同族相愛로 _10월 30일 담화

우리는 일찍부터 폭력으로 살인·방화·약탈 등 테러를 행하는 것을 배격하자고 주장하였다. 금번 여수·순천 등지의 반란은 대규모의 집단 테러 행동인바, 부녀자와 유아까지 참살했다는 보도를 들을 때에 그 야만적 소행에 몸서리치지 않을 수 없다. 멀리서 듣고도 그러하니 현지에서 목격하는 자는 비참 격앙함이 그 극에 달할 것이다. 남과 남의 부모처자를 살해하면, 남도 나의 부모처자를 살해하기 쉬우니 그 결과는 첫째, 우리 동족이 수없이 죽을 것이요, 둘째, 외국군에게 계속 주

308

둔하는 구실을 줄 뿐이다.

이것은 우리의 자주독립을 좀먹는 행동이니 이로써 우리는 망국노의 치욕을 면할 날이 없을 것이다. 반란을 일으킨 군인과 군중은 마땅히 격앙된 감정을 억제하고 재삼 숙고하여 용감히 뉘우치고 바른길로 돌아갈 것이며, 현명한 동포들도 마땅히 객관적 입장에서 그 반란을 냉정히 비판하며 확대되는 것을 공동 방지할지언정 허무한 유언비어에 유혹되거나 부화뇌동하지 않아야 할 것이다.

여러분의 기대와 부탁과 애국에 만분의 일도 보답하지 못하는 나로서 무슨 면목으로 여러분께 왈가왈부를 말하랴마는, 이번 반란이 국가와 민족에 미치는 손해가 중대한 까닭에 그대로 함구만 할 수 없

여순사건에 대한 백범의 담화, "동족상잔同族相殘에서 친애親愛로"(『서울신문』 1948. 10. 31).

어서 피눈물로써 이와 같이 하소연하는 바이다. 동지 동포는 우리의 고충을 깊이 양해하고 동족상잔에서 동족상애의 길로 공동매진하기를 간절히 바란다.

미소의 개입 없으면 남북통일을 확신한다
외신 회견

1948년 10월 말, 여수·순천 지방에서 시가전이 치열할 때 서울에서는 이승
만과 백범의 성명전이 벌어지고 있었다. 당시 백범은 외신 UP기자와의 시국
담화에서 여순사건의 우익 관련설을 다시 부인하면서, 미국의 대한對韓 정책
과 미군 철수, 5·10선거와 신생 대한민국 정부, UN 등 시국 전반에 대해 의
견을 피력했다. __ 『자유신문』 1948. 11. 1

1. 과거 3년 동안 미국은 남한을 군사적으로 점령한 외에 정치적으로
그들이 예상한 바와는 달리 성공하지 못하였다. 다시 말하면 한국 민
중들이 감복하여 스스로 미국의 정책을 적극 지지하고 환영할 만큼 적
절한 정책을 채용하지 못하였다. 이 점에서 소련의 정치적 제스처는
한국 민중의 갈망하는 요소를 파악함으로써 대한 정책의 이니셔티브
를 장악한 감이 있다고 본다. 소련은 민중이 증오하는 친일파에 대하
여 적극적 정책을 단행했으나 미국은 그렇지 않았다. 초기 미국의 대
한 정책은 공산주의 세력을 허용한 감이 있다. 어느 때는 공산주의자

와의 타협을 종용하다가, 또 어느 때는 이러한 미국 정책에 의하여 행동한 자유주의자까지도 좌익의 동조자처럼 비난하여 입장을 곤란케 하였다. 이러한 군정 당국의 애매한 정책은 공산당이 활동할 만한 기회가 생기게 하였고, 관공서 내에까지 좌익분자가 침투할 수 있었다고 본다. 좌익분자의 음모

백범의 UP와의 회견, "양군 철퇴하면 남북통일 확신한다"(『자유신문』 1948. 11. 1).

사건이 발생될 때에 반대적 입장에 있는 사람에게까지 쓸데없는 혐의를 씌운다면, 미국은 한국의 어떠한 사람들과 손잡고 일할 것인가. 한국의 애국자들은 한국 민중의 지지를 받을 수 있는 한국 사람의 입장에서 미국과의 합작과 원조를 갈망하는 것이다. 요사이 철수 문제에 대해서도 미국은 철수한다는 확고한 정책을 한국인에게 명백히 알리고 철수의 속도와 치안 확보에 대한 기술 문제를 연구하는 것이 좋을 것이다.

2. 5·10선거는 민주주의적 요소가 구비되지 못한 채 실시되었다. 절대 자유의 분위기가 보장되지 못하였다. 현 정부는 남한에서 사실상의 행정기관이라고 본다.

3. UN은 작년 11월 14일 총회에서 결정한, 남북을 통한 총선거를 실시하기 위하여 침착과 인내와 열의를 가지고 미소 양국의 타협을 적극 촉진시켜야 할 것이다. 제3차 대전의 참화를 방지하고 세계 평화를 유지하는 것이 UN의 임무라고 본다.

4. UN에서 미소의 협조로 양군이 철수하면 외세로 인하여 분할되었던 한국의 강토와 민족은 단일민족의 자연 상태로 회복될 것이며, 조국의 통일을 위하여 반대파와 타협할 만한 열의를 가진 애국적 민주주의적 지도자들은 통일정부 수립의 역사적 과업을 실천할 수 있을 것이다.

5. 우리는 공산주의자가 무시하지 못할 만한 유형무형의 실질적 역량을 가져야 될 것이다. 그리고 우리는 정치적 방식과 민주주의를 통하여 통일 국면을 실현할 수 있도록 인내와 관용과 용기를 가지고 부단히 노력할 필요가 있다.

6. 이번 군대의 폭동은 민족적으로 일대 통탄할 일이다. 건군의 정신을 명확히 하지 못하고 무장을 먼저 한 것은 좋은 방식이 아니다. 무엇을 위하여 어떤 대상과 싸워야 한다는 사상적 통일이 선결 조건일 것이다. 나는 하지 중장에게도 이러한 의견을 표시한 적이 있다. 이번 사건에 우익이 관여한다는 유언비어가 있는 모양이나 이것은 무슨 뜻인지 잘 모르겠다. 지금 남한에서는 좌익이니 우익이니 하는 문자는 '사전'(Dictionary)에 따라서 임의로 규정하는 폐단이 없지 않다.

7. 나는 UN이 좀 더 강력한 중립적 기구로 발전되어 세계 평화의 확보를 위하여 실력을 발휘할 수 있을 만큼 공정한 제재 기관이 되기를 기대한다. 미국의 인민과 소련의 인민들이 전쟁을 반대하고 평화를 위하여 분투노력한다면 전 세계 인류는 제3차 대전의 참화를 면할 수 있을 것이다.

내가 디딘 발자국은
뒷사람의 길이 되니라
침묵 속에서

정부 수립, 여순사건 등을 겪고 난 이후 1948년 말에 이르면 경교장에 정치인의 발길은 뜸해진다. 당시 백범은 붓글씨로 소일하면서 지냈는데, 특히 답설야중거踏雪野中去로 시작되는 시를 즐겨 썼다고 한다. 백범은 이 시가 서산대사의 시라고 밝힌 적이 있으나, 최근의 연구에 의하면 이 시의 작자는 조선 후기의 시인 이양연李亮淵이라고 한다. 아무튼 이 시는 만년 백범의 내면 풍경을 잘 보여주는 글 중 하나이다. 백범은 만년까지 아주 건강했던 것으로 알려져 있지만, 당시 수술을 한 적이 있었던 것 같다. 한 신문에 수록된 「김구의 수술 후 근황」이란 글을 소개한다. ＿ 『독립신문』 1948. 11. 26

정적에 잠긴 경교장, 정원의 나뭇잎도 동면 준비를 마치고 금잔디 위에 서릿발이 아직도 허연 오전이었다. 겨울 햇빛이 유난히도 눈부시게 내려 쪼이는 2층의 남향 복도 아래 오늘의 김구 선생은 무엇을 쓰시려는지 조용히 먹을 갈고 계신다.

踏雪野中去 답설야중거

不須胡亂行 불수호란행

今日我行跡 금일아행적

遂作後人程 수작후인정

선생의 필력은 강하고 퉁거우며 진하다. 어지러운 대내·대외 정세를 고요히 그러나 날카롭게 관망하면서 "당분간 침묵을 지키겠다"고 말씀하신, 선생의 굳게 다무신 입가에 한층 믿음직하고 한층 그리워지는 빛이 떠도는 것 같다.

그러나 선생을 믿고 선생을 그리워하고 선생의 육성을 듣고 싶어하며 선생의 일거수일투족을, 그지없는 기대와 희생적 노력을 아끼지 않으며 그 뜻을 받들려는 수많은 동지들의 시선이 경교장에 집결되는 이 마당, 선생은 잠잠히 붓을 들어 이 한 수의 시를 읊으신 것이요, 이 시를 통해 수많은 얼굴들에 대답하시는 것이다.

"눈을 밟고 들 가운데로 걸어갈 때는 아무렇게나 가지 말아라. 오늘 내가 가는 발자국은 반드시 뒤에 올 사람의 길을 만들리라!"

그렇다. 선생은, 기미만세운동 이후 얼마나 이 나라 겨레들의 앞에 서서 싸늘하고 황막한 눈 쌓인 벌판을 손수 밟고 가셨던가? 이제 조국의 중대 기로에 서서 또한 선생은 눈보라 속에서 스스로 앞장서는 민족의 지도자로서 비장한 각오를 품으신 것은 아닐까? 그리하여 선생을 따르고 선생을 지키는 수많은 동지들이, 선생이 밟고 가는 그 발자국을 따라 자주 통일 독립의 앞길로 매진해야 할 것이다.

회색 공단 조끼에 토시를 끼시고 흰 명주 바지저고리를 입으신 선생이 침묵 속에서 고요히 또 힘차게 듣는 '민족의 소리'는, 그대로

흰눈이 내리기 시작한 머리 위에 은빛처럼 반사하여 그윽한 후광을 이룩하는 것이다.

탈장 수술의 결과도 좋으시고 건강도 양호하시나, 금년 중으로 꼭 돌아보려던 경상도 지방과 강원도 지방을 못 가 보시는 것이 섭섭하다고 하셨다. 방문객의 수효도 적지 않으나, 대개가 정치가보다는 젊은 청년들이 많고, 김규식 박사의 삼청장三淸莊과도 때때로 연락은 있는 모양이다.

"언제나 침묵을 깨뜨리시겠습니까?" 하고 묻는 기자의 말에 "허허, 내가 침묵을 지킨다고 아주 벙어리가 되는 게 아니고 언제든지 입을 열어 말할 때가 있을 것이오."

과연 그 '때'는 언제 올 것인지?

1948년 10월 26일, 안중근 의사 의거 39주년 기념일에 쓴 백범의 휘호.

UN의 한국 정부 승인과
3영수 합작에 대하여

침묵을 깨고

1948년 대한민국 정부가 수립되었지만 정국은 내내 혼란했다. 특히 UN 승인 문제를 두고 외교적 혼선이 있었으며, 여순사건으로 내란적 상황이 발생했다. 이러한 혼란의 정치적 원인 중 하나가 이승만, 김구, 김규식의 분열이라고 보고, 정부 수립 이후 이른바 "3영수 합작"이 끊임없이 주장되었다. 1948년 12월 12일 UN이 대한민국 정부를 승인하자, 오랫동안 침묵을 지키고 있던 백범은 이에 대해 호의적인 다음의 논평을 발표하고 회견하였으며, 그로 인하여 다시 3영수 합작에 대한 희망을 불러일으켰다. __ 『독립신문』·『서울신문』 1948. 12. 17

지난 12월 12일 UN총회에서 결정된 원문을 보기 전에는 아직 상세한 것을 알 수 없으나, 절대다수 국가의 찬성으로 한국을 승인했다는 것은 우리의 독립운동 과정 중에서 영원히 기억할 만한 거대한 역사적 사실이다. 그리고 '남북이 통일된 완전 자주독립 국가로 승인을 받았더라면' 하는 것을 생각할 때 우리의 흥분되는 바는 더욱 심각하다. 듣건대, 한국에서의 양군 철수를 감시하며 남북이 통일된 완전 자주독립

의 국가 건설을 협조하기 위하여 새로운 UN위원단이 1년간 주재할 예정으로 머지않아 내한한다 하니, 그 호의를 대단히 감사한다.

UN의 대한민국 승인에 대한 백범의 성명(『서울신문』1948. 12. 17).

나는 새로운 한국위원단이 과거에 임시위원단으로서 해결하지 못한 모든 문제를 원만히 해결할 수 있기를 희망하는 바이다. 그들의 이러한 임무를 진행하는 도중에 삼천만 한국인의 절대다수가 동족 유혈이 없는 평화로운 전국 통일로써 자주독립의 조국을 건설하며,

또 이 새로운 국가에도 언론의 자유, 신앙의 자유, 굶지 않는 자유, 공포를 받지 않는 자유를 누릴 수 있는 민주주의가 실현되기를 갈망하고 있다는 사실을 잠시라도 잊지 말기를 요청하는 바이다.

그러나 하느님은 스스로 도울 줄 아는 사람을 돕는다 하였으니 우리로서는 남만 믿고 있을 것이 아니라, 국내적으로 더한층 복잡해진 정치 문제를 해결함으로써 통일을 실현하고, 나아가 국제적으로 평등한 지위를 쟁취함으로써 자주독립을 완성할 절박한 과업이 있다는 것을 더욱 간절히 반성해야 할 것이다.

우리가 이 간고한 과업을 성취하고자 할진대 반드시 전 민족적 통일 단결을 실현하지 않으면 안 될 것은 물론이거니와, 이 전 민족적 단결을 실현하는 데는 소수의 권리를 위한 독선주의는 절대 금물이며

반드시 대중의 이익을 위하여 대중과 같이 움직이지 않으면 안 될 것이다. 그러므로 우리는 대중의 이익을 위할 수 있는 민주주의 원칙에 의하지 않고서는 단결의 실현이 곤란하다는 것도 투철히 인식해야 할 것이다.

나는 앞으로도 변함없이 민중의 한 사람으로서 외국군의 조속한 철수를 주장하며, 동족끼리 유혈이 없는 자주적 민족통일 독립 조국을 건설하기 위하여 분투노력할 것이요, 또한 민중의 고통을 다소라도 제거시킬 수 있게 되고 그들로 하여금 좀 더 나은 생각을 가질 수 있도록 내가 미력이라도 공헌할 수 있게 되며, 아울러 통일된 조국을 세우기 위하여 전 민족이 단결되게 하여 주시기를 하느님과 선열의 영령 앞에 기원하는 바이다.

문   새로운 한국위원단의 내한으로 남북통일 실현이 가능하다고 보는가?

답   새로 오는 한국위원단은 어떠한 포부를 가지고 오는지 나는 모르나, 5·10선거 당시 내한한 UN임시한국위원단도 초기의 목적을 완수하지 못한 만큼 이번 오는 한국위원단에 대해서도 그 사람들의 행동 여하를 보고 말하겠다.

문   UN의 한국 승인을 계기로 종래의 남북통일 노선에 변화는 없는가?

답   우리는 강력한 독재권도 원치 않는다. 오직 민주주의 원칙에 의하여 남북을 통일하자는 것은 다름이 없다.

문   3영수 합작 추진설이 대두되고 있는데, 이에 대한 귀하의 견해

는?

답　어떤 점에서 대두되고 있는지 또 내가 3영수 합작을 적극 추진
시키는 것도 아닌 만큼 모르겠다. 현재로서는 3영수 회의라는 것은 잘
진행되기는 어렵다고 본다.

문　김규식 박사는 귀하의 노선과는 다르다고 하였는데, 귀하의 견
해는?

답　물론 다르다.

문　지금 이후의 한독당은 종전과 같은 독립 전취戰取의 노선으로 운
동을 전개할 것인지, 정부하에 있어서의 정당적 운동을 전개할 것인지
귀하의 견해는?

답　내년 1월 15일에 열릴 중앙집행위원회에서 결정하게 될 것이다.

문　금번 UN에서 대한민국 정부가 48대 6이라는 절대다수로 승인
되었는데, 이후에 있어서도 임시정부의 법통法統을 주장할 것인가?

답　세계 각국이 모두 현 정부를 승인했다고 하더라도 현재 분열되
고 있는 만큼 법통을 무시할 수는 없을 것이다.

문　현 정부의 시책에 대한 귀하의 견해는?

답　무어라 말할 수 없다.

문　원로원元老院이 설치되면 참가할 의사는 없는가?

답　나는 그에 대한 것을 들어 본 적도 없으니 말 못하겠다.

年 한 君이서 共同奮鬪한 舊道와 四年

懸案未解決의 連帶責任과 愛國者가

誠意와 熱情을써 祖國의 앞우에서 南北

期間內에 成就시키기를 懇請합니다.

愛國書信을가 함께 이것이 成就를 爲하여 본

微短認長하야 未盡所懷하니 하오라도이

獨立과 同胞의 自由幸福을 爲하야 兄께

또 祝禱하면서 不遠한 將來에 우리에

가만 渴望하오 붓을 놋나이다

月　日

서울에서 2차 남북회담을

단결년으로 새해를 맞이하자

연두 소감

1949년 백범의 신년사에는 국제적으로 미소에 대한 중립적인 입장, 남북통일에 대한 자주적 입장, 나아가 단결의 원칙 등이 피력되어 있다. 당시 시중에는 남한 정계의 단결을 위해서 김구·이승만·김규식의 이른바 '3영수 합작'이 거론되고 있었는데, 백범도 탐관오리 배제 등의 조건으로 단결을 주장하고 있다. 한국독립당 선전부도 1월 4일 민족진영의 통일과 단결의 필요성에 관하여 담화를 발표했다. 그러나 3영수 합작은 끝내 성사되지 않았다.

— 『동아일보』·『자유신문』·『조선일보』 1949. 1. 1; 『민성』 1949년 1월호

우리는 이제 또 새해를 맞게 된다. 좋든 언짢든 느낌이야 없으랴. 그러나 과거 1년을 살아온 나의 자취를 돌아보면 부끄러운 것뿐이다. 애국자로 자처하면서 동포가 굶어 죽고, 얼어 죽고, 그리고 또 서로 찔러 죽여도[1] 그대로 보고만 있었다. 통일론자라 하면서 점점 굳어 가는 국토의 분열을 막지 못하였고 마땅히 할 말을 하지도 못하였다. 또

---

[1] 제주 4·3사건, 여순사건 등을 말한다.

독립운동자라 하면서 독립을 위해 한 발 나아가는 표현도 하지 못하였다.

나는 마땅히 과거 1년 동안의 자기를 비판하면서 자기반성을 구해서, 새해에 실행할 새 계획을 작성해야 할 것이다. 무슨 면목으로, 또는 어느 틈에 입을 열어서 남하고 이야기를 하랴. 더구나 뽐낼 줄도 모르고, 거짓말할 줄도 모르는 나로서는 부지런히 빈 입을 열어서 말만 할 필요가 없는 것이다.

그러나 새해를 맞을 때마다 소위 '연두감언'年頭感言 한 편을 쓸 수밖에 없는 환경에 처해 있다. 작년에 쓴 것을 그대로 내놓을 수도 없으며, 해마다 나에게는 이 일이 한 고통거리가 되는 것이다. 금년에도 이러한 환경에서 붓을 들었다. 독자 여러분도 이 고충을 양찰해 주시기 바란다.

묵은해가 몇 번 가고 새해가 몇 번 와도, 우리 삼천만 절대다수의 유일한 최고의 염원은 조국의 자주적·민주적 통일 독립뿐이다. 과거 1년을 돌아보아 서글픔이 있다면 이 염원이 성취되지 못한 것뿐이고, 오는 1년에 새 희망을 붙인다면 이 염원의 달성뿐이다. 소련식 민주주의가 아무리 좋다 해도 공산 독재 정권을 세우는 것은 싫다. 소련이 아무리 우리의 우방이요 소련인과 친구 되기를 아무리 원할지라도, 소련과 소련 사람을 우리나라와 우리나라 사람보다 더 위하기는 싫다.

2
1945년 11월 29일 티토의 주도로 6개 공화국 2개 자치주로 이루어진 사회주의 유고슬라비아 공화국이 탄생되었다. 초기의 유고 연방은 소련의 사회주의 정치 노선을 따랐으나, 1948년 코민포름 분쟁 이후 스탈린 노선에서 탈피하여 제3의 길을 걸어 미국과 소련 어느 한 부분에도 속하지 않는 비동맹을 주도하게 된다.

이것은 유고슬라비아 민족의 용감한 행동으로써 표현된 것이다.[2] 미국식 민주주의가 아무리 좋다 해도 독점자본주의의 발호로 인하여 무산자를 괴롭게 할 뿐 아니라, 낙후한 국가를 상품시장화하는 데는 찬성할 수 없다.

우리는 진실로 국제적으로 평등한 입장에서 서로 친선을 촉진하면서, 우리가 우리 삼천만의 이익을 위하여 우리 마음대로 살아갈 수 있는 정치·경제·교육의 균

백범의 신년사, 연두감언年頭感言(『민성』 1949년 1월호).

등을 기초로 한 자주독립의 조국을 가지기만 원하는 것이다. 더구나 반쪽의 조국만이 아니라 통일된 조국을 원하는 것이다.

혹자는 우리에게 강한 무기가 없는 것을 걱정하고 낙심한다. 그러나 예부터 강한 무기를 가지고 독립에 성공한 나라는 적다. 중국 국민당 정부는 본래부터 강한 무기를 가졌을 뿐 아니라 미국에서 정예한 무기를 다량으로 얻어 왔지만, 공산군을 진압하지 못하고 정치의 부패로 인하여 그 자신이 위태로운 지경에 빠지고 있다. 그러므로 우리의 뜻만 굳고 우리의 노력만 꾸준하면, 반드시 성공할 때가 있는 것이다.

우리가 정의를 위하여 여론을 환기하며, 정의를 위하여 투쟁을 전개하는 데는 무서울 것이 없는 것이다. 부귀도 우리를 흔들지 못할 것이요, 무력도 우리를 굴복시키지 못할 것이다. 그러므로 우리가 나가

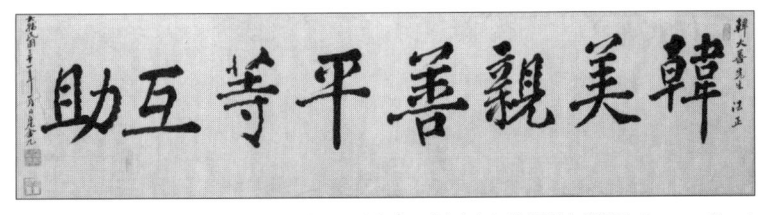

한미친선평등호조. 1949년 1월 백범이 당시 주미대사 문정관이었던 한대선韓大善(본명 Gregory Hand sen)에게 써 준 것으로, 백범의 대미관을 집약적으로 표현하고 있다.

는 길은 탄탄대로이며 우리 앞에는 성공이 있을 뿐이니, 다 같이 기쁜 마음으로 새해를 맞자. 우리의 자주·민주·통일·독립은 오고야 말 것이다. 왜 그러냐 하면 우리 삼천만 모두 이것을 위하여 분투노력하기 때문이며, 또한 이것이 인류의 정당한 요구인 까닭이다.

그러나 우리의 희망이 아무리 크고, 우리의 성공이 아무리 확실하고. 우리의 분투노력이 아무리 위대하다 할지라도, 우리의 단결이 없으면 만사는 환멸에 빠지고 말 것이다. 그러므로 우리에게는 어느 때나 단결이 필요한 것이니, 오는 새해에는 과거에 성공하지 못한 단결을 실현하기로 결심하고 새해를 "단결년"으로 맞이하자. 단결을 성공하는 데는 필요한 요소가 많이 있다. 이 요소를 잡지 못하고 단결하자고만 외치면 과거와 같이 성공하지 못할 것이다. 이에 내가 생각하는 단결의 제일 중요한 요소 두 가지만 제시하고 이 글의 끝을 맺겠다.

단결의 원칙을 세워야 한다.

원칙이 없는 단결은 절대로 성공할 수 없다. 가령 백성의 생활을 위협하고 백성을 무리하게 압박하는 탐관오리가 백성에게 단결만 하면 잘

살 수 있다고 하면, 백성이 그것을 믿고 따를 수 없을 것이다. 그러므로 백성이 보고 믿을 수 있는 단결의 원칙과 아울러 그것을 행동으로 실천할 성의까지 보이는 것이 필요하다. 마찬가지로 조국의 통일을 성공하려 하면 성공할 수 있는 원칙을 세우고, 또 그것을 실천하는 데서만 모든 사람들이 따를 수 있는 것이다.

민심의 안정을 도모해야 한다.

정치가 궤도에 오르지 못하고 사회가 문란하면 그럴수록, 대중은 배고프고 괴롭고 무서운 중에서 그날그날을 보내고 있는 것이다. 배부른 사람과 배고픈 사람, 괴로운 사람과 무섭게 하는 사람은 한데 뭉칠 수 없는 것이니, 전 국민이 한 덩이가 되려면 먼저 일반의 민심을 안정케 하는 것이 필요하다.

대가리 싸움과 다리 싸움

쟁족운동

김학규에 의하면 1949년 1월 1일 백범은 한국독립당 동지들 앞에서 아래와 같이 "쟁족운동"이라는 신년 연설을 했다고 하지만, 현재로서는 이 연설의 정확한 날짜와 장소를 단정할 수 없다. 다만, 이 글에서 1947년 3월 20일 건국실천원양성소를 세운 취지가 바로 쟁족운동이라고 밝히고 있어, 백범이 건국실천원양성소의 청년들을 대상으로도 그 이전부터도 비슷한 취지의 언급을 했을 것으로 보인다. 한편 2005년 충남지방경찰청은 대민서비스를 철저히 하기 위하여 쟁족운동을 전개하기로 결의한 바 있다. ― 김학규, 『혈루의 고백』(미출간)

우리 한국독립당 동지들은 쟁두운동爭頭運動을 피하고 쟁족운동爭足運動을 해야 한다. 우리나라는 옛적부터 오늘까지 쟁두로써 말썽이 많았다. 말썽이 많으면 일이 안 된다. '쟁두'는 대가리 싸움인데, 대가리 싸움은 영수領袖 싸움 곧 헤게모니 싸움을 의미하는 것이다.

내가 해외에서 독립운동을 할 때나 지금 국내에 들어와서도 보면, 서로 일을 같이 하기로 철석같이 약속해 놓고도 인사 문제에 의견이

쟁족운동을 실천하기 위해 만든 건국실천원양성소의 제8기 졸업 기념사진. 서거 20일 전으로, 백범이 참석한 마지막 졸업식이다(1949. 6. 5).

맞지 않아 분열되는 것을 많이 보았다. 우두머리가 되고자 하는 욕심에 날뛰는 그들은, 우두머리 지위가 자기에게 돌아가지 않으면 어제같이 맹세했던 것도 언제 그런 일이 있었던가 하고 분열되는 것을 보았다. 옛날이나 지금이나 모든 분규는 흔히 대가리 싸움에서 생긴다. 우리 동지들은 대가리 싸움을 경계해야 한다.

속담에 "백족지충百足之蟲은 지사불강至死不僵"이라는 말이 있다. 이것은 "백 개의 다리를 가진 벌레는 죽어도 쓰러지지 않는다"는 뜻이다. 이 얼마나 좋은 말인가. 민주주의적이고 또한 조직의 원리를 말한 것이다. 민중의 토대 없이 대가리 되는 영수가 있을 수 없고, 하층의 기본 조직 없이 중앙의 영도권이 있을 수 없는 것이다.

우리는 쟁족운동을 하자. 남들은 대가리 싸움에 열중하지만 우리는 다리 싸움에 열심히 하자. 남들은 높은 일을 하지만 우리는 낮은 일부터 열심히 하자. 내 발로 직접 걸어 다니며 남이 할 사이도 없이 서로 다투어 일하자. 남들은 자동차로 다니지만 우리는 부모가 지어 주신 내 발로 뛰어다니며 일하자. 실천實踐이란 말의 밟을 천踐 자는 발 족足 변에 있다. 모든 일을 발로써 실천하자. 그리하여 우리는 몸소 땀 흘려 조국을 건설하자.

내 나라에 돌아오던 그때, 나는 조국을 건설하려면 영수 인물보다 실천 인원이 필요하다고 절실히 느꼈다. 내가 용산에 건국실천원양성소를 만든 것도 이 뜻에서 쟁족운동원을 양성하자는 취지에서 비롯되었다. 여러 동지들은 내가 주장하는 쟁족운동의 진의를 충분히 이해해 주기 바란다. 낮고 힘든 일은 저마다 먼저 하려고 대어 들고, 높고 쉬운 일은 서로 사양한다면 서로의 다툼이 없어질 것이요, 모든 일은 잘 되어 나갈 것이다.

항상 하는 말이지만 상하이에서 우리 대한민국 임시정부가 창립될 때, 나의 자격을 잘 알기 때문에 나는 높은 자리를 굳이 사양하고 임시정부의 문지기나 청소부를 요구했다. 자격도 없는 자가 감당 없이 높은 자리에만 앉으려 하면 안 된다. 내가 젊었을 때 나의 실력을 테스트해 보기 위하여 일본 헌병 보조원 시험 문제를 얻어 가지고 남모르게 나 혼자 한 문제 한 문제 풀어 보았다. 시험 치른 답안은 그만 낙제였다. 그 후 임시정부에서 임시정부 경무국장에 취임하라고 하기에 나는 부끄러웠다. 일본 헌병 보조원 시험에도 낙젯국을 먹은 자가 경무국장이라니, 우리 정부를 모독하는 것이 아닌가 하고 굳이 사양하였

다. 그러나 여러 가지로 강권하여 할 수 없어 취임했던 것이다.

우리는 "얻고자 하는 자는 잃고 잃고자 하는 자는 얻는다"는 묘한 진리를 알아야 된다. 높은 자리를 요구하는 자는 낮아지고, 낮은 자리를 요구하는 자는 높아지니, 여러 동지들은 실력도 없이 높은 자리를 다투지 말고, 먼저 자기의 실력을 헤아리고 낮은 일부터 충실히 하라. 그리하면 높은 자리를 제아무리 사양하더라도 결국은 그 자리를 차지하게 될 것이다.

나는 중간에서 심부름을 한 것뿐이다
백범학원과 창암학원의 종자돈

백범은 1948년 12월 31일 서울 시내 각처를 순례하며 집 없이 굶주림에 떨고 있는 빈궁한 동포들에게 총 90만 원을 희사한 바 있는데, 신문 보도에 의하면 이 희사금은 어머님 곽낙원郭樂園 여사, 부인 최준례 여사, 장남 김인金仁의 천장식遷葬式(1948. 8)과 둘째 아들 김신金信의 결혼식(1948. 12) 때 들어온 부조금의 일부라고 한다. 돈은 염리동, 이촌동, 금호동, 숭인동, 청계천, 장충단 등에 나누어 전달되었는데, 그중에서 염리동과 금호동에 전달된 돈은 주민들의 숙원 사업이던 무산無産 아동을 위한 학원을 건설하는 기금이 되었다.

그리하여 1949년 1월 27일 금호동에서는 "앞으로 많은 까막눈 장님의 눈을 뜨게 할" 백범학원이, 3월 14일에는 염리동에서 백범의 어릴 적 이름을 내건 창암학원昌巖學園이 개원하여, 이재민의 자녀 350명이 "환희에 날뛰며 정진하고 있다"고 하였다. 이 글은 1949년 초, 기부 사실을 뒤늦게 알고 찾아간 기자들에게 백범이 밝힌 소감이다. ─ 『서울신문』·『조선일보』 1949. 1. 4

나는 동지들에 대한 약속을 실행하였다. 그러나 이 돈은 내 것이 아니

서울시 금호동에 세워진 백범학원 개원식 기념사진(1949. 1. 27). 창립 직후인 2월 13일 주일, 이 백범학원 교실을 빌려 예배를 보면서 금호교회가 시작되었다.

서울 마포구 염리동에 세워진 창암학원 개원식(1949. 3. 14). 목조건물에 천막식 지붕이 당시의 형편을 짐작케 한다.

었다. 다만 내가 중간에 서서 나를 사랑해 주는 여러 친구의 심부름을 한 것뿐이다. 그러므로 그 공덕은 전부 그분들의 것이다. 본래 적은 돈을 나누려는 까닭에 그 분배 방침에 있어서 고난이 너무 많았다. 결국 공부를 하지 못하고 있는 전재민戰災民 아동의 교육 보조비로 증여하는 것이 적당하다고 작정하고, 주로 관청 문서에 드러난 전재민 집단을 기준으로 분배하였다.

이 일을 진행하는 데 권연호權連鎬 목사를 비롯하여 몇몇 동지에게 크게 감사하는 바이다. 내가 이번에 몇 군데 전재민이 사는 모습을 몸소 시찰한 바, 작년에 볼 때보다 상상 이상으로 처참한 데가 적지 않

왔다. 끝으로 나는 나의 동지와 친구 여러 분들이 각기 자기가 있는 곳에서 굶어 죽고 얼어 죽는 빈궁한 동포를 위하여 구제 운동을 시급히 일으키기를 간절히 바라는 바이다.

세계는 평화로, 서울에서 남북협상 희망

연설과 회견

1949년 1월 16일 서울 호국역경원護國譯經院에서 열린 한국독립당 제6계 제5
차 중앙집행위원회에서 한 백범의 개회 연설(「第六屆 第五次 中央執行委員會에 際
하야 同志諸位께 告함」)과 1월 22일 경교장에서 가진 기자회견이다. 연설은 베를
린 봉쇄 문제, 팔레스타인 문제, 아시아회의와 인도네시아 문제, 공산 중국
의 부상, 미국의 대통령 선거 문제, UN 등의 국제 정세와 UN한국위원회와
한반도의 통일 문제 등에 대한 백범의 구체적인 인식과 더불어 1949년 초 한
국독립당의 기본 인식을 알 수 있는 중요한 문건이다.

연설 원문은 장문이지만 신문에서는 주로 남북회담 부분을 발췌하여
수록하고 있다. 여기서는 전문을 수록한다. 기자회견은 중앙집행위원회에
서 한 연설을 간략하고 쉽게 표현한 것이다. 백범은 전반적으로 1949년 초
세계의 정세를 평화로 나아가는 것으로 보았지만, 그 후 베를린 문제, 팔레
스타인 문제, 중국 문제 등은 냉혹하게도 냉전적 분단과 대립, 연이은 전쟁,
공산 중국의 통일로 귀결되었다. ── 『독립신문』·『동아일보』·『서울신문』·『자유신문』·『조선일
보』 1949. 1. 18; 『국제신문』·『동아일보』·『조선일보』 1949. 1. 23 ; 『백범김구전집』 8

● 한국독립당 제6계 제5차 중앙집행위원회 개회 연설 _1949. 1. 16

친애하는 동지 여러분!

전 세계 인류가 머리를 아시아로 돌려 눈을 크게 뜨고 보는 이때, 우리는 제6계 제5차 임시 중앙집행위원회를 열게 되었다. 우리의 말 한마디 행동거지 하나에 세계의 관심도 크려니와, 헐벗음과 굶주림에 헤매는 동포들이 기대하는 바는 더욱 클 것이다. 오직 조국의 완전한 독립과 민족의 행복한 생존만을 위하여 분투노력해 온 여러분은 수십 년 동안 꾸준한 투쟁에서 얻은 풍부한 경험과, 순식간에 천변만화하는 내외 정세에 대한 냉정한 관찰에서 얻은 정확한 판단을 가졌다. 이번 회기 여러분이 채택하는 안건의 전부가 조국의 완전한 자주 민주의 통일 독립을 달성할 지침이 됨으로써 절대다수의 동포들로 하여금 많은 희망과 용기를 가지게 하며, 또 전 세계 평화 수립을 완수할 초석이 됨으로써 만천하에서 정의를 애호하는 인사들의 격려와 옹호를 받을 것이다. 이에 나도 비상한 감분感奮과 유쾌愉快를 느끼면서 여러분 앞에 소회를 피력하려 한다.

동지 여러분, 우리를 싸고도는 최근 국제 정세는 어떻게 발전하고 있는가. 상세한 것은 '국내외 정세 보고'에서 청취할 수 있을 것이므로 길게 언급하지 않거니와 개요만 약술하면 이러하다.

첫째 '베를린' 문제니, 한때는 그 험악한 상태가 일촉즉발의 기세여서 호전적 파쇼꾼들은 손꼽아 전쟁이 발발하기만 고대하였으나, 지금은 약간의 소식이 끊일 듯 말 듯 전해 올 뿐 대체로 고요하다.[1]

둘째는 '팔레스타인' 문제니, 한때는 '아랍'과 '이스라엘' 사이에

한국독립당 제6계 제2차 임시 중앙집
행위원회 기념사진.

전쟁이 격렬히 진행되었으나, 중동 일대의 방대하고 풍부한 유전을 중심으로 미·영·소의 각축전으로부터 오는 모순이 이 3대 강국으로 하여금 피차 서로 다른 쪽에 가담케 함으로써, 어느 한쪽이 더 도전하지 못하고 있다.[2]

1

제2차 세계대전 패전 후 독일의 수도 베를린은 특별지역으로 취급되어 시 자체가 미국·영국·프랑스·소련의 네 나라에 의해 점령되었다. 원래는 4개국 공동 점령으로 계획되었지만, 동서 대립이 격화됨에 따라 1948년 6월 소련은 동베를린으로 통하는 육로와 수로를 전면 봉쇄했다. 서베를린이 고립되자, 서방측 3개국은 미군을 중심으로 공수 작전으로 이에 대항했다. 1949년 5월 소련 측의 봉쇄 해제로 베를린 위기는 끝났으나, 1949년 가을 결국 독일은 분단되고 이에 따라 베를린의 분열도 심화되었다.

2

제1차 세계대전 후 국제연맹의 결정에 따라 영국이 팔레스타인 지역을 위임통치했다. 영국의 위임통치는 제2차 세계대전 이후에도 계속되었으나 다수의 아랍 민족과 점점 세력이 커져 가는 유대 민족의 요구를 모두 충족시키지 못해, 팔레스타인 문제는 UN으로 넘어가게 되었다. UN총회에서는 1947년 11월 29일 팔레스타인에 아랍인 국가와 유대인 국가를 따로 세울 것을 제안하는 결의안이 통과되었고, 1948년 5월 14일 이스라엘의 수립이 선포되면서 마지막으로 남아 있던 영국 관리들도 철수했다. 이스라엘 국가 수립 직후 제1차 중동전쟁이 발발하여, 1949년 2~7월 이스라엘과 아랍 여러 국가는 각각 단독 강화조약을 체결했고, 협상이 시작될 당시의 분계선이 임시 국경선으로 정해졌다.

셋째는 아시아회의니, 주로 '인도네시아'에 대한 네덜란드의 침략 전쟁을 제지하려는 것이 목적이다.[3]

넷째는 중국 문제이니, 현재 중공군은 파죽의 기세로 난징南京으로 돌진하고 있다. 이리하여 국민당 중앙정권은 이제 도리어 지방정권화하게 되었다. 그러나 중국 인민은 무조건 평화만 희망한다. 그것은 그들 전부가 다 공산주의를 구가하는 것을 의미하는 것이 아니요, 다만 그들이 평화에서만 생존할 수 있다는 것을 인식한 까닭이다.[4]

인도 뉴델리에서 열린 아세아 18개 국가 회의에 대한 보도(『경향신문』 1949. 1. 21). 1948년 1월 20일에 열린 이 회의는 당시 "항구적인 동양 블럭 탄생의 전조"로 평가되었으며, 그 후 반둥회의 및 제3세계 탄생의 모체가 되었다. 백범과 한독당은 이 회의에 한국 대표 파견을 주장했으나, 성사되지 못했다.

다섯째는 미국 대통령 선거 문제니, 선거 당시에는 당원 대다수가 강경한 반소反蘇 정책을 취하여 전쟁까지 유도할 위험성을 가졌다고 추측되는 공화당 측에서 대통령이 당선되리라 예상하였으나 트루먼 대통령이 재선되었다.[5] 어찌 그뿐이랴. 최근에는 애치슨Dean Acheson 씨가 국무장관이 되었다. 이것은 미국 국민도 다른 나라 국민과 같이 평화를 애호한다는 것을 증명한 것이다.

우리는 이상의 다섯 가지 문제를 통하여 하나의 공통된 점을 발견

할 수 있으니 그것은 곧 '평화를 원하는 것'이다.

다음, 현재 우리 자신과 절실한 관계를 가진 국제 문제는 어떠한가. UN총회는 재작년 11월에 한국의 통일 독립을 성취하도록 하는 결의안을 통과하였다. 우리는 감격하여 이것을 환영하고 지지하였다. 그러나 작년 1월 위의 UN 결의를 실행할 목적으로 내한한 UN위원단은, 소련이 북한에 들어오는 것을 거절한다는 이유로 다시 소총회의 결의에 의하여 소위 "가능한 지역에서의 선거"를 실행하도록 하였다.

우리가 소련의 입경入境 거절을 비판하지 않은 바 아니지만, 58개국을 대표하는 최고 권위의 UN이 일개 소련을 어찌하지 못하여 도리어 한국을 희생하는 것을 더욱 비판하지 않을 수 없다. UN이 베를린 문제도, 이스라엘 문제도, 인도네시아 문제도 해결하지 못하는 것은, 한국 문제에서 위신이 추락된 관계라 볼 수 있다. 그러나 UN은 한국

3
제2차 세계대전 종전 이후 인도네시아와 인도차이나 지역에서는 서구의 식민주의가 부활했다. 이에 맞서 인도의 네루Ja waharlal Nehru는 1947년 3월 뉴델리에서 아시아회의(Asian Relations Conference)를 소집해 식민주의를 규탄했다. 1947년 8월 15일 인도 독립은 인도차이나에서 민족운동 승리의 중요한 기반이 되었다. 인도 수상으로 취임한 네루는 1949년 다시 전 아시아 민족회의를 소집했다. 네루의 이러한 반식민주의 운동은 1955년 인도네시아 반둥회의를 통해 아시아 아프리카의 제3세계가 형성되는 모태가 되었다.

4
1948년 11월~1949년 초 중공군은 화이하이淮海 전투에서 55만 5천 명의 장제스 군대를 붕괴시키는 데 성공했다. 이후 1949년 4월 21일 새벽 중공군은 양쯔 강을 건너기 시작했고, 파죽지세로 4월 24일 난징, 5월 27일 상하이를 함락했다. 1949년 10월 1일 마침내 베이징에서 마오쩌둥毛澤東을 주석으로 하는 중화인민공화국이 수립됐다.

5
거의 모든 여론 조사가 1948년 미국 대통령 선거에서 공화당의 듀이Thomas E. Dewey 뉴욕지사의 승리를 예견했지만, 결과는 트루먼의 재선이었다. 김구는 트루먼의 대통령 취임식에 장문의 축하 전문을 발송한 바 있다(『경향신문』 1949. 1. 21).

문제에 있어서만은 위신을 잃어 가면서 행한 '가능한 지역의 선거'라도 그 위신을 보전하려고 이로부터 생긴 결과를 합리화하였다.

우리가 5·10선거를 반대했던 것도 이 때문이었다. 과연 이날에 우리에게는 무엇을 가져왔나. 남한에서 정부가 성립됨과 동시에 북한에서는 핑곗거리만 기다리고 있었다는 듯이 자기들도 또 하나의 정부를 황황급급하게 만들었다. 그러나 이번 파리 UN총회는 의연히 한국의 독립을 협조하기 위하여 한국위원단을 파견하여 미소 양군 철수를 감시하며 남북통일에 계속 노력하기로 결정하여, 지금 그들이 오고 있는 중이다. 우리는 이에 대하여 감사하는 마음을 갖는 바이며 즐겨 공동 노력하고자 하는 바이다. 한 번 실패했기 때문에 이번에는 만반의 계책을 가지고 올 것으로 큰 기대를 가지고 기다리거니와, 우리도 실패한 경험에서 배운 것이 있은즉, 만일을 염려하여 면밀한 주의를 하지 않을 수 없다. 그러므로 그들의 공작에 대하여 의아한 점을 연구해 보려 한다.

첫째는 철병 감시 문제이다. 철병 감시라 함은 미소 양군 철수를 감시한다는 것인데, 소련 측의 성명에 의하면 소련군은 이미 북한에서 철수를 완료했다 하니 그것이 사실이라면 UN위원단은 별로 감시할 것이 없을 것이다. 그리고 남한에서는 미국이 아직 3만 명을 주둔시키겠다 하고 UN도 이것을 승인하고 있으니 UN위원단이 어떻게 또는 어느 때까지 철수 감시 공작을 완수할는지 묘연하게 보인다.

둘째는 남북통일 문제이다. 미소 양군이 한국으로부터 깨끗이 철수하지 않는 한 남북통일은 바라기 어려운 것이다. 그리고 또 북한에서 전번과 같이 위원단의 입경을 거절해도 통일 공작은 추진할 수 없을 것이다. 우리의 상식으로 추측하더라도 UN위원단은 먼저 소련에

향하여 북한 입경 허가를 요청할 것이나, 소련은 자기 군대의 철수를 이유로 북한 당국과 직접 교섭하라 할 것이다. 그러면 그때에 UN위원 단의 남북통일 공작은 또 추진하기 곤란할 것이다. 요컨대 미군이 철수하지 않는 이유는 미군이 철수하는 즉시 인민군이 남하하여 전 한국을 적화할 우려가 있다는 데 있다. 그러나 그 반대 해석으로 남한의 국방군이 인민군보다 우세를 가지게 되어 미군이 안심하고 철수하는 날에는 소련군이 또 어떠한 태도를 취할지는 우려가 없지 않다.

그러면 양군을 신속히 철수시키는 최상의 방법은 무엇일까. 그것은 별것이 아니다. 북에서는 소련을 의지하여 미국이나 남한에 대한 적개심을 고취하지 말고, 남에서는 미국을 의지하여 소련이나 북한에 대한 적개심을 고취하지 않으면서, 국방군과 인민군이 오직 조국을 보위하는 군대로서 뭉치려는 결의와 태세를 보여서 미소 양국으로 하여금 각각 안심할 수 있게 하는 것뿐이다.

이와 같이 남북통일도 UN위원단의 노력만으로는 성공하기 어려운 것이다. 이 문제는 양군이 철수하는 때에 비로소 용이하게 해결될 것이다. 양군이 철수하더라도 남북한의 한인들이 자주적 정신으로 손을 맞잡고 공동분투하기만 하면 성공할 수 있는 것이다. 이로써 보면 한국 문제는 결국 한국 사람의 손으로 해결해야 된다는 것을 재확인할수 있다. 다시 말하면 한국 문제에 대해서는 아무리 국제적 원조가 있을지라도 필경 한국 사람의 손으로 하지 않으면 해결할 수 없다는 것이다. 현재 한국은 남북이 분단되어 있으므로 통일이 못 되는 것인즉, 이 문제를 해결할 사람은 남북의 한인뿐이다.

그러면 우리는 어떻게 할 것인가. 전쟁이냐 타협이냐. 우리는 서

습지 않고 타협의 길을 취하자고 주장한다. 과거도 그러하였고 현재도 그러한 것이다. 이것이 인류의 염원이며 삼천만의 애국심이다. 금일 삼천만의 갈망하는 바는 외국의 간섭 없이 동족의 유혈 없이 오직 평화로운 민주 방식에 의하여 조국의 통일 독립을 완성하는 것이다. 조국이 평화롭게 통일하지 못하면 정치적으로 독립을 얻을 수 없고 경제적으로 생존을 구할 수 없는 것을 그들이 투철히 인식하고 있다. 오늘 세계가 평화를 지향할 뿐 아니라 UN위원단도 한국을 도와서 국방군을 조직하는 것이 한국에서 전쟁을 막자는 데 목적이 있는 것이다.

우리가 무엇 때문에 우리끼리 피를 흘리겠느냐. UN위원단이 북한에 들어갈지라도 역시 평화로운 수단으로 통일의 방법을 강구할 것이다. 다시 말하면 누가 남북통일을 위하여 노력할지라도 평화로운 협상의 길을 취할 것밖에 없다는 것이다. 그러므로 남북통일은 남북협상의 길을 통해야 얻을 것이다. 혹자는 남북협상을 주장하는 동지들을 지목하여 남북협상파라고 하면서 죄인같이 간주하는 듯하나, 그 자신이 남북협상파가 될 날이 멀지 않았다는 것을 말해 둔다. 이것은 마치 양군 철수를 주장한다고 우리를 비국민같이 간주하던 그 사람들이 우리의 뒤를 따라서 양군 철수를 국제적으로 호소한 것과 같을 것이다.

일부 인사들은 남북협상이라는 것을 몹시 싫어한다. 그것도 무리는 아닐 것이다. 제1차 남북협상에서의 굳은 맹약을 북한 공산주의자들이 파괴하고 인민공화국을 세웠으니 이것을 보고 낙심하는 것도 비난할 수 없다. 그러나 북한에도 남한같이 절대다수의 민중이 우리와 공명共鳴함으로써 우리와 함께 분투하려고 하고 있으며, 또 공산주의자 자체 내에도 세계적 신조류와 삼천만 동포의 욕구에 순응하여 우리

와 협상하고자 하는 진보적 애국분자가 날로 증가되고 있으니, 우리는 조금이라도 비관할 필요가 없다.

유고의 티토Josip Broz Tito와 중국의 마오쩌둥毛澤東이 그들(북한 공산주의자)에게 산 교훈을 주는 것도 현저한 사실이지만, 소련만 바라보고 쫓아가던 프랑스 공산당도 자국의 이익을 위하여 소련이 강경히 반대하는 알자스-로렌Alsace-Lorraine 지방의 프랑스 점령을 찬성하였으며,[6] 이태리 공산당도 이태리의 이익을 위하여 소련이 강경히 반대하는 이태리의 트리에스테Trieste 점령을 찬성하고 있다는 것은,[7] 그들의 각성을 촉진하는 또 하나의 산 사실이다.

어찌 그뿐이랴. 최근에는 북한에서도 전기를 충족히 쓰지 못한다 하니 이것도 동족 단결을 촉진하는 사실이다. 그러므로 나는 멀지 않아 서울에서 조국 통일을 위한 남북협상이 있을 것을 희망하며 또 믿고 있다. 혹자는 이것을 공염불 같은 좋은 이론으로 비웃고 있지만, 좋은 이론 없이 좋은 실천이 있을 수 없는 것이다. 자고로 위대한 혁명가, 학자, 발명가들이 수많은 공염불로부터 자기의 이상을 실현했던 것도 우리는 잘 알고 있다.

6

알자스-로렌 지역은 역사적으로 독일과 프랑스 사이에서 여러 번 소속이 바뀌었다. 1919년 베르사유 조약으로 프랑스 영토가 되었다가, 1940년 나치 독일에 다시 합병되었고, 제2차 세계대전 이후 다시 프랑스에게 돌아갔다.

7

트리에스테는 슬로베니아와 국경 지대에 위치하는 이탈리아 북동부의 항구 도시이다. 1946년 7~10월 파리평화회의에서 이 지역의 귀속 문제를 두고 미소가 대립했으며, 1947년 2월 10일 트리에스테는 국제연합 통치하의 자유지역이 되었다. 당시 소련은 트리에스테를 동구권으로 편입하고자 했지만, 이탈리아 공산주의자들은 자국으로의 편입을 원했다. 1954년 트리에스테는 결국 이탈리아와 유고슬라비아에 의해 분할되었다.

친애하는 동지 여러분! 우리의 걸어온 길은 정확하였다. 앞으로 갈 길도 이 길뿐이다. 우리가 아직도 성공하지 못한 것은 환경의 불우와 노력의 부족에 기인한 것뿐이요, 노선이 잘못된 것은 아니다. 그러므로 우리는 이 길에서 최후의 승리를 얻을 것을 확신하는 바이니, 앞만 보고 용감히 나아가자. 어떠한 고난과 핍박이 있을지라도 그 시간은 멀지 않다. 모든 어려운 것을 인내하고 계속 분투하자.

친애하는 동지 여러분! 여러분은 본회기에 있어서 이전 상임위에서 통과한 당면정책을 검토하여 그 실행치 못한 것을 계속 실행하기로 결심하는 동시에, 적어도 다음 몇 가지 문제를 토론해야 할 것이다. 첫째, 자주 민주의 통일 독립 노선의 재확인, 둘째, 북한을 통한 대중적 계몽 실시, 셋째, 약소민족 국가의 단결, 넷째, 국제 친선 도모, 다섯째, 조난 혹은 순직한 동지들에 대한 구호 등등이다.

이것을 위하여 당을 정비하며 강화하는 동시에 용감하고 열렬한 애국 민중을 본당 산하로 집결시켜야 할 것이다. 그리고 우리 동지들 모두는 각각의 힘과 돈을 당에 바치자. 이리하고서야 우리는 한국독립당의 당원이 될 자격이 있는 것이다. 선열과 민중에게 부끄러울 것이 없는 것이다. 끝으로 여러분의 건강과 대회의 많은 성과를 빌고 이로써 말을 그친다.

● 국내외 정세에 대한 기자회견 _1949. 1. 22. 경교장

문 귀하는 지난번 한독당 중집위에서 서울을 회담 장소로 하는 남

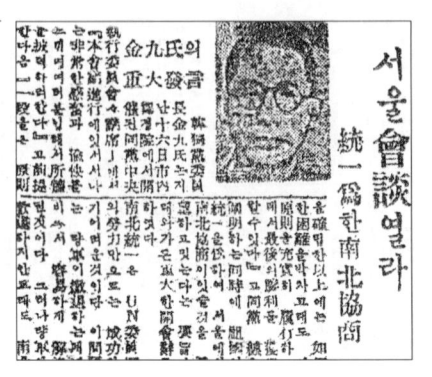

백범의 한독당 중집위 연설에 대한 보도, "김구 씨 중대발언" "서울회담 열라, 통일 위한 남북협상" (『자유신문』 1948. 1. 18).

북협상을 희망한다고 하였는데 그 방책은 무엇인가?

답   이것은 조국의 통일을 갈망하는 사람들이 다 같이 희망하는 것으로, 나도 그중의 한 사람이다. 그리고 이것이 실현되기 위해서 북쪽에서도 UN위원단의 입국에 동의해야 한다.

문   트루먼 씨의 대통령 재차 취임에 따르는 미국의 금후 대외 정책을 어떻게 보는가?

답   미국의 대소 외교를 조정하고 전 인류를 평화의 세계로 인도하는 주도권을 장악하였다고 본다. 미국의 시민은 물론이거니와 지금 전 세계의 인류는 20세기의 위대한 정치가 트루먼 씨에게 집중된 감이 있다. 나는 트루먼 대통령의 대내외 정책을 가장 진보적이라고 찬양하고 싶다.

문   장제스 씨는 21일 전권을 리쭝런李宗仁 부통령에게 위임하고 하야하였다고 외신은 전하고 있는데, 금후의 중국 정세를 어떻게 보는가?

답   장 총통에 대한 우정으로서는 유감스런 감정을 금할 수 없다.

트루먼 대통령 취임식에 보낸 이승만 대통령 및 백범의 축전에 대한 보도. 이 대통령은 반공 민주주의를, 백범은 세계 평화를 강조하여 서로 대조된다(『경향신문』 1949. 1. 21).

그러나 중국의 인민들은 장제스 장군을 다시 찾게 될 날이 있을 것이다. 그리고 마오쩌둥 정권의 신정책은 전 세계의 주목을 끌고 있으며 아시아의 티토가 될 가능성이 농후한 것 같다. 여하간 미국 영국과 타협하지 않는 정권이 중국에서 오래 존립하기는 어려울 것이다. 마오쩌둥 신정권이 성공하게 된다면 한국의 좌익에게도 새로운 세력과 새로운 노선이 대두할 수 있는 만큼 지대한 영향을 주게 될 것이다.

문 귀하는 지난번 중집위에서 UN한위의 간섭을 거부하는 연설을 했다는 외신이 있었는데?

답 아마 나의 연설 내용을 오해한 모양이다. 나의 연설 전문을 통해 본다면 다음과 같은 결론에 귀착할 것이다. 파리 UN총회에서 한국의 통일 독립을 협조하기 위하여 정식 한국위원단을 파견하여 외국군 철수와 남북통일을 계속 협조하고 감시하기로 결정되었고, 각 위원단 대표들이 계속 내한함에 대하여 감사와 환영의 뜻을 표하는 것이며 즐겨 공동 노력하고자 한다. 우리는 재작년(1947년) 11월 14일 UN총회에서 가결된 한국통일독립안을 열렬히 지지한다. 개인으로서는 UN 전

346

체의 위신으로 북한 입국 거부를 제재하지 못한 것을 유감으로 생각하고, 이번에는 UN에서 좀 더 유력한 방법을 사용하기를 기대하는 바이다.

국제 협조와 더불어 자주적 정신으로

UN한국위원단과 남북통일

1948년 12월 제3차 UN총회는 UN한국임시위원단의 보고에 따라 대한민국 정부를 합법 정부로 승인함과 동시에, 한반도에서 외국군 철수를 감시하고 통일과 민주정부 수립을 지원하기 위해 UN한국위원단(UNCOK: United Nations Commission on Korea)의 설치를 결정했다. 새로운 UN한국위원단에 대한 백범의 입장은 환영과 우려가 교차하는 것이었다. 백범은 1949년 초 UN한국위원단에 대한 환영 성명을 발표하고, 김규식과 더불어 통일독립촉진회에서도 성명서를 발표했지만, 『새한민보』에 수록된 이 글이 가장 종합적이다.

— 『새한민보』 1949년 2월 중·하순호

제3차 UN총회는 계속적으로 한국의 독립을 협조하기 위해서 한국에 위원단을 파견하여 외국군 철수를 감시하며 남북통일에 계속 노력하기로 결정하였다. 우리는 이러한 위원단의 노력에 대하여 사의를 표하며 즐겨 협조하려 한다. 그러나 앞으로 이 두 가지 업무를 추진함에 당하여 UN위원단은 다음과 같은 곤란에 봉착할 것이니, 이 곤란을 해소하지 못한다면 UN위원단의 업무는 빠른 시일 내 성사되기 어려울

것이다.

첫째는 철수 감시 문제이다. 소련은 북한으로부터 이미 철수를 완료했다고 선전하고 있으며, 또 한국위원단의 입국을 거부할 기세를 보이고 있다. 이대로 된다면 UN은 어떠한 방법으로 북조선의 사태를 감시할 것인지, 또 남한에서는 미국이 아직도 3만 명을 주둔시키겠다고 하고 있는데 UN위원단은 어떻게 또는

백범의 글, UN신한위와 남북통일(『새한민보』 1949년 2월 중·하순호).

어느 때까지 철병 감시 공작을 완료할 수 있을는지 막연한 감이 없지 않다.

미소 양군이 한국을 두 쪽으로 갈라서 점령하였고, 또 이 두 나라의 대립이 첨예화되고 있는 동안, 한국의 통일은 외국의 제약과 간섭으로 인하여 실현되기 곤란할 것이다. 그러므로 남북통일 공작을 촉진시키는 선결 조건은 외국군의 철수라 하겠다. 그러면 미소 양군의 신속한 철수를 촉진시키는 가장 타당한 방법은 무엇일까. 북에서는 소련에 의존하여 미국이나 남한에 대한 전쟁을 고취하지 않으며, 또 남에서는 미국에 의존하여 소련이나 북조선에 대한 전쟁을 고취하지 않으면서, 모든 한국인의 무장 부대는 오직 조국 독립을 보위하기 위한 하나의 군대로서 뭉칠 수 있고, 또 이 군대는 어떤 외국의 앞잡이가 되어 다른 외국을 공격할 가능성이 없다고 인정할 수 있을 때, 비로소

미소 양군은 각각 안심하고 철수할 수 있을 것이다.

조국과 민족의 진정한 독립을 원하는 전국 동포들은 이렇게 되도록 진력해야 할 것은 물론이며, 또 UN한국위원단의 통일 협조 공작도 이러한 방향으로 추진되어야 할 것이다. 그러나 외국군이 완전히 철수하지 않더라도, 남북의 애국동포들이 외세 의존의 노예성을 배격하면서 자주적 정신 아래 손을 굳게 잡고 공동분투한다면 최종에는 성공하게 될 것이다. 현재 한국은 남북으로 분단된 까닭에 통일이 못 되는 것인즉, 이 문제의 해결을 위해서는 결국 남북 한국인 자신의 노력이 필요한 것이다. 아무리 국제적 협조가 있을지라도 반드시 한국인의 손으로 하지 않으면 해결되지 않을 것이다. 그러면 우리는 어떻게 해야 될 것인가?

전쟁이냐? 평화냐? 우리는 서슴지 않고 평화를 주장한다. 과거에도 그러하였고 현재도 그러한 것이다. 이것이 인류의 염원이며 삼천만의 애국심이다. 이 순간 전쟁, 더욱이 대외 전쟁을 주장하는 것은 삼천만 동포의 의사와 배치되는 것이다. 지금 모든 사람들은 다 같이 평화적 남북통일을 말하지 않을 수 없을 것이다. 평화적 통일 방법은 타협의 길을 밟지 않고서는 실현될 수 없다.

삼천만이 갈망하는 바는 외국의 간섭 없이, 동족의 유혈 없이, 평화로운 민주 방식에 의하여 조국의 통일 독립을 완성하는 것뿐이다. 조국이 평화롭게 통일되지 않으면 국제적으로 독립을 얻을 수 없고, 경제적으로 생존을 구할 수 없음을 삼천만 동포는 잘 알고 있다.

3·1 정신으로 남북통일 성취하자
3·1절 기념사

1949년 3월 1일은 정부 수립 이후 최초로 맞이하는 3·1절이자 3·1운동 30
주년이었다. 기념식은 서울운동장에서 이승만 대통령을 비롯하여 UN 대표
단 등 내외 귀빈들이 참여한 가운데 진행되었으나, 백범과 김규식은 참여하
지 않고 별도의 기념사만 발표했다. 이승만 대통령의 기념사는 "반공으로
최후의 일인, 최후의 일각까지 나라와 민족을 지켜 나가야 할 것"이라 강조
하였고, 백범과 김규식의 기념사는 평화통일을 강조했다.   — 『국제신문』·『동아일
보』·『조선일보』 1949. 3. 1

우리는 이제 30주년의 3·1절을 맞이하게 되었다. 돌아보건대 30년 전
이날, 우리의 조국이 왜적의 폭압과 착취하에서 가련한 동포들이 고혈
膏血을 흘리고 생명까지 빼앗긴 일은 있었지만, 소수 왜적의 주구走狗
를 제외하고는 동족끼리 살해한 일은 없었다. 우리는 왜적을 타도하고
조국의 자주독립을 쟁취하려는 가장 용감하고도 가장 혁명적이며 전
투적인 유일한 목적을 위하여, 전 민족이 일치단결하여 공동분투하였
던 것이다.

民主主義는 結局 勝利
民族團結에 三一精神
李大統領三一節記念辭
十周年一成就

反省과 悔改도
金九氏三·一節感言

이승만과 백범의 상반되는 3·1절 기념사에 대한 보도. 이승만은 반공 민주주의의 승리를, 백범은 반성과 회개의 평화통일을 강조하였다(『조선일보』1949. 3. 1).

이러한 때에 미국 윌슨 대통령이 주창한 민족자결주의와 또 이에 의하여 재건된 몇 개의 신흥 국가들은 우리 한국 민족에게 일대 희망과 충동을 주었던 것이다. 이러한 조건은 전국 삼천만 동포로 하여금 33인의 독립 선언에 호응하여 "대한독립만세!"를 방방곡곡에서 부르게 한 것이다. 그중에서도 2백만은 선봉대가 되어 왜적과 용감히 싸웠다. 그 결과 죽은 자, 붙잡힌 자, 부상당한 자가 10만을 넘었던 것이다.

2차대전 끝에 민주연합국의 혜택으로 한국은 해방되었지만, 3·1절 전후 무수한 애국 선열과 지사들이 왜적과 용감히 싸우지 않았다면 어찌 이만한 해방인들 우리를 찾아왔겠는가. 그러하되 우리의 지금 현실은 어떠한가. 미국의 은혜와 소련의 혜택에 감격의 눈물을 흘리는 무리는 적지 않되, 우리의 애국 선열과 지사

들의 노력을 진심으로 감사하는 무리는 적은 것 같다. 더구나 그들을 고문하고 살해하던 자들을 기술자라는 명목으로 예우하고 있다. 그리 하여 우리에게는 이모저모로 혼란·도탄·죄악이 표현되고 있다.

동지 동포들이여! 이리하고도 우리에게 자주독립이 오기를 바랄 수가 있으랴. 성스러운 3·1절을 맞을 때 우리는 마땅히 먼저 우리의 과오를 반성하고 회개의 눈물을 흘려야 할 것이다. 그리고 순정한 양 심이 명하는 대로 애국 애족의 3·1정신으로써 완전 자주의 독립국가 재건을 다시 한 번 새롭게 결심해야 할 것이다.

이 결심을 실현하기 위하여 평화적 수단 방법으로 조국의 통일 건 립을 완수하자. 내가 남북협상을 끊임없이 주장하는 이유도 여기에 있 다. 우리가 정치상의 독립을 달성하려 해도, 경제상의 파멸을 면하려 해도 유일한 길은 남북통일뿐이며, 남북통일의 평화적 성공 수단은 오 직 협상뿐이다. 우리는 다 같이 3·1정신으로 일치단결하고, 남북협상 으로 조국의 자주독립을 성공하기 위하여 공동 단결하자.

나의 애독서
백범의 내면을 보는 또 하나의 창

짧은 글이지만 백범의 만년晩年 독서 편력을 엿볼 수 있는 글이다. 그의 추천 도서는 대중들이 쉽게 접할 수 있는 소설, 여러 번 음미하면서 읽어야 하는 고전, 국내외 지도자들을 다룬 전기 등 다양한 분야에 걸쳐 있다. 소설로는 홍명희의 『임꺽정』을 거론하고 있는데, 식민지 시기 국내 조선인들은 즐겨 읽었지만, 중국에 있었던 백범은 아마도 읽지 못했던 듯하다. 남북연석회의 전후 홍명희는 백범과 정치 노선을 같이하였으나, 그는 북에 남고 백범은 남으로 귀환하였다. 백범은 국내 소설과 더불어 자신이 중국에서 읽었던 루쉰魯迅의 『고향』과 『광인일기』狂人日記를 한국의 청년학도들에게 추천하고 있다.

백범의 추천 도서에는 그의 청년 시절의 경험과 분단 전후 한반도의 현실이 많이 반영되어 있다. 그는 1892년 17세로 과거에 낙방하고 난 뒤 『육도』六韜 『삼략』三略 등의 중국 병서兵書를 공부한 적이 있으며, 치하포 사건으로 투옥되고 이어서 탈옥하여 한때 승려 생활을 하면서 불경을 접한 적이 있는데, 그중 『금강경』을 추천했다. 그 후 청년 백범은 결국 기독교와 애국계몽 운동에 투신했는데, 그것의 반영인 듯 『성서』, 그 중에서도 이스라엘 민족 독립과 관련되는 구약舊約을 추천하고 있다. 백범의 자주적 민족적 관점은 그가 거론한 위인전, 『고려사』의 을지문덕, 연개소문 등에서도 확인할 수 있다.

백범의 추천 도서에는 해방 직후의 변혁적 시기와 남북 분단의 갈등을

반영한 것도 적지 않다. 『불란서혁
명사』, 『링컨전』 등도 그러한 맥락
에서 이해할 수 있고, 사회주의자 이
북만李北滿의 『이조사회경제사연구』
李朝社會經濟史研究를 읽고 있다는 것
은 백범이 당시의 시대적 과제였던
토지개혁 등의 경제 문제에 적지 않
은 관심을 갖고 있었음을 보여 준
다. 백범은 김준보金俊輔의 『토지개
혁론요강』(1948)에 휘호까지 써 준
바 있다.

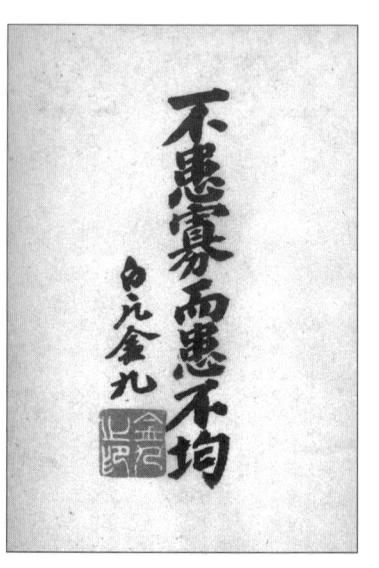

백범이 김준보의 『토지개혁론요강』에 써 준 휘호,
"不患寡而患不均"불환과이환불균. 경제적인 미발전보
다 불평등을 더 우려하는 평등주의가 반영되어 있
다.

　백범이 『노자』老子를 추천한 것
은 다소 의외인 것처럼 보이지만, 그
는 「나의 소원」에서 이미 『노자』를
거론하면서 "정치에 너무 인공을 가
하는 것을 옳지 않다고 생각한다"고
밝히는 등 노장적 사상을 드러내고 있는바, 여기서 그것이 우연이 아니었음
을 알 수 있다.

__ 『자유신문』 1949. 3. 19

때때로 한가한 경우에 집어 드는 책이 요즘은 홍명희 씨의 『임꺽정』이
다. 그 사상과 사건의 흥미며 의협적인 것에 재미를 느낀다.

　동양인으로 『금강경』도 삼독三讀의 필요가 있겠지만, 『노자』는 관
념적인 운명관만 배제하면서 읽는다면 서양인들이 말한바 변증법을

백범의 나의 애독서(『자유신문』 1949. 3. 19).

발견할 수 있다. 『성서』 특히 기독교의 구약은 민족사적 관점에서 볼 때에 기독교도가 아니라고 해도 읽을 필요가 있다.

『고려사』의 열전列傳에서는 희세稀世의 정치가이며 명장인 을지문덕·연개소문의 우수하고도 자주적인 긍지를 읽을 수 있다. 『불란서혁명사』, 『링컨전』, 『육도』, 『삼략』 등도 재미있게 읽은 책들이다. 또 내가 중국에 있을 때 루쉰의 『고향』과 『광인일기』를 읽으면서 나의 고향을 생각해 본 일이 있다. 번역이 되었다면 청년학도들에게 다행일 터인데 하고 궁금한 생각이 든다. 요즘 갓 입수한 이북만의 『이조사회경제사연구』를 읽고 있다.

지금 열거한 책자들을 청년학도들이 꼭 읽어야만 된다고 강권하고 싶지는 않다. 그저 내가 읽은 책자 중에서 몇 책을 들어 본 것이니, 이것으로써 청년학도의 면학에 도움이 된다면 다행이다.

급류를 거스르는 기백으로

역수어와 지주

김학규에 의하면, 이것은 1949년 3월경 삼균주의학생동맹 주최의 수양강좌에서 백범이 행한 연설이라고 한다. 당시 종로 어느 빌딩에서 열린 이 강좌에 고등학생·대학생 수백 명이 참가했다고 한다. 그런데 백범의 휘호 중에 1948년 10월에 쓴 '홍류지주'洪流砥柱가 남아 있는 것으로 보아, 이러한 취지의 언급은 이미 단정 반대 이후 여러 번 있었던 것으로 보인다. 현재 '청년백범'이라는 단체는 앞에서 소개한 "쟁족운동"과 결합하여 "역수어逆水魚의 쟁족운동"을 주창하고 있다. __ 김학규, 『혈루의 고백』(미출간)

여러 학생 동지들! 여러분은 우리 새 나라의 기둥들입니다. 앞으로 우리나라의 운명을 걸머지고 나갈 일꾼들입니다. 동지들의 앞길은 요원하고, 책임 또한 중차대한 것입니다. 앞길이 멀수록 의지가 강해야 하고, 책임이 무거울수록 더욱 강인한 의지가 필요합니다. 한 국가의 지도자로서 구비해야 될 것으로 말하면, 도덕과 지식이 필요한가 하면 과단성 있고, 모험성 있고, 혁명적 성격도 수반되어야 합니다.

　여러 동지들! 동지들의 앞길이 요원할수록 앞길에는 산도 있고,

중국 멍진孟津 싼먼샤三門峽의 황허黃河 강 한복판에 우뚝 서 있는 지주砥柱. 현재는 바로 위쪽에 거대한 댐이 들어서 황허 강 가운데 우뚝 버틴 지주가 억센 회오리 물결을 만들어 내는 장관을 보기 힘들지만, 지주는 여전히 속류의 흐름에 따르지 않는 절개의 상징으로 남아 있다.

바다도 있고, 가시밭도 있습니다. 물로 비유하면 깊은 물, 얕은 물, 천천히 흐르는 물, 급히 흐르는 물도 있을 것이요, 바로 흐르는 물, 거꾸로 흐르는 물도 있을 것입니다.

여러 동지들! 죽은 물고기는 물이 흐르는 대로 둥둥 떠내려갑니다. 그러나 산 물고기는 아무리 급류일지라도 자기 목적지에 도달하기 위해서는 물을 거슬러 올라갑니다. 산 고기는 깊은 물도, 얕은 물도, 순한 물도, 격류의 억센 물결도, 여울진 종잇장 같은 물도 모로 누워서라도 거슬러 올라갑니다.

죽은 고기는 목적이 없습니다. 산 고기는 목적이 있습니다. 동지들이여! 목적이 없는 죽은 고기가 되렵니까, 목적이 있는 산 고기가

358

1948년 10월 백범이 남긴 휘호, 洪流砥柱홍류지주. 세속의 거대한 흐름(洪流)에 휩쓸리지 않고 우뚝 서 있는 바위(砥柱)를 의미한다.

되렵니까? 황허黃河 강 한복판에 우뚝 선 지주砥柱의 기백, 급류에 휩쓸리지 않고 용감하게 이를 물리치는 풍모, 이러한 것이야말로 남자의 기상입니다. 이 기상, 이 기백을 가지고서야 이 나라 일꾼이 될 것이니, 평소 학교에서 이 기상, 이 기백을 단련해야 합니다. 여러분들은 물 흐르는 대로 따라가는 죽은 고기가 되지 말고, 물을 거슬러 올라가는 목적 있는 산 고기가 되기 바랍니다.

年 한君에서 共同奮鬪한 舊道와 四年

懸案을 解決이 遠常責任과 愛國青年

誠意와 熱情을써 祖國의 앞우에서 南北

朝間에미 成就시키기를 懇請하니다

愛國青年들아 (州)에잇기 成就를 為하여 모

微短語長하야 未盡所懷하니 하오라도

同胞이 自由幸福을 為하야 (兄弟)에

祝禱하면서 不遠한 將來에 우리에

기만 渴望하오며 붓을 놋나이다

月　日

1949. 3~6

최후의 내면 풍경

마음속의 38선이 무너져야

민족 통일의 재구상

백범의 사상은 1948년을 기점으로 흔히 그 이전은 반탁독립, 그 이후는 통일 운동의 시기로 나뉜다. 유명한 「나의 소원」의 경우 1947년까지 반탁독립 운동의 사상적 기저를 잘 보여 주고 있지만, 1948년 이후 그의 통일 독립의 사상을 담아내지 못하는 한계가 있다. 반면, 1948년 2월의 「삼천만 동포에게 눈물로 고함」은 백범의 통일 사상을 잘 보여 주고 있지만, 그 이전의 반탁독립 운동과의 연결은 발견하기 힘들다. 이 글은 백범이 반탁독립 운동과 통일 독립 운동을 어떻게 연결시키는지 가장 잘 보여 주는 글 중 하나이다.

__ 『대조』 1949년 3·4월호

'민족 통일의 재구상'이란 제목으로 글을 쓰라고 하는데, 기탄없이 말하면 나에게는 민족 통일에 관한 어떤 신新구상도 재再구상도 없다. 민족 통일에 관한 나의 신념이나 주장은 때가 바뀌었다고, 장소가 바뀌었다고, 환경이 달라졌다고 그때그때 새로워지고 변하는 것이 아니요, 과거에나 현재나 미래에나 죽는 날까지 변함없을 것임을 감히 스스로 자신하고 자부하는 까닭이다. 따라서 여기서는 재구상이니 신구상이

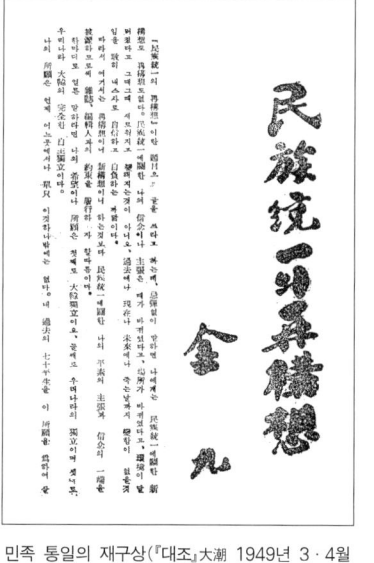

민족 통일의 재구상(『대조』大潮 1949년 3·4월
호).

니 하는 것보다, 민족 통일에 관한 평소 나의 주장과 신념의 일단을 피력함으로써 잡지 편집인과의 약속을 이행하고자 할 따름이다.

한마디로 얼른 말하라면 나의 희망이나 소원은 첫째로 대한 독립이요, 둘째로 우리나라의 독립이며, 셋째로 우리나라 대한의 완전한 자주독립이다. 나의 소원은 언제 어느 곳에서나 단지 이것 하나밖에는 없다. 내 과거의 칠십 평생 이 소원을 위하여 살아왔고, 현재도 이 소원 때문에 살고 있으며, 미래에도 이 소원을 달성하기 위하여 살아갈 것이다.

독립이 없는 나라의 백성으로 칠십 평생 서러움과 부끄러움과 안타까움을 받아 온 나에겐, 세상에서 가장 좋은 것이 완전하게 자주독립한 나라의 백성으로 살아 보다 죽는 일뿐이다. 나는 일찍이 우리 독립정부의 문지기가 되기를 원하였거니와, 그것은 우리나라가 완전히 독립만 되면 나는 그 나라의 가장 미천한 자가 되어도 좋다는 뜻이다. 왜 그런가 하면 독립한 자기 나라의 빈천貧賤이 남의 밑에 사는 부귀富貴보다 기쁘고 영광스럽고 희망이 많기 때문이다.

근래 동포 중에는 우리나라를 이웃 큰 나라의 연방에 편입하기를

소원하는 자가 있다 하나, 차마 이런 말을 믿을 수 없다. 만일 진실로 이러한 자들이 있다면 그는 제정신을 상실한 정신병자라고밖에 생각할 수 없다. 나는 일찍이 공자·석가·예수의 도를 배웠고 그들을 성인으로 숭배하거니와, 그들이 합해서 세운 천당과 극락이 있다 하더라도 그것이 우리 민족이 세운 나라가 아닐진대 우리 민족을 그 나라로 끌고 들어가지 않을 것이다. 왜 그런가 하면 피와 역사를 같이하는 민족이란 완연히 있는 것이어서, 내 몸이 남의 몸이 될 수 없는 것과 같이 이 민족이 저 민족이 될 수는 없는 것인 만큼 형제도 한집에서 살기 어려움과 같은 일이다.

일부 소위 좌익의 무리는 혈통의 조국을 부인하고 소위 사상의 조국을 운운하며, 혈족의 동포를 무시하고 소위 사상의 동무와 프롤레타리아의 국제적 계급을 주장하며, 민족주의라 하면 이미 진리의 영역 바깥에 떨어진 생각인 것같이 말하고 있다. 이것은 심히 어리석은 생각이다. 철학도 변할 수 있고, 정치·경제의 학설도 일시적일 수 있으나, 민족의 혈통만은 영구적이기 때문이다.

일찍이 어느 민족이나 종교·학설, 혹은 정치적·경제적 이해의 충돌로 인하여 두 파 세 파로 갈라져서 피를 흘리며 싸우지 않은 민족이 없거니와, 지내 놓고 보면 그것은 바람과 같이 지나가는 일시적인 것이요, 민족은 필경 바람 잔 뒤의 초목과 같이 뿌리와 가지를 서로 뻗고 한 수풀을 이루어 살고 있는 것이다. 오늘날 소위 좌우익이란 것도 결국 영원한 혈통의 바다에 일어나는 일시적인 풍파에 불과한 것을 잊어서는 안 된다.

민족은 영원히 갈라질 수 없다. 민족의 조상을 같이하는 혈통 속

에 흐르는 피는 무슨 정치나 경제적인 이해관계로 인해서 변할 수 없다는 것이 나의 민족에 대한 기본 신념이요, 이 기본 신념 때문에 나는 반쪽이 아니라 한국 민족 전체가 한데 뭉치는 진정한 완전 통일을 갈구하여 마지않는 것이다.

그러면 우리 민족은 과연 어떠한 나라를 세워야 할 것인가?

나는 우리나라가 세계에서 가장 아름다운 나라가 되기를 원하지, 가장 부강한 나라가 되길 원하지 않는다. 내가 남의 침략에 가슴이 아팠으니 내 나라가 남을 침략하기를 원치 않는다. 우리의 경제력은 우리의 생활을 충족할 만하고, 우리의 무력은 남의 침략을 막을 만하면 족하다. 오직 한없이 가지고 싶은 것은 높은 문화의 힘이다. 문화의 힘은 우리 자신을 행복하게 하고 나아가서 남에게 행복을 주기 때문이다. 지금 인류에게 부족한 것은 무력도 아니요, 경제력도 아니다. 자연과학의 힘은 아무리 많아도 좋으나, 인류 전체로 보면 현재의 자연과학만 가지고도 편안히 살아가기 때문이다.

현재 인류가 불행한 근본적 이유는 인의仁義가 부족하고, 자비가 부족하고, 사랑이 부족하기 때문이다. 이러한 마음만 발달되면 현재의 물질력으로도 20억이 다 편안히 살아갈 수 있을 것이다. 인류에게 이러한 정신을 배양하는 것은 오직 문화가 있을 따름이다. 나는 우리나라가 남의 것을 모방하는 나라가 되지 말고, 이러한 높고 새로운 문화의 근원이 되고 모범이 되기를 원한다. 그래서 우리나라로 말미암아 진정한 세계의 평화가 실현되기를 원한다.

홍익인간弘益人間이라는 우리 국조國祖 단군의 이상도 이것이라고 믿는다. 또 우리 민족의 재능과 정신과 과거의 단련이 이 사명을 달하

기에 넉넉하고, 우리 국토의 위치와 기타의 지리적 조건이 그러하며, 또 1차, 2차의 세계대전을 치른 인류의 요구가 그러하며, 이러한 시대에 새로 나라를 고쳐 세우는 우리의 처한 시기가 그렇다고 믿는다. 우리 민족이 주연배우로 세계무대에 등장할 날이 눈앞에 보이지 않는가?

이 일을 하기 위하여 사상의 자유를 확보하는 정치적 양식의 건립도 필요하고, 교육의 완비도 필요하고, 경제적 조건도 불가피하지만, 무엇보다 근본 문제가 되는 것은 진실로 인권의 평등 자유를 보장할 수 있는 나라가 되어야 하겠다는 것이다. 그러나 내가 자유라고 하는 것은 제멋대로 살자는 것은 아니다. 어느 일개인의 독재도 없고, 어느 한 계급의 독재도 없이, 백성이 정권의 노예가 되지 않고 만민이 정권을 향유할 수 있는 나라의 자유를 의미한다.

내가 주장하는 남북협상을 가리켜 좌익에의 투항이니, 남한 정부에의 비협력이니 하는 것은 심한 오해라 하지 않을 수 없다. 나는 어디까지나 상술한 바와 같은 민족 통일의 기본 신념과 주장 아래서, 남북의 구별 없이, 당파의 구별 없이, 각자가 한민족의 일원으로 돌아가서, 개인의 사리사욕을 떠나고 정권욕을 떠나서, 민족 만년의 대계를 위하여 가슴속을 서로 털어놓고 완전히 통일된 민족국가를 건립하는 데 노력하자는 것뿐이다.

이러한 신념과 주장과 견해 아래에서 현 단계 우리 한국 민족이 처해 있는 UN 문제에 관해서도, 전국을 통한 총선거에 의한 한국의 통일된 완전 자주적 정부의 수립을 갈망해 왔고, 총선거는 인민의 절대 자유의사에 의하여 실현할 수 있게 되기를 요구해 왔으며, 소련이

북한에 들어오는 것을 거절했다는 구실로써 UN이 그 임무를 태만히 하지 않을 것을 요구해 왔다. 또한 독립적 통일정부를 수립하기 위하여 미소 양군이 즉시 철수하여 한국인으로 하여금 자유로운 입장에서 자주적으로 총선거를 실시하여 통일정부를 수립하게 하자는 소련의 주장은 원칙적으로는 정당하나, 양군 철수로 인하여 소위 진공 기간에 어떠한 혼란이 야기될 것으로 예측하고서 미소 양 점령군은 한국 정부 수립 이후 철수하자는 미국의 주장도 무리한 것이 아니라고 생각해 왔다.

그러나 미소 양국이 서로 모순되는 주장을 고집함으로써 한국을 희생시킨다는 것은 거대한 세계적 과오라는 것이 예나 지금이나 한결 같은 나의 견해이다. 그러나 이미 한국 문제의 해결이 미소 양국으로부터 UN으로 옮겨지고, UN한국위원회도 그 업무를 시작한 이상, 조선민족 통일의 대업을 위하여 최대 최선을 다하여 책임을 져야 할 것은 가장 합리적인 견해라고 생각한다.

이는 남의 힘에 의뢰하자는 의미는 아니다. 오늘 우리를 둘러싼 정세가 꼭 UN의 힘으로만 통일을 성공할 수 있다고 생각할 수는 없지만, 그렇다고 UN의 협조를 떠나서 우리의 통일이 성공되기 어려운 것도 사실임을 알자는 것이다. 그리고 UN의 힘을 빌리든지 아니 빌리든지, 우리의 민족 통일은 우리 손으로 앞길을 개척해야 할 것이며, 오직 애국 애족의 열성에 근거한 자주적 남북협상이 없이는 어렵다는 것을 나는 굳게 믿는 바이다.

가끔 대한민국 정부에 대한 나의 태도를 묻는 사람들이 있다. 나는 이 자리에서 명백하게 말하거니와 무슨 비법적非法的 민족 통일 운동을 하자는 것은 결코 아니다. 나는 어디까지나 한 애국자로서, 한

1949년 3월 26일 안중근 의사 순국 39주년 기념으로 백범이 쓴, 知難行易지난행이. 일반적으로 아는 것은 쉽고 실천이 어렵다고 하지만, 여기서는 거꾸로 되어 있다. 지난행이는 백범 사상의 중요한 특징으로, 이를 바로 이해하기 위해서는 쑨원의 지난행이설知難行易說을 살펴볼 필요가 있다.

쑨원은 신해혁명 이후 근대 중국을 건설하는 방략으로 낡은 사상을 타파하고 새로운 심리 건설心理建設을 강조하면서, 1918~1919년 상하이에서 10가지 사례를 들면서 지난행이설을 증명하고자 했다(知難行易學說十證).

백범은 청년 시절 심心을 강조하는 고능선의 지도를 받은 바탕 위에서 쑨원의 이러한 지난행이설을 적극적으로 수용하여, 해방 이후 건국방략에서 새로운 심리 건설을 여러 번 강조한 바 있다. 1946년의 류인석 제문에서 심心에 대한 강조(96쪽), 환국 1주년 기념으로 "먼저 새로운 심리를 건설하자"고 주창한 것(116쪽), 1947년 신년사로 "자각이 있어야 서광이 있다"고 한 것(127쪽), "민족이 다시 사는 첫걸음, 민족성의 재건"(153쪽) 등이 바로 그러한 예이다. 이러한 지난행이는 1948년 이후 "마음속의 38선이 없어져야 한다"는 식으로, 통일운동에서 새로운 심리에 대한 강조로 나타난다.

혁명가로서 개인의 사사로운 이해관계를 떠나서, 어디까지나 공명정대하게 정권욕을 떠나서 민족 통일의 대업에 몸을 바치자는 결심뿐이다. 거듭 말하거니와 한국이 있어야 한국 사람이 있고, 한국 사람이 있고야 민주주의도, 공산주의도, 무슨 단체도, 무슨 정당도 존재할 수 있는 것이다.

　자주독립적 통일정부를 수립하려는 이 중대한 시대에 당면하여 어찌 개인이나 집단의 사리사욕을 탐하여 국가 민족의 백년대계를 그르칠 수 있으랴? 우리는 과거를 한번 잊어 보자! 갑은 을을, 을은 갑을 의심하거나 욕하지 말고 피차 진지한 애국심에 호소하자! 악착같은 골육상쟁의 투쟁을 중지하고 피차에 관대한 온정으로 임해 보자!

마음속의 38선이 무너져야 땅위의 38선도 철폐될 수 있을 것이며, 민족 통일의 구상도 여기서부터 자연적으로 생길 수 있을 것이다.

소아병小兒病과 명의名醫

손양원 목사처럼

짧은 글이지만, 백범의 공산주의관이 잘 드러난다. 이 글에서 거론되는 손양
원孫良源 목사(1902~1950)는 일제하 신사참배를 거부하여 투옥된 바 있으며,
해방 이후 한센병자들의 수용소인 여수 애양원에서 목회 활동을 하고 있었
다. 그런데 1948년 10월 여순사건 때 순천사범학교와 순천중학교에 다니던
두 아들, 동인과 동신이 좌익에 의해 총살되었다. 이 두 아들의 장례식에서
손 목사가 한 「감사의 기도」는 너무나 유명한데, 그중 한 구절이 "사랑하는
두 아들을 총살한 원수를 회개시켜 내 아들로 삼고자 하는 사랑의 마음을 주
신 하나님께 감사합니다"이다. 여순사건이 진압된 이후 두 아들을 죽인 자
들 중 한 명인 '안재선'이라는 학생이 체포되어 총살을 당할 처지가 되자, 손
목사는 계엄사령관을 찾아가 그 학생을 석방시키고, 그의 기도와 같이 자신
의 아들로 삼았다.

백범은 이 글을 쓰기 전부터 이미 손양원 목사를 잘 알고 있었다. 당시
백범은 자신이 수립한 학교의 교장으로 손양원 목사를 초빙했는데, 손 목사
는 애양원 식구들을 버리고 갈 수가 없다며 사양했다고 한다. 이 글이 발표
된 지 2개월여 뒤에 백범이 암살되었고, 그로부터 1년 후 한국전쟁이 발발했
다. 손 목사는 피난하지 않고 교회를 지키다 북한군에게 체포되어, 1950년 9
월 28일 여수 근교에서 총살당했다. 그의 일대기는 《사랑의 원자탄》이라는

손양원 목사 내외 및 학생들과 함께.

영화로 만들어진 적이 있으며, 현재 여수 애양원에는 손양원 목사 순교 유적지가 남아 있다. 백범과 관계된 사진과 휘호는 현재 애양원의 손양원 목사 순교기념관에 보관되어 있다. __ 『서울신문』 1949. 4. 17

빈곤과 기아를 그대로 두고서 포탄의 위력만 가지고 공산주의를 능히 분쇄시킬 수 있다는 생각은 중국에서 큰 실패를 빚어내고 있다. 공산주의를 반대하기 위한 반대만으로는 공산주의가 소멸되지 않을 것이다. 그릇된 공산주의 소멸 공작은 도리어 공산당 침투의 온상이 되고, 무리한 박해와 착취와 기아와 황폐는 공산주의의 싹을 틔우는 발묘發苗의 비료가 될 수 있다는 것도 알아야 한다. 구미歐美 각국에서는 공산주의 이념을 반대한다기보다도 폭력과 독재의 수단으로써 그들의 주장을 실현하려는 것을 반대한다는 것이 보통 상식이라 한다.

공산주의자들의 이념인 다 같이 잘 먹고 잘 살자는 것이 나쁜 것은 아니지만, 공산주의자들의 소아병적 행위—서로 돕고 사랑하는 인

간성을 무시한 잔인한 수단과 학
살 등의 행위를 배격하지 않을
수 없다.

　여수 교회의 손양원 목사의
사적을 듣고서 나는 그분의 종교
가다운 온정과 자비심에 탄복하
고 경의를 표했다. 공산당을 진
정으로 이긴 사람은 손양원 목사
이다. 그는 무고한 동포들을 학
살한 좌익 소아병자를 완전히 고
쳐서 선량한 인간이 되게 하였

백범의 글, 소아병과 명의(『서울신문』 1949. 4.
17).

다. 자기의 사랑하는 두 아들을 학살한 좌익 학생에게 온정과 원호의
손을 쥐어 주면서 회유시킴으로써, 다수의 좌익 사람으로 하여금 잔인
한 파괴 행동을 버리고 순수한 인간성을 회복하게 하였다.

　이 땅의 정치가들에게도 손 목사와 같은 아량과 포용성과 수완이
있다면 공산주의도 이길 수 있고 남북통일도 실현될 수 있을 것이다.
정치는 감정을 삼가고 이지를 발휘해야 한다.

1차 남북협상은 서곡에 불과하다
남북연석회의 1주년 소감

1949년 4월 19일, 즉 남북연석회의 참석차 서울을 출발한 1주년이 되는 날을 즈음하여, 백범은 그간 구구한 추측이 많았던 1년 전의 남북연석회의 참여에 대하여 다음과 같이 피력했다. 하나는 4월 19일 한국독립당 군산 지부의 훈련소 개학식에 출석코자 서울역을 출발하기에 앞서 밝힌 소감이고, 다른 하나는 군산에서 돌아와 4월 27일 경교장에서 가진 기자회견이다.

— 『서울신문』 1949. 4. 20, 4. 28; 『조선일보』 4. 29

● 남북회담 1주년 회고 _1949. 4. 19

회고컨대 나는 작년 4월 19일 조국의 통일을 위하여 온갖 어려움을 무릅쓰고 38선을 넘어서 북행했다. 그 뒤 조국의 현실은 마침내 분립의 형태를 가지게 되었다. 그러나 이것은 오직 국제적 제약성에 기인한 데 불과한 것이며, 삼천만 동포의 마음속에는 다만 하나의 조국이 있을 뿐, 남북 동포의 통일을 갈망하는 열렬한 의욕은 시간과 함께 더욱

한국독립당 군산 옥구 지구당 설립에
참여한 백범(1949. 4. 21).

성장되고 있다.

　1차 남북협상을 실패라고 규정짓는 것은 조급한 생각이다. 국제
적 압력으로 첨예하게 대립된 상극의 세력을 정치적으로 통일시키기
위하여 여러 가지 난관을 극복하는 데에는 오랜 시간과 꾸준한 노력이
필요한 것이다. 1차 협상은 복잡한 정치적 교섭의 행로를 알리는 한갓
서곡에 불과하고, 최종 국면은 아닌 것이다. 협상에서 세워진 통일의
원칙은 국제적으로도 영향을 주게 되었다. 남북의 통일을 위한 협상은
반드시 있을 것이다.

　지금과 같이 분단된 현실에 대하여 누구나 만족하게 생각할 사람
은 없다. 미소 양군의 철수는 우리의 주장이 부분적으로 실현되어 가
는 것이다. 역사는 언제나 전진하며 정의에서 우러나오는 정당한 주장
은 반드시 실현될 것을 확신한다.

문   지난번 김규식 박사는 UN한국위원단에 한국인 고문단 설치를 진언한 바 있었는데, 이에 대한 의견은?

답   남북 평화통일을 위한 건설적 의사라고 본다.

문   미군이 남한에서 철수한다면 국내 각계 동향은 어떻게 진전될 것으로 보는가?

답   자주적 입장에서 먼저 민족진영으로서의 통일에 대한 공동 원칙을 수립하는 노력이 필요하다.

문   귀하의 입장으로서는 남북 평화통일은 오직 남북협상에 있다고 보는데, 우리는 근방 중국에서의 국공회담의 결렬을 보았고, 또 외신이 전하는 바에 의하면 회담의 결렬은 중공 측의 일방적 고집으로 인한 것이라고 하는데, 만약 한국에 있어서 남북협상이 실현되는 경우에라도 귀하의 소망대로 될 것으로 보는가?

답   중국의 국공회담은 승자와 패자의 회담이니 자연 그렇게 된 것이다. 장제스의 국부군 측으로서는 가장 불리한 입장과 부적당한 시기에 평화회담을 하였으므로 실패하였다. 협상에 임할 때는 피아彼我가 가지고 있는 유형무형의 능력과 실력을 완전히 계산한 위에서 피차 타협과 양보의 한계를 획정하는 것이다. 남북협상을 한다고 해서 결코 공산당에 무조건 추종한다는 것은 아니다. 그리고 정치 협상에는 노력과 열의와 기개氣概 및 근기根氣가 필요한 것이다.

문   현재 남북의 현실로 보아 귀하가 소망하는 협상이 실현될 것으로 보는가?

답　여기에는 각자의 노력이 필요하다.

문　만약 협상 문제가 실천되어 그것이 소기의 목적을 달하지 못하고 결렬된다면 그 후부터는 어떻게 할 것인가?

답　그때 가 보아야 알겠다.

문　한미군사협정에 대한 의견은?

답　독립국가의 주권을 침해하지 않을 것, 내전을 목적으로 하지 않을 것, 이상 두 조건이 있다면 반대하지 않는다.

문　부분적이나마 이번 지방에서 보고 온 소감은?

답　간 곳마다 이래서 살 수 없다는 걱정뿐이었다. 혹 태평천하를 구가하는 사람이 있다면 어느 특수한 생활을 하는 사람뿐이었다.

민주주의와 평화통일

한국독립당 19주년 기념사

1949년 5월 9일 백범은 한국독립당 창립 19주년 기념사를 발표했다. 이 글에서 백범은 반제국주의 및 좌익 소아병과의 투쟁의 역사와 아울러 좌익까지 포함한 대일 공동전선의 경험을 강조하고, 반제 반봉건 부르주아 민주주의의 평화통일을 기본 노선으로 설정하였다. 아울러 반소 반미가 아닌 국제협조를 강조하였다. ＿ 『조선일보』 1949. 5. 10

본당은 실로 해외에서 대한민국 임시정부를 수호하면서 공산주의의 유형무형의 공세를 제지하는 역사적 사명을 수행해 온 것이며, 일본 제국주의자 및 그의 주구인 친일파 민족반역자와 결사적 투쟁을 하는 한편, 또 좌익 소아병자들의 파괴 행동을 방지하지 않으면 안 되었던 본당 선열 동지들의 용감한 희생적 투쟁은 참으로 위대하였다 할 수 있다.

　　본당의 확고한 민족정신과 치열한 혁명의식은 일관한 것이다. 본당은 또한 소아병적이 아니고 민족을 위하여 헌신하려는 모든 우국적 좌익 세력을 포함하여서 대일 공동전선을 실현하고 영도한 위대한 역

사가 있는 것도 뚜렷한 사실이
다. 본당은 앞으로도 반봉건적
반제국주의적인 부르주아 민주
주의 민족 혁명의 큰 기치하에서
민주주의 원칙에 의하여 평화적
방법으로써 모든 민족 역량을 통
일 단결시킬 결심을 갖고 나갈
것이다. 그리고 민주주의는 언제
나 타협의 원칙 위에서 진행되어
야 할 것을 강조하는 바이다. 이
에 있어 무엇보다도 선결 조건은

백범의 한국독립당 19주년 기념사, 반미 반소를 배격하는 국제 협조와 평화통일을 강조했다(『조선일보』 1949. 5. 10).

강력한 민주주의 민족 혁명 세력이 조성됨으로써 조국 평화통일의 주
도적 지위를 확보하고 또 이 입장을 고수해야 할 것이다.

오늘날 아직도 미소 양대 세력의 제약성이 해소되지 못한 이 환경
속에서 우리가 반소反蘇 반미反美의 행동을 취한다는 것은 삼가야 할
것이다. 오늘 본당 창립 19주년 기념식을 맞이하여 본당의 투쟁의 역
사를 거듭 구명하고, 여러 동지들의 계속된 노력과 분투를 요청하는
동시에, 본당을 이해하고 지지하는 인민 대중의 격려와 협조가 있기를
기대하는 바이다.

서울에서 남북 민간지도자 회담을

UN한국위원회에서의 진술

1949년 5월 31일 UN한국위원회(이하 UN한위)는 한독당 위원장인 백범을 초청하여 오전 10시 반부터 약 한 시간 반 동안 한국의 통일에 관한 견해를 청취했다. 당시 국내 신문에 수록된 UN한위에서의 백범의 진술은 신문마다 다소 내용의 가감이 있다. 그러나 무초John J. Mucho 미국 대사가 본국에 보고한 문건에는 백범이 UN한위에서 진술한 내용 전문이 첨부되어 있다. 여기서는 당시 국내 신문에 수록된 내용을 토대로 하되, 누락된 부분은 영문 자료를 번역, 보충했다. 영어 원문자료는 별도로 수록한다(427쪽). ___『경향신문』·
『자유신문』·『조선일보』·『조선중앙일보』 1949. 6. 1; Kimkoo's Statement to UNCOK on May 31 〈NARA, RG 59, 501. BB Korea〉; 『백범김구전집』 9

나는 UN한위에서 통일에 대한 나의 의견을 청취하기 전에, 먼저 한위의 남북통일에 대한 방침을 명시할 것을 희망하였다.

　1. UN은 평화적 통일에 협조할 것이다. 그렇다면 북한의 사실상의 권력 체제에 대하여 어떠한 태도로 임하겠다는 방침이 명백해지기

전에 평화통일의 방법을 말하기는 곤란하다.

　2. 남북의 한국인들이 평화통일을 위하여 모든 가능한 방법을 자유로이 토의할 수 있도록 언론의 자유가 보장되어야 한다.

　그러므로 한위로서는 남북통일 협조에 관한 방침과 원칙을 조속하게 표시해 주기를 거듭 희망한다. 그리고 지금 내가 한위의 협의에 응하는 것은 오직 남북의 한국인들이 평화통일을 갈망하고 있다는 사실과 보편적인 의견을 UN한위에 설명하려는 것이다.

통일 문제에 대하여

한국 통일 문제를 UN을 통해 해결한다는 원칙에 대하여 소련과 북한에서 동의하지 않는다면 한위의 남북통일 과업은 곤란에 봉착할 것이다. UN은 먼저 한국 문제 해결을 위한 미소의 협조를 촉진시키도록 적극 노력해야 한다. 지금의 형편으로는 미소 간의 타협 없이 남북의 통일이 실현되기는 곤란한 것이다. 객관적 입장에서 본다면 남북통일에 대한 방안으로 다음의 세 가지 방법을 고려할 수 있을 것이다.

　(1) 1948년 5월 10일에 UN 감시하에 실시된 가능한 지역 선거 당시, 북한을 위하여 보류했다는 100명의 대표를 UN 감시하에 북한으로부터 선출하여 대한민국 국회에 보내는 것.

　(2) 대한민국 국회의원 전체를 새로 선출하기 위하여 UN 감시하에 남북을 통한 총선거를 실시하는 것.

"Kimkoo's Statement to UNCOK on May 31, 1949". 무초 미국 대사가 국무부에 보고한 문건에 첨부된 것이다. 김구의 마지막 노선이라 할 수 있는 중요 문건이나, 국내 신문에는 초록만 소개되어 영문으로 된 이것이 보다 자세하다.

(3) 1947년 11월 14일 UN총회에서 채택된 결의안에 의한 남북을 통한 총선거를 실시하는 것.

이상의 세 가지 방법 중에서 한위로서 실현 가능한 한 가지 방법을 실시하면 될 것이다. 만일 (1)이나 (2)의 방법이 가능하다면 문제는 비교적 용이하나 현실적으로는 기적을 바람과 다름없는 곤란한 일이므로, 우선 '남북 민간지도자 회담'이나 '정당·사회단체대표자 회의'를 개최하고 통일을 실현하기 위한 어떤 가능한 방법을 협의해 보는 것이 좋겠다고 생각한다. 만약 이 회담에서 더 좋은 새로운 통일 방안이 성립된다면 더욱 좋을 것이다.

남북에 이미 사실상으로 존립한 권력 형태는 말살하려 해도 말살되지 않는 것이 현실이다. 그러므로 남북의 기성사실을 우선 인정하면서 양극단을 구심력으로 조절하여 점진적으로 접촉의 기회를 촉성하고, 점차 통일을 위한 협조적 기능을 다하기 위하여 남북 정권에 직접 가담치 않은 민간 정당 사회단체의 협력이 필요할 것이다. 이상과 같은 회담을 구상하면서 다음과 같은 실천 방법을 상정할 수 있다.

a. 남북 민간지도자 혹은 정당 단체 대표 인물로서 개인 자격에

의한 남북회담을 개최하여 통일 방안을 협의할 것(모든 곤란한 형식 문제를 피하기 위하여 남북 정권의 대변인도 개인 자격으로 참가할 것).

b. 회담 지점은 서울에서 할 것.

c. 회담 내용에 대해서는 관계 방면의 합의에 의해 발표할 것.

d. 이 회담에서 통일 방안에 대하여 초보적 합의가 성립되는 대로 각기 원 지역에 돌아가서 정식 남북회담이 실현되도록 노력할 것.

e. UN한위는 이 회담이 실현될 수 있도록 모든 환경과 조건을 조성하기 위하여 극력 협조할 것.

대한민국 정부에서 취할 통일 조치에 대하여

대한민국 정부로서 통일을 추진시키는 어떠한 조치를 취했다고 발표된 것은 아직 없는 것 같다. 민국 정부의 정책이 장차 평화통일의 방향으로 추진될 수 있다면, 그 전제 조건으로 평화통일을 추진하려는 정당 단체의 합법적 활동이나 언론에 대한 간섭이 완화되어야 할 것이다.

나는 김규식 박사와 더불어 1948년 4월 평양에서 개최되었던 남북회담에서 돌아와서부터, 우선 우익진영 자체로서의 통일된 방안을 가지고서 좌익(북한)에 대하여 협상도 하고 될 수 있으면 타협하여 남북통일을 촉진하려고 노력했다. 앞으로도 더욱 광범한 우익 단체의 합의와 지지로써 좌익과의 회담에 임할 수 있도록 노력하겠다.

백범의 UN한위와의 회견에 대한 보도(『조선일보』 1949. 6. 1).

사회적 경제적 장애의 제거에 대하여

미소 양군의 분할 점령으로 인하여 생긴 38장벽이 제거되지 않고, 또 남북한의 무장세력 간의 충돌이 빈발하는 상태가 개선되지 않으면 어떠한 장애도 제거되기 곤란할 것이다. 사회적 또는 경제적으로 부분적 교류를 추진시키기 위하여 먼저 남북의 군사적 충돌의 위기를 완화시키지 않고서는 불가능할 것이다. 이러한 문제도 미소의 협의를 원칙으로 하는 UN의 노력이 기대되는 바이나, 한국을 분단해 놓은 미소 양국이 자기 점령 지역에 각기 상반된 정권과 군대를 만들어 놓고서 그대로 나가는 것은 마치 남의 동리에 와서 싸움을 붙여 놓고 슬쩍 나가 버리는 것과 같은 것이다. 만약에 내전이 발생된다면 그 책임은 미소 양방에 다 같이 있는 것이다.

조국의 자주 민주 통일을 위한
민족진영의 단결
한독당 7계 대회

한국독립당 제7계 전국대표자대회는 6월 13~15일에 열렸다. 이 글에서는 6 월 26일 백범이 암살되기 직전의 마지막 공식문건임을 고려하여, 13일 백범 의 개막 연설과 15일 한독당의 선언문 요지를 같이 수록한다. 백범의 연설은 남한 민족진영의 단결을 우선시하자는 취지이며, 한독당의 선언문은 당시 공산 중국의 부상, 인도의 제3세계 결성 움직임 등과 결합하여, 제3세계의 노선이 반영되어 있다. __『조선일보』 1949. 6. 15; 『조선중앙일보』 1949. 6. 17

● 개막 연설: 평화통일을 위한 남측 민족진영 단결의 긴급성_1949. 6. 13

이 대회에는 2대 의안의 하나로 민족진영 대동단결안이 제출되고 있 는데, 최근 북에서는 좌익 통일 운동이 진행되고 있다 함에 대하여 남 의 민족진영의 단결은 긴급한 문제이다. 그러나 원칙 없는 단결은 힘 을 낼 수 없는 것이다. 우리 당의 이념과 정책을 전면적으로 말살시키

한독당 7계 전국대표자들이 3열사 묘를 참배한 기념사진. 위기의 시기에 결의를 다지는 느낌이다(1949. 6. 14).

려는 노력과의 무조건 단결은 곤란한 일이다. 오직 조국의 이익과 안전을 위하여 호양互讓의 조율로 타협하고서 공동 노력한다는 원칙 위에서 단결의 역량은 생길 수 있는 것이다.

본당은 조국의 평화통일의 방법을 협의하기 위하여 남북지도자회담을 개최할 것을 주장한 바 있으나, 이것을 추진하는 절차로 먼저 남은 남대로, 북은 북대로, 이에 대한 일치한 의견과 주장이 성립되어야만 한다. 남은 곧 우右를 말함이며, 북은 곧 좌左를 말하는 것이다. 우리는 먼저 조국의 평화를 지향하고 민주주의의 자유 발전을 위하여 투쟁하려는 개인과 단체 간의 더욱 긴밀한 단결을 촉진시켜야 할 것이다.

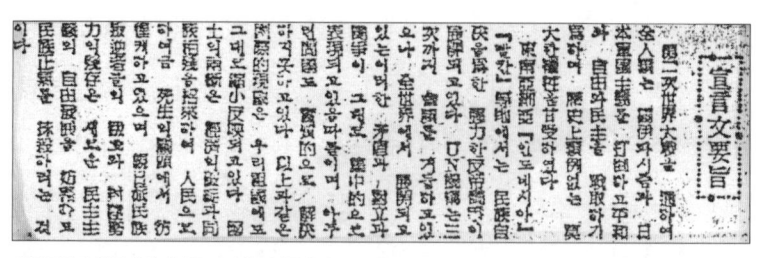

한국독립당 전국대회 선언문 요지(『조선중앙일보』 1949. 6. 17).

● 한독당 전국대표자대회 선언문 요지 _1949. 6. 15

제2차 세계대전을 통하여 전 인류는 독일 파시즘과 일본 군국주의를
타도하고 평화와 자유와 민주를 전취하기 위하여 역사상 유례없는 막
대한 희생을 감수하였다.

　동아시아, 인도네시아, 발칸 등지에서는 민족자결을 위한 강렬한
반제 투쟁이 전개되고 있다. UN은 제3차 총회까지 회의를 거듭하고
있으나, 전 세계에서 전개되고 있는 이러한 모순과 대립과 전쟁이 그
대로 집중적으로 표현되고 있을 따름이며, 아무런 문제도 실질적으로
해결하지 못하고 있다.

　이상과 같은 국제적 환경은 우리 조국에도 그대로 축소 반영되고
있다. 국토의 양단은 경제의 파탄과 동족상잔을 초래하여 인민으로 하
여금 생사의 갈림길에서 방황케 하고 있으며, 친일파·민족반역자들의
발호와 봉건세력의 잔존은 새로운 민주주의의 자유 발전을 방해하고
민족정기를 말살하려는 것이다.

우리는 억압과 침략을 위한 어떠한 기도도 결사반대할 것이며, 전 세계 평화를 애호하는 인민과 더불어 영구한 세계 평화의 확보를 위하여 투쟁할 것이다. 우리는 세계 제 약소민족의 생존권을 위협하고 자결권을 유린하려는 낡은 제국주의 세력의 침략 정책을 배격하고, 당면한 역사적 과업의 최고 목표인 양단된 조국의 통일을 위하여 최대의 열의를 경주하며 투쟁할 것이다.

우리의 투쟁은 항상 민주주의적 합법적 수단과 방법에 의하여 통행될 것이며, 먼저 세계적으로 보장되고 있는 민주주의의 기본 원칙인 언론·집회·결사의 진정한 자유가 확보되어야 할 것을 요구하며, 언론 비판의 자유는 민주주의 사회 발전의 필수조건임을 지적한다.

우리는 외국군 철수와 남북 평화통일을 위하여 노력하는 한 한국위원단에 대하여 협조적 태도를 취할 것이다. 그러나 UN한위는 한국 문제 해결의 완전 주체가 되지는 못하는 것이다. 우리는 세계 일가—家와 민족자결의 이념하에서 세계 평화와 조국의 자주 민주 통일 독립을 위하여 최후까지 용감하게 투쟁할 것을 만천하에 정중히 선언하는 바이다.

공염불과 현실

유고

백범 서거 이후 발간된 유고遺稿로, 통일을 주장하는 백범의 주장이 공염불이라는 비판을 의식해 붙인 이름이다. 이 글에서 백범은 통일 운동을 반탁운동의 연장선상에서 주장하고 있다. 즉 그는 반탁 이념의 3대 요소로 미소 양군 철수, 남북통일, 완전 자주독립을 거론하고, 그간 공염불이라고 비판받던 양군 철수가 실현되었으니, 이제 또 다른 공염불이라 비판받는 남북통일, 완전 독립도 실현하자고 강조하고 있다. ─ 『민성』民聲 1949년 7월호

모스크바 3상회담에서 신탁통치가 결정되었다는 소식이 발표되었을 때에 전 민족은 격노하였다. 그 순간에는 좌도 우도 다 같은 민족적 양심에서 일제히 반대한 것이 본연한 이성의 발로였다. 그러나 얼마 되지 않아 행동의 변화가 생긴 것은 조급한 정치적 의욕과 당파의 분열에서 되어진 것뿐이요, 민족적 양심에서는 아닐 것이다.

'양군 철수', '남북통일', '완전 자주독립'은 반탁 이념의 3대 요소라 하겠다. 신탁을 반대하는 사람들은 다 같은 민족적 양심에서 일치

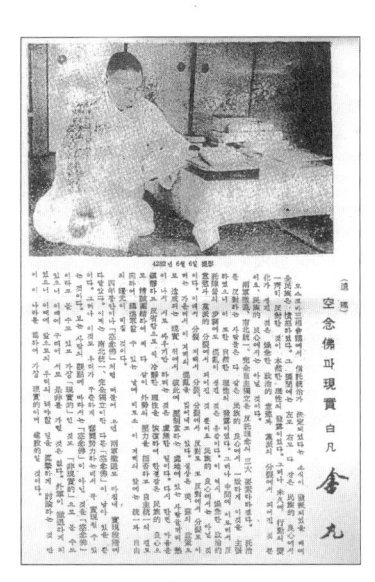

하게 이것을 주장하였으니, 이 또한 자연한 이성의 발로였다. 그러나 중간에 이르러서 반탁 진영의 보조에도 혼란이 생긴 것은 유감이다. 이 역시 조급한 정치적 의욕과 당파적 분열에서 되어진 것뿐이요, 민족적 양심에서는 아닐 것이다. 이래서 분열, 저래서 분열, 분열에서 반대로, 또 반대에서 분열로, 이러는 가운데 이 겨레의 혼란을 빚어내고 있다.

실상으로는 미소의 정책으로 조성되는 현실 위에서 피차 압제 당하는 처지에 있는 사람들끼리 이제 과열을 진정하고 반성함으로써 냉정한 이성을 회복하여, 한결같은 민족적 양심으로 정성 단결하여 다 같이 외세의 압력을 거부하고 자주통일의 길로 총진군할 수 있는 날에 비로소 이 겨레의 앞에는 통일과 자유의 서광이 비칠 것이다.

4년 동안이나 공염불처럼 떠들던 양군 철수도 마침내 실현 단계에 다다랐다. 이제는 남북통일, 완전 독립이란 다른 공염불이 남아 있을 뿐이다. 그러나 이것도 우리가 꾸준하게 분투노력하는 데서 꼭 실현될 수 있는 것이다. 보는 사람의 관점에 따라서는 공염불이 아닌 것을 공염불이라 볼 수도 있고, 가장 현실적인 것도 비현실적으로 볼 수 있으니, 구태여 서로 시비를 가릴 것은 없다. 외국군이 철수하게 되었

으니, 앞으로 우리가 해야 할 일을 진실하게 토론하는 것만이 이 나라
를 위하여 가장 현실적이며 건설적일 것이다.

평화통일의 길

유고

백범 서거 후 발간된 유고로써, 당시 좌우 양측의 공격에 대해 입장을 밝힌 것이다. 먼저 무엇이 북 또는 좌익에서 주장하는 협상 및 통일과 다른지 밝히고 있는데, 그 핵심 개념은 자유주의와 민주주의이다. 다음으로 남측의 단정론자와의 차이를 지적했는데, 평화와 협상, 그리고 공산주의를 이기는 방법으로써 선량한 정치를 거론하고 있다. __ 『새한민보』 1949년 7월 중·하순호; 『백범김구 전집』 8권

매일 나를 찾아오는 손님들로부터 또는 지방에 여행할 때 몇 차례씩 질문을 받는다.

"당신이 말하는, 남북협상으로 평화통일을 하자는 이상만은 애국적 양심에서 당연한 주장이다. 그러나 공산당이 타협을 원하지 않고 평화를 파괴하는데 어떻게 남북통일이 실현될 수 있겠는가? 될 수 있다면 그 구체적인 방법을 말해 보시오!"

이런 질문을 하는 사람들의 심정은 대개 두 가지로 볼 수 있다. 하

나는 나에게는 반드시 어떤 묘한 방법이 있을 것이라는 신뢰감에서 궁금하게 생각하는 말이요, 또 하나는 평화통일이란 도무지 실현성이 없는데 왜 그렇게 고집하는가, 그렇게 자신이 있거든 그 구체적인 방법이 무엇인지 말해 보라는 반박의 뜻을 가진 말일 것이다.

그런데 요새 와서는 또 새로 질문을 하는 사람들이 생겨났다.

"당신은 밤낮 협상과 통일을 주장하더니, 요새 북에서 통일전선을 결성한다는데 왜 응하지 않는가?"

이런 질문을 하는 사람들의 심정을 또한 두 가지로 볼 수 있다. 하나는 내가 응하지 않았다고 비난하는 태도이며, 또 하나는 이제는 그만 협상을 단념하고 다른 방도를 취하라고 종용하는 의미일 것이다.

구체적 방법을 물을 때마다, 나는 그들에게 만족스런 답변을 줄 수 없다기보다 당분간 이에 대한 자세한 설명을 보류하기로 하였다. 구체적 방법이 없는 것은 아니다. 다만 문제의 초점은 좋은 방법이 있는데도 불구하고 그대로 실천하기를 꺼리는 사람들이 있다는 것이다. 그러므로 지금 구체적 방법을 말한다 하더라도 도리어 혼란을 일으키게 될 것이다. 그러니 먼저 적당한 조건과 환경을 조성하는 노력이 필요하다. 그리고 이러한 노력이야말로 평화통일을 위한 구체적 방법의 출발점이라 하겠다.

또 두 번째 그룹[1]에 대한 대답도 솔직하게 말하면, 우리가 주장한

1

두 번째 그룹이란 위의 두 질문에서 각각 후자의 그룹, 즉 "평화통일이란 도무지 실현성이 없는데 왜 그렇게 고집하는가" 하고 반박하는 그룹과 "이제는 그만 협상을 단념하고 다른 방도를 취하라"고 종용하는 그룹, 다시 말하면 단정 세력을 말한다.

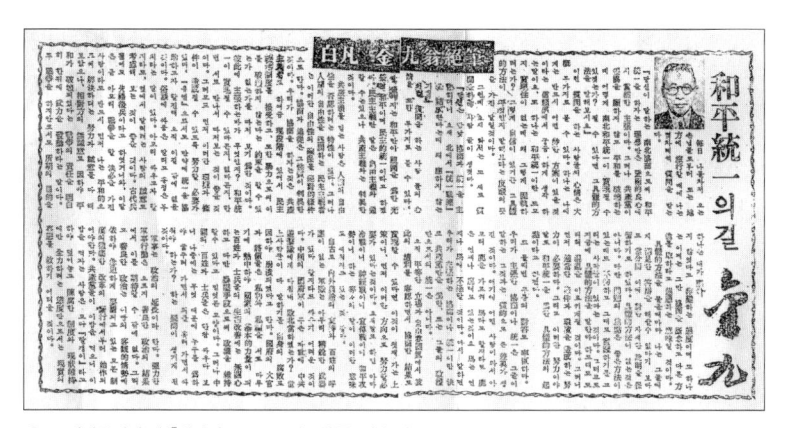

유고, 평화통일의 길(『새한민보』 1949년 7월 중·하순호).

협상이나 통일은 그들(북한 공산주의자)이 말하는 그것과는 질적으로 큰 차이가 생긴 것이다. 여기에 어떤 사람이 와서 아무리 사슴을 가리켜 말이라 할지라도, 사슴은 언제나 사슴이요 말은 언제나 말에 불과할 것이다. 다시 말하면 우리가 말하는 협상이나 통일이란 결코 공산당만을 위한, 또는 그들의 정권만에 의한 통일이 아니다.

오직 평등한 입장과 자유 분위기에서 피차의 권리를 용인하면서 협상한 결과로써 얻어지는 평화만이 조국을 위한 광영의 평화이며, 민주적 통일이라고 하겠다. 민주주의란 말은 자유주의와 통할 수는 있으나, 공산주의와는 판이한 것이다. 공산주의를 믿는 사람은 인간의 자유성을 부인하려는 특성이 있다. 그러나 인간의 자유성을 강조하는 민주주의자는 이러한 자유성의 확보를 절대적 조건으로 한다.

협상과 추종은 판이한 것이다. 우리가 협상을 하자는 것은 공산주의자로 하여금 현 단계에서 민주정치 제도를 접수하고, 또한 폭력으로

써 이를 파괴하지 않는다는 약속을 할 수 있는가 없는가를 따져 보기 위한 것이다. 피차에 주장하는 바가 무엇인지, 평화통일이 실현될 수 있다든지 없다든지, 한번 서로 만나서 따져 보는 것이 좋을 것이다. 그러므로 먼저 이러한 환경과 조건이 조성될 수 있도록 노력할 필요가 있다.

UN으로서도 만약에 통일을 협조하고자 할진대 오직 이 길밖에 없을 것이다. 싸움은 말리고 흥정은 붙이라는 속담이 있다. 아무리 싸우고자 할지라도, 옆에서 말리려는 사람의 성의도 고려해 보는 것이 좋을 것이다. 고대 병서에도 선례후병先禮後兵[2]이라 하였거니와, 아무리 전쟁을 할 결심을 가진 사람이라도 반드시 먼저 평화적으로 해결하려는 노력과 성의를 다해 보았으나 상대방의 무성의로 인하여 평화가 파괴되었다는 전쟁의 책임을 명백히 한 뒤에 무력을 발동하라는 말이다. 또 전쟁을 하지 않고서도 소기의 목적을 실현할 수 있다면 이것이 첫째가는 상책이니, 먼저 이러한 방향으로 노력할 필요가 있다는 것이다. 요샛말로 하면 아마 냉전이니 신경전이니 선전전이니 평화 공세니 하는 등등의 말이 이러한 의미로 쓰이고 있는 것 같다.

예부터 내외 여론의 지지와 백성의 호응이 없는 군대는, 아무리 정예한 무기가 있다 할지라도 싸우기 어려운 것이다. 중국에서 장제스의 국부군이 무슨 까닭에 마오쩌둥의 중공유격대에게 마침내 패배 당하였는가? 세상 사람들이 다 말하기를 자신의 부패로 인하여 붕괴되

2

'선례후병'이란 처음에는 예절로 대하고 그것이 안 되면 무력으로 다스린다는 것이다.

었다고 한다. 국민당 정부의 고위 관리와 장교들은 사사로운 이익과 권력을 서로 다투기에 열중하여, 국가의 기본적 역량이 되는 백성과 사병의 생활 개선에는 무관심하고, 폭압 수단으로 정권을 유지할 수 있다고 믿었던 모양이다. 그러나 중국의 백성과 사병들은 한참 싸우다 가 보니, 나중에는 무엇 때문에, 누구를 위하여 굶주려 가면서 피를 흘려 가면서 싸워야 하는가 하는 의문이 생기게 된 것이다.

군사는 정치의 연장이라 한다. 강력한 군사행동은 오로지 선량한 정치의 결과에서 이를 기대할 수밖에 없다. 그리고 선량한 정치는 이 땅의 객관적 정세에 의해 급박하게 요청되고 있는 모든 제도의 철저한 개혁 단행에서부터 시작되어야 한다. 공산당들이 쌀밥을 먹으니 쌀밥 을 먹자는 사람은 모두 빨갱이라고 하며, 덮어놓고 진부한 제도와 현 상 유지에만 전력하려는 태도만으로는 현실의 사태를 해결하기 어려 울 것이다.

고 約束된 獨立을 抛棄하겠습니가 그러면 別個國으로

이것이 보이지 아니합니다 그러면 엇지

이것이 三八線以南以北을 別個國으로

그렇게 맨들랴고 努力하는 사람도 많

사람이 없지 아니하리라고 생각됩니다 그

習을이 出席하는것을 希望하지 아니하

이것을 獨立하는 사람도 많이 있을

남이 一時的으로 分割해 논 祖

念이나 行動으로써 永遠히 分割해 놋

覺이여 우리가 우리의 몸을 반쪽에 낼지

이신 祖國이야 엇지 참아더 보겠나 잇가

荒蕪 하는 몸이나 굿지 참아더 보겠나 잇가

先烈紀悼追念文

(1945. 12. 23)

大韓民國 二十七年 十二月 二十三日 臨時政府 主席 金九는 殉國先烈 英靈 앞에 告하나이다.

우리 國祖 荊刺을 開陳하시고 政教을 베푸신 뒤로 綿延함이 거의 五千年에 미치는 그 동안, 興廢의 故가 어찌 한 두 번이리오만은, 실상은 한 族類로서의 代承이오, 或 外寇의 侵奪함이 있었다 할지라도, 그 地域이 一區에 그쳐 桓解古胤의 나려오는 統緒는 언제나 儼然하였나니, 우리 몸소 當한 바 變難이야말로 史上에서 보지 못하든 初有의 慘이라. 光武 乙巳로 비롯하여 丁未를 지나 隆熙 庚戌에 와서 드디어 言語가 끊이니, 그 慘됨은 오히려 둘째라 奇恥와 大辱이 이에 極함을 무엇으로 견디다 하리요. 이러한 가운데 一道 燦爛한 國光을 일으켜 이 민중으로 하여금 恥辱의 日에 矜負와, 悲慘의 期에 奮發을 끊임없이 가지게 함이 과연 누구의 주심이요. 우리는 이에서 乙巳 以後 殉國하신 先烈 諸位를 寤寐間에 잊지 못하나이다.

그동안 日寇 此土에서 陸梁함이 오래라, 監이라 督이라 하야, 敗退하던 날까지 江山民人을, 彼는 彼의 占制下에 두었던 듯이 알았을 줄 아나, 우리 先烈의 피로써 敵과 싸와온 거룩한 陣勢 四十一年의 日月을 貫徹하야, 몸은 쓰러져도 魂은 나라를 놓지 않고, 숨은 끊어져도 뜻은 겨레와 억매이여, 그 壯하고 매움을 말할진대 어느 분의 最後가 天泣地哀할 巨迹이 아니시리요. 刃에 絶하였거나 藥에 殉하였거나 다 가튼 國家獨立 勃勃한 掌柱요, 雙手의 擊이나 一旅의 戰이나 모두 光復達成의 熱烈한 邁進이요, 城中에서 崎嶇하다가 猛志를 牢獄에 묻었거나, 海外에 漂轉하면서 苦心을 虜鋒에 끝마치었거나 다 抗敵必死의 剛果한 決定이니, 個人과 團體, 自殺과 被害가 不一한대로 내어 뿜은 民族的 芒稜은 일쯕이 間歇됨을 보지 못한 즉, 이 피가 마르지 아니하매 敵과 싸움이

쉬임 적 없고, 이 싸움이 쉬이지 아니하매, 此土가 마침내 敵의 全據로 돌아갔다 이르지 못할 것이라.

그럼으로 우리 過去 四十一年을 通틀어, 日寇의 役이라 할지언정 하루라도 彼의 시대라 일컬을 수 없음은, 오직 殉國先烈들의 끼치신 피 香내가 항상 이곳의 主氣되어 온 緣故이니, 이 여러분 先烈이 아니런들 우리가 무엇으로써 圓球上에 立리요. 三千里 土壤 알알 그대로가 이 여러분 熱血의 凝體임을 생각하매, 이 땅을 드딜 때 舊恨, 新感이 가슴에 막혀 어찌할 줄을 몰랐었나이다.

狡寇 對露 戰勝의 餘威를 가지고, 五條의 脅約을 떠들던 것이 어젠 듯 하오이다. 國步는 기울고 大勢는 가 앞길의 暗黑이 그 즈음을 알 수 없는 그 때, 저 周勒 紐由한 永久한 正氣, 몇몇 분의 鮮血로 좇아 다시 솟아나, 안으로 肺腑의 重望과 元老와, 守義枯槁하던 舊臣과, 激昂한 衛士와, 慷慨한 微官과, 林下 儒門의 耆德들의 殉烈이 서로 이었고, 밖으로 駐箚使臣의 死節이 國聞을 聳動하였으며, 各 地方으로 義旗 곳곳에 날려, 裏革의 尸와 冷山의 魂과 被執不屈의 將士라 敵膽을 서늘하게 하였으며, 海牙의 義聲이 內外를 흔듦에 미쳐 國民마다 腔血이 끓는 중, 讓位의 逼을 뒤이어 軍隊의 解散을 보게 되던 날, 轟烈한 隊長의 自砲가 그 즉시 祖國 光復의 活訓이 되어, "죽어도 겨누라"는 명령이 되어, 마침내 市街 一戰의 血腥이 영구한 民志의 보람으로 빛나매, 무릇 軍裝을 身上에 걸은 이 거의 義旅로서 결합되지 아니함이 없고, 學士 名宦이 함께 旗鼓를 잡아, 비록 形勢 單弱하나마 자못 雲興함을 보았나니, 이에 槍이 부러질수록 義 더욱 굳고, 몸이 적에게 잡힐수록 정신은 갑절이나 活潑하였나니, 獄中에, 荒野에, 어느 뉘 어귀찬 戰亡이 아니오리까.

亂賊을 치려다가 誤中하여 義軀만이 喪함을 애달파함도 그 어름이거니와, 哈爾賓에서 仇敵의 元惡을 射殺하던 壯擧는 지금껏 남은 凜然이 있나이다. 國變 當時 朝野를 通하여 烈節이 繼起한 지라, 守土의 長吏를 비롯하여 丘園에서 艱情을 지키던 이, 國敎로 民志를 뭉치려 하던 이, 碩學, 文豪, 高士, 端人, 畿近으론 散班 重卿에 미쳐, 先後하여 軀命을 버리고 死敵의 烈을 밝히셨나이다.

400

乙巳年부터 庚戌에 미처 國步 이미 기우는 것을, 大勢 이미 가는 것을 저렇듯 죽음으로 붙드시려 하였으나, 기우는 것은 기울고, 가는 것은 가 最後에 이르게 된 一面, 붙드신 그 힘은 그 속에 漸漸 强固하여, 한번 喪亂의 最後를 넘자 下傾하던 波濤를 휘어 돌려 다시 洶湧하기 시작하며, 光復의 一路 바로 全民衆이 奔趨하는 바 되었나이다. 이에 앞서부터 滿洲 南華, 遠으로 美, 近으로 露領에, 志士의 踪跡이 分布하더니, 다시 그 規模를 宏闊히 하며, 혹 團結하여 軍旅를 倍振하고, 혹 糾合하여 黨倫을 增强하고, 혹 單身으로 孤行하며 左援 右應하는 그 行事 또한 百難을 衝冒한 바라.

內外 互流하는 幾多의 熱血 속에 全民衆의 意志 불타듯이 뜨거워 가다가, 己未 三月에 와서 總一의 表露가 獨立萬歲로 터지자, 여기서 大韓民國을 내세우고 臨時政府를 만들어, 오늘에 이름이 하나로부터 萬億에 이르기, 다 先烈의 물려주신 바임을 千秋下에도 오히려 濡袂의 淚를 자아낼 줄 아나이다. 乙巳 以後는 우리의 運動이 가장 强하야 지니 만큼, 萬歲 소리에 應集하든 그 때부터, 農村 市場 敎會 學校 婦人 老年을 나눌 것 없이, 앞에서 넘어진 채 뒤에서 밀고 나와 血風 血雨가 全土를 휩쓸었으니, 古先民 臨戰無退의 戒가 이에 再興함을 이를지라. 피 헛되이 쌓이지 않고 하늘이 民衷을 돌아 보사, 今日 光復의 初曙를 國土에서 맞이하게 되었나이다.

언제나 殉烈의 先民은 有國의 根幹이시라. 그 가운데도 우리의 過去를 생각하건대 先烈은 곳 國命이시니, 往往히 一人의 피로 因하야 民族의 昭蘇함을 보게 되니, 어찌 徒言이리까. 저 江戶의 椎擊의 繼續의 壯圖가 故國의 사람 있음을 나타냄도 그러려니와, 往者 上海에 倭寇의 方滋하는 攻勢로 友邦으로 하여금 至恨을 머금게 하던 때, 우리 勇士 一發이 群酋를 殄殲하야, 擧國의 援師보다 오히려 지남이 있어, 우리 獨立의 大計 激浪같이 怒湧함을 얻게 되었나이다.

예로부터 志士는 一死를 가볍게 여기나니 구태여 生을 捨하고 義를 取하신대 향하여 悲哀의 細情을 부치고자 아니하며, 더욱이 모다 광복의 元功이신 바에 무슨 遺恨이 있으리까마는, 같은 先烈이면서도 或 顯著하여 天壤에 赫赫

하기도 하고, 或 煙滅하여 名字조차 무를 길이 없기도 하니, 前을 幸이라 하면 後가 어찌 불행이 아니리까. 하물며 無人窮途에서 枯草 우에 髑髏를 굴리어 鬼火 번득이고 烏鵲이 亂飛할 뿐으로, 生前은 且置하고 死後까지 蕭條한 이가 많음을 어찌하리오.

설사 이러케까지는 아니할 지라도 軍行旅進하다가 咸沒한 이들은 누구며, 幽蟄歷久하다가 瘦死한 이들은 누구요. 多數로 因하여 特筆가 없는 거기에, 日星과 幷垂할 烈蹟이 많으시려니, 逝者! 아무리 浩然타한들, 살아있는 우리야 어찌 돌아보아 슬프지 아니하리오.

다시 생각하면 殉國先烈은 殉國으로 一體시니, 名字를 가치켜 人我를 나누려 함은 오히려 私見인 양 하여 自慰코자 하나, 또 슬퍼하는 바 있으니 乙巳 以後 先烈의 보고자 하심이 光復이라. 此身의 轉轉하는 동안, 同志로서 難苦에 提携하던 이 가운데도 이미 先烈을 따라가신 이 많거늘, 이날을 어찌 우리만이 보며, 더욱이 만드시던 이는 멀어 아득하고, 그 跡을 襲한 우리, 이 曙光을 바라보니 이 느낌을 또 어이하리요

우리, 國外에서 星霜을 지난 지 오래라. 그때는 生者들 또한 死路를 밟아 依倚하는 바 오직 先烈의 魂魄이매, 거의 人鬼의 隔을 잊었더니, 이제 故土에 들어와 同胞民衆의 품에 안기니, 와락 此身의 存遺함이 어째 그리 廓然함을 느끼나이다. 入國하든 그날 곳 微枕을 드리랴한 것이 오늘에야 內務部 主設과 國內 諸人의 響應으로 追念하는 大會를 擧行하게 되니, 늦으나 오히려 無己의 情을 寄托함직 하되, 우리 先烈께 바칠 馨香이 光復의 完成 卽 獨立의 告功에 있을 뿐이거늘, 이제 여기까지 達함에는 아직 距離없지 아니할세, 靈前에 向하는 怵怩 자못 무거우나, 몇 十年前 暗墨뿐이오 縷望이 없든 그때도 先烈은 꺾이지 아니 하셨으니, 우리 이제 垂成의 業에 獻身할 것을 盟誓할 것은 勿論이요, 時 今昔이 있다 할지라도 民是는 先烈의 遺緖로부터 나려와 依然할 바니, 우선 現下를 들어 先烈께 告하려 하며, 여러분 在天하신 英靈은 우리를 爲하야 耿耿하실지니, 그 百折不撓하신 義氣, 至純 至潔하신 高操, 民我 無間하신 誠

心, 雄猛 卓特하신 勇慨를 全國民으로 하여금 效則하게 하사, 이로써 泰運을 맞이하여, 위로 國祖弘益의 聖模를 重新하게 하시며, 아래로 三千萬 祈望을 맞추어 이루게 하소서.

— 『동아일보』·『자유신문』 1945. 12. 24; 『簣園鄭寅普全集』 2

柳麟錫 先生 祭文

(1946. 8. 17)

大韓民國 28年 8月 17日 金九는 삼가 柳麟錫 先生 英靈께 告하나이다. 儒學이 衰한지 오래라, 공부하는 이 文字의 末에 헤매여 實地로 用工함을 생각하지 아니 하얏슴으로, 性을 놉히고 心을 나추어, 정작 着力할 자리는 버리고 悠悠泛泛히 高談을 일삼아, 마츰내 獨知하는 一路로 하여금 荒蕪함에 이르게 하매, 萬事가 이에서 墮壞하얏나이다.

　近古에 華西 先生이 나시며 비로서 心卽理로써 門弟를 가르처 風氣一變하야 節義輩出함을 보게 되니, 先生이 곳 그 한 분이시라. 先生은 가장 나중이시니만큼 刀山劍水의 困苦와 荊棘虎豹의 危艱을 그중 더 골고로 지나섯스되, 倭敵과 一天을 戴치 아니하시랴는 一念은 갈수록 구드시매, 몸이 崎嶇 쪽에 마추고 말엇스되 그뜻은 日星가치 비치어, 지금까지 後輩로 하야금 우러러 바라게 하시엇나이다.

　이가치 하오심이 무엇시릿가. 오즉 내 마음을 저바리지 못하심으로 아나

이다. 그런즉 先生 一生의 節義는 실로 師學을 身證하시고 남음이 잇는 줄 아나이다. 뉘 倭敵을 讐視치 아니하리요마는 現前 身家私計의 苟且로조차 가림을 바드매, 마츰내 스사로 汚穢에 싸러짐을 覺得하지 못한 者가 거의 城中에 瀰滿하거늘, 先生 홀로 本心으로 살고 本心으로 죽으랴 하시매, 本心의 밝음이 百邪를 却滅하신지라, 이루신 바 이러틋 偉然하시엿나이다.

倭敵을 必報의 讐로 아심은 先生의 마음이시요, 生死를 草芥처럼 아심은 先生의 마음이시요, 異域風霜에서 혼자 彷徨하실 쌔 누가 보는 바도 아니엇마는 造次라도 노치 아니하심은 先生의 마음이시라. 이 마음을 저바리지 못하야 저 고생을 달게 여기심이 아니오니시가. 華夷의 論과 尊明의 說에 이르러는 民族意識이 了別되기 前이라 幾百年間 傳襲도 잇스려니와, 敵을 排退하기에 急하던 쌔라 論을 華夷에 쓰끄러왓스니, 文字 비록 舊를 承하나 敵을 치는 反面 國家에 對한 忠이 매츠니, 우리는 先生의 衷을 깁히 헤치여 皮膜을 넘어 그 內含한 民族的 忠誠을 洗發코저 하나이다.

九는 後凋 先生의 弟子로서 일즉부터 先生을 慕仰하야 萬事一生 가운데도 항상 붓들고 나아감이 잇섯스니, 이는 곳 幼時부터 박히어진 九世必報의 大義라. 이제 白首殘年으로 故國에 도라와 先生의 舊仰을 차즈니 感懷 엇지 새롭지 아니하오릿가. 一炷의 향으로써 無限한 心事를 하소하노니 英靈은 압길을 가르치소서.

___ 백범김구선생기념사업협회

404

김구·김규식이 김두봉에게 보낸 편지

(1948. 2. 16)

白淵 仁兄 先生 惠鑑

一九四四年 十月 十六日 延安서 주신 惠札을 拜讀한 以後 未久에 仁兄은 鴨綠을 건느고 弟는 黃海를 건너서 各各 그립든 故國을 차저오게 되었나이다. 그때에 있어서야 누가 한 나라 한 울 밑에서, 三四年의 긴 歲月을 經過하면서도 서로 對面하지 못할 것을 뜻하였으랴. 아아 이것이 우리에게는 解放이라 합니다. 이 가운데에 묻치어 있는 쓰라리고 설은 事情을 말하면 彼此에 熱淚만 滂沱할 뿐이니 찰알히 일컸지 아니하는 便이 헐신 좋을 것입니다.

何如間 우리는 自由롭게 故國의 땅을 밟었습니다. 우리의 冤讐 倭寇를 駒逐해 주고 우리로 하여금 還國할 수 있는 자유를 준 두 同盟國의 恩惠를 無限히 感謝하지 아니하면 아니 되겠습니다.

蛇蝎의 毒口를 버서난 우리 三千萬 同胞도 두 同盟國의 恩惠를 깊이 깊이 感謝하고 있음니다. 그러나 우리에게는 歡喜에 넘치는 光明한 正面이 있는 同時에 우리에게 恩惠를 준 두 同盟國 自體間의 矛盾으로 因하여 暗澹한 反面도 없지 아니함니다.

仁兄이여 이것을 엇지하면 좋겟습니가. 弟는 가슴이 답답하고 仁兄이 보고 싶은 때마다 때뭇은 보따리를 헤치고 일즉이 重慶에서 받었든 惠札을 再三 읽고 있음니다. 그 中에는 나에게 보냈다는 이러한 電文도 記錄되어 있음니다. 「今年三月先生給學武君的 貴函 今十月初方收到, 我們今日一切以民族利益爲基準, 不應有些毫成見, 我們對先生來延一次的意向無任歡迎」. 또 나와 各 團體로 보냈다는 이러한 電文도 記錄되어 있음니다. 「我們不問地域南北, 派別異同, 誠心團結, 實事連絡, 如能促進會師鴨綠之實現, 諸位若能同意, 淵可以從中幹旋」.

또 이러한 것이 記錄되어 있읍니다. 「先生今次信中 ‘連絡과 統一을 爲하야 老身이 一次 赴延하면 中韓 兩方面이 歡迎할 可望이 있겠는지?’ 여긔 對하야 우리가 誠心으로 歡迎할 뿐 아니라, 中方面에서도 勿論 歡迎합니다.」

仁兄이여, 今日 우리의 環境은 그때와 彷佛한 點이 많읍니다. 우리 祖國의 統一이 實現되고 自主獨立이 完成될 때까지는 우리의 任務를 怠慢히 할 수 없는 것이 아닙니까. 責無旁貸인데야 弟도 餘生이 盡하기 前에 最後의 努力을 다하려니와 仁兄도 우리에게 懸案이 되어 있는 그 問題解決을 爲하여 深刻히 責任을 느끼실 줄로 確信합니다.

仁兄이여 아모리 友邦 親友들이 好意로써 우리를 도아주려 한다 하여도 우리 自體가 支離滅裂하여 그 好意를 接受할 準備가 完了되지 못하면 엇지 그것을 接受할 수 있으랴. 그리하여 美蘇共委도 成果를 보지 못한 것입니다. 今次 유엔 委員團의 工作도 何等의 效果를 걷울 希望이 보이지 아니합니다. 그러면 엇지 하겠읍니까. 自然에 매끼고 約束된 獨立을 抛棄하겠읍니까.

仁兄이여 只今 이곧에는 三八線 以南 以北을 別個國으로 생각하는 사람도 많읍니다. 그렇게 맨들랴고 努力하는 사람도 많읍니다. 그쪽에도 그런 사람이 없지 아니하리라고 생각됩니다. 그 사람들은 南北의 指導者들이 合席하는 것을 希望하지도 아니하지만 其實은 絶望하고 이것을 宣傳하는 사람도 많이 있읍니다. 仁兄이여 이리해서야 되겠나있가. 남이 一時的으로 分割해 논 祖國을 우리가 우리의 觀念이나 行動으로써 永遠히 分割해 놓을 必要야 있겠읍니까.

仁兄이여, 우리가 우리의 몸을 반쪽에 낼지언정 허리가 끊어진 祖國이야 엇지 참아 더 보겠나있가. 可憐한 同胞들의 流離丐乞하는 꼴이야 엇지 참아 더 보겠나있가.

仁兄이여, 우리가 不似하지만 愛國者임은 틀림없는 事實이 아닙니가. 同胞의 死活과 祖國의 危機와 世界의 安危가 이 瞬間에 달렸거늘 우리의 良心과 우리의 責任으로써 便安히 앉어서 希望없는 外力에 依한 解決만 꿈꾸고 있겠읍니가.

그럼으로 尤史 仁兄과 弟는 우리 問題는 우리 自身만이 解決할 수 있다는 것을 確信하고 南北指導者會談을 主倡하였읍니다. 主倡만 한 것이 아니라 이 것을 實踐하기로 決心하였읍니다. 그리하여 이 글월을 兩人의 連署로 올리는 것입니다. 우리의 힘이 不足하나 南北에 있는 眞正한 愛國者의 힘이 큰 것이니 人同此心이며 心同此理인지라 반드시 成功되리라고 確信합니다. 더구나 北쪽에서 仁兄과 金日成 將軍이 先頭에 서고 南쪽에서 우리 兩人이 先頭에 서서 이 것을 主倡하면 絶對多數의 民衆이 이것을 擁護할 것이니 엇지 不成功할 理가 있겠나있가.

　　仁兄이여 金日成 將軍께는 別個로 書信을 보내거니와 仁兄께는 數十年 한 곳에서 共同奮鬪한 舊誼와 四年前에 解決하지 못하고 둔 懸案未解決의 連帶責任과 愛國者가 愛國者에게 呼訴하는 誠意와 熱情으로써 祖國의 땅 우에서 南北指導者會談을 最速한 期間內에 成就식히기를 懇請합니다. 南쪽에서는 우리 兩人이 愛國者들과 함께 이것의 成就를 爲하여 最善을 다하겠나이다. 紙短語長하야 未盡所懷하니 하로라도 일즉 回音을 주사이다.

　　祖國의 完全獨立과 同胞의 自由幸福을 爲하야 仁兄께서 努力自愛하시기를 祝禱하면서 不遠한 將來에 우리에게 面敍할 機會가 있기만 渴望하고 붓을 놋나이다.

　　　　　　　　　　　　　　　　　　一九四八년　월　일
　　　　　　　　　　　　　　　　　　　　金　九

김일성·김두봉이 김구·김규식에게 보낸 답신

(1948. 3. 15)

金 九
金奎植 先生 共鑑

二月 十六日 보내신 惠函은 받았읍니다. 貴 書翰中에 提起된 問題에 관하여 回答코저 합니다.

朝鮮이 日本統治로부터 解放된 지 이미 二年半이 되였으나 于今 朝鮮 民族은 自主 獨立의 統一政府를 樹立하지 못하고 人民은 南北 朝鮮의 判異한 政治 條件下에서 不同한 生活을 하고 있읍니다. 다 아시는 바와 같이 北朝鮮 人民들은 自己 손으로서 自己 運命을 解決하는 모든 創發性을 發揚하고 있읍니다. 그러나 南朝鮮에는 모든 主權이 米國사람의 손에 있기 때문에 南朝鮮 人民들과 당신들은 아모런 權利와 自由가 없이 精神上과 物質的으로 困難을 當하고 있읍니다.

이것이 누구의 잘못입니까. 그것은 朝鮮에 關한 모스크바 三相決定과 쏘米共同委員會 事業을 積極 反對하며 出馬한 그들에게 責任이 있다고 우리는 再三 言明합니다. 萬一 모스크바 三相決定을 實施하였다면 벌써 朝鮮 民族은 統一된 自主獨立政府를 가졌을 것을 다시금 確信하여 마지 않습니다.

兩位 先生이 中國으로부터 祖國땅에 들어설 때에 우리는 당신들의 活動을 深深히 注目하였읍니다. 당신들은 平凡한 朝鮮사람이 아닌 一定한 政治團體의 指導者들로서 朝鮮 人民의 企待와 背馳되는 表現이 있을 때마다 우리는 悲憤하게 생각하였읍니다. 당신들은 祖國땅에 돌아온 後에 今日까지 民族立場에 튼튼히 서서 朝鮮이 富强한 나라로 發展하여 나갈 수 있는 正確한 綱領과 眞實한 鬪爭을 文獻으로나 實踐으로 뚜렷하게 내놓은 것이 없읍니다. 당신들은 朝

鮮에 關한 모스크바 三相決定과 쏘米共同委員會를 積極的으로 反對하여 거듭 破裂식히었읍니다. 당신들은 朝鮮에서 쏘米 兩軍이 撤去하고 朝鮮問題 解決은 朝鮮人 自體의 힘에 맥기자는 쏘聯 代表의 提議를 露骨的으로 反對하기도 하 였으며 或은 無關心한 態度로 默過하기도 하였읍니다. 더욱 遺憾스러운 것은 朝鮮에 對한 유엔 總會의 決定과 所謂 유엔朝鮮委員團의 入國을 당신들은 歡迎 하였읍니다.

이제야 당신들은 靑天白日下에서 朝鮮 國土의 兩斷, 朝鮮 民族의 分裂을 策謀하는 유엔朝鮮委員團과 米國司令官의 政治 陰謀를 看破한 듯 합니다. 그러 나 아직도 당신들의 愛國的 抗議는 微溫的이고 당신들의 立場은 明白하지 못 합니다. 民族自主獨立이 危急에 逢着한 今日에 당신들은 또 무엇을 要望하고 愛國的 抗爭을 實踐에 옴기지 않습니까.

다 아는 바와 같이 우리는 祖國의 自主獨立을 爲하여 모든 出版物과 群衆 大會를 통하여 國土의 兩斷 民族의 分裂을 陰謀하는 유엔 決定을 反對하며 朝 鮮에서 쏘米 兩軍이 撤去하고 朝鮮 人民 自體의 힘으로 朝鮮의 運命을 解決하 자는 쏘聯 提議를 實現하려는 擧族的 抗爭을 展開하고 있읍니다. 이 鬪爭은 目 的을 達成할 때까지 말로서가 아니라 事業으로서 끝까지 鬪爭할 것입니다.

이제 우리는 兩位 先生이 提議하신 南北 朝鮮 指導者 連席會議의 召集을 本是는 反對하지 않읍니다. 그러나 당신들은 어떤 朝鮮을 爲하여 鬪爭하시려 는지 그 目的과 企圖를 充分히 알 수 없기 때문에 우리는 連席會議의 成果에 대하여 完全한 確信을 가질 수 없읍니다.

兩位 先生은 우리의 實踐에서 나타난 우리의 政治綱領과 우리의 鬪爭目的 을 혹은 出版物로써 혹은 事業面에서 充分히 看破하였을 줄로 믿습니다. 우리 는 앞으로도 朝鮮民族의 正當한 立場에서 우리의 綱領과 우리의 目的을 떠나 지 않고 朝鮮의 愛國者로 自己의 努力과 生命을 애끼지 않고 國土의 兩斷과 民 族의 分裂을 反對하며 統一된 民主主義 自主獨立을 爲하여 鬪爭할 것이며 또 우리 祖國을 外國 帝國主義者들에게 팔아 먹으려는 모든 反逆者들을 反對하여

鬪爭할 것입니다.

우리는 우리들이 벌서 내세운 綱領과 目的을 끝까지 實現하려는 政治的 立場에서 國土를 兩斷하고 民族을 分裂하는 南朝鮮 反動的 單獨選擧를 實施하려는 유엔 決定을 反對하는 對策을 이미 세우고 그 鬪爭方針을 討議하기 위하여 南朝鮮 어떤 政黨 社會團體들에게 南北會議를 召集하는 書信을 벌써 보내었습니다. 兩位 先生은 이 對策을 贊同하리라는 것을 우리는 確信하고 싶습니다. 南北朝鮮 小範圍의 指導者 連席會議에 關하여서는 一九四八年 四月 初에 北朝鮮 平壤에서 開催할 것을 同意합니다. 우리의 意見으로는 이 連席會議에 參加하는 成員 範圍를 다음과 같이 提議합니다.

南朝鮮에서는 金九 金奎植 趙素昻 洪命憙 白南雲 金朋濬 金一淸 李克魯 朴憲永 許憲 金元鳳 許成澤 劉英俊 宋乙秀 金昌俊 等 十五名과 北朝鮮에서는 金日成 金枓奉 崔庸健 金達鉉 朴正愛 以外 五名으로 豫想합니다.

(一) 朝鮮의 政治現勢에 對한 意見交換

(二) 南朝鮮 單獨政府·樹立을 爲한 反動 選擧 實施에 關한 유엔 總會의 決定을 反對하며 鬪爭할 對策 竪立

(三) 朝鮮 統一과 民主主義 朝鮮 政府 樹立에 關한 對策 硏究 等等

萬一 兩位 先生이 우리의 提議를 同意하신다면 一九四八年 三月 末日內로 우리에게 通知하여 주실것을 바랍니다.

一九四八年 三月 十五日

●●● 印

●●● 印

安島山 先生 哀悼文
(1948. 3. 10)

大韓民國 三十年 三月 十日에 金九는 삼가 故 島山 安昌浩 同志 先生 靈前에 數言을 올리나이다. 先生이여 距今 十五年前 四月二十九日 尹奉吉 義士가 上海에서 敵魁 白川 等을 撲殺함으로써 燦爛한 世界 歷史의 한 페지를 創造하던 그날에 우리는 先生을 敵에게 빼앗겼던 것입니다.

우리는 世界에 자랑할만한 勝利의 所有者가 된 그 快味와 그 光榮을 끝없이 느끼면서도 先生을 잃은 不幸을 回復하려고 우리의 最善을 다 하였던 것입니다. 그리하여 우리의 咫尺에 있는 倭 領事館에서 先生을 救出하려고 우리의 腦汁을 짜볼대로 짜보았던 것입니다. 이 運動에 있어서는 只今 우리나라 서울에 와있는 美國親友 핏취先生 夫婦의 努力이 자못 컸던 것도 永遠히 잊을 수 없는 事實의 하나입니다.

그러나 우리의 運動은 畢竟 水泡로 돌아가고 先生은 敵의 俘虜가 되어 恨 많은 故國에 돌아와 囹圄의 生活을 하신 것입니다. 그래도 우리는 우리의 손으로 倭敵을 打倒하고 自由로운 祖國疆土 위에서 先生을 마지하고자 晝宵로 上帝께 先生의 健康을 爲하여 祈禱하였더니 天이 不佑함이었는지 우리의 惡運이 未盡함이었는지 先生은 드디어 敵의 毒害를 입어 獄中에서 逝世하신 것입니다. 우리가 入國하기는 先生이 逝世하신 後 十週年이었읍니다.

우리는 入國한 그때부터 同胞들과 손을 맞잡고 先生의 未盡한 遺業을 完成하고자 奮鬪努力하였나이다. 그러나 이룬 것이 하나도 없이 이제 同志들과 함께 先生의 逝世 十週年을 맞게되니 한갓 無量한 感慨만 禁할 수 없나이다.

先生이여! 우리 祖國이 解放된 것을 十分으로 보면 其中 七分은 우리의 愛國的 先烈先賢들의 血汗일 것이요 그 七分 中에는 先生의 努力이 또한 重要한 部分을 占領하고 있는 것은 多言을 要할 것도 없는 것입니다. 그러나 不幸히

最後의 三分이 우리의 힘으로 되지 못한 까닭에 우리의 解放은 辭典上에 새 解釋을 올리지 아니하면 아니될 奇怪한 內容을 包含하고 있읍니다. 우리의 解放이 倭敵을 驅逐하여 준 것만은 感謝한 일이지만 다른 角度에서 보면 統一과 自由와 幸福이 아니라 分裂과 拘束과 不幸이 되어 있읍니다.

우리에게는 解放의 歡喜도 벌써 지나간 꿈이 되고 말았읍니다. 先生이 누워 계시고 이몸이 붙어어 있는 南韓의 情勢를 볼찌라도 暗澹하기 짝이 없읍니다. 날마다 늘어가는 것은 失業者뿐입니다. 이 겨울을 지내는 동안에 서울 안에서만 殭屍가 六十一名인데 그들은 거의 다 戰災同胞라 합니다. 其外 行旅病死者가 今年 一月 한달 동안에만 一百十一名이라 하는 바 이것은 昨年 一月中 七十名에 比하여 四十一名이 激增된 것이며 昨年 一年度 五百九十九名에 比하여 벌써 五分之一의 놀랄 만한 數字를 나타내고 있는 것입니다.

可憐한 農村의 同胞들은 過分한 供出에 呻吟하고 있으되 食糧의 不足은 依然히 到處에서 威脅을 주고 있읍니다. 그 中에도 雪上加霜으로 謀機關 謀團體에서 가지가지의 名目으로 나오는 苛捐은 鄕村과 都市의 貧困한 同胞를 울리고 있읍니다. 勤勞同胞들은 工場에서 終日勞役하되 糊口도 極難한 形便입니다. 學校는 門이 열려있으되 敎授는 不足하고 負擔金은 過重하여 純眞하고도 情熱에 타오르는 靑年 學生들의 가슴을 焦燥하게 하고 있읍니다.

發電所는 여러 곳에 있으되 石炭 不足으로 因하여 最大限度 能力을 發揮하지 못하고 北韓의 不足한 供電만 依賴하고 있는 까닭에 電燈과 動力은 停頓되는 때가 더 많습니다. 地下에 石炭은 相當히 埋藏되었다 하나 이것을 힘껏 採掘하지 못하고 있읍니다. 工場은 不少하게 있으되 이것을 運營하지 못하고 있읍니다. 鐵路의 增設은 姑捨하고 있는 列車도 運休 通告뿐입니다. 貨幣의 整理는 姑捨하고 紙幣는 必要한대로 찍어내기만 합니다. 謀利輩는 貪官汚吏와 勾結하여 經濟를 攪亂하며 可憐한 細民들의 피를 빨고 있읍니다. 그리하여 物價는 幾何級數로 올라만 가고 있읍니다.

그 中에도 가장 큰 缺陷은 過去에 倭敵에게 가장 忠良하던 走狗輩 富豪輩

412

等 特殊階級의 登用입니다. 그들은 最近 數年間에 벌써 軍政에 盤根錯節하여 가장 堅固한 勢力을 形成하였으므로 이제는 軍政當局이 그들을 左右하기보다 그들이 軍政當局을 左右하게 되었으므로 萬一 軍政當局이 그들에게 斷乎한 處斷을 하고자 할찐대 治安까지 考慮하지 아니할 수 없게 된 것입니다. 軍政當局이나 一部 우리 指導者間에 親日派 民族叛逆者의 處斷은 韓人의 獨立政府가 成立된 後에 할 것이라고 主張하고 있는 以上 그들이 如何한 名目이라도 假借하여 統一된 獨立政府 더구나 愛國者로서 組織된 政府의 樹立을 妨害할 것은 自然한 論理인 것입니다.

이것이 어찌 美國의 政策이며 하-지將軍의 眞意리까마는 이것이 우리 눈으로 볼 수 있는 現實인데야 어찌 하겠나이까? 그러므로 美軍이 占領하고 있는 獨逸에서도 日本에서도 다 進步와 發展이 있으되 오직 우리 韓國에서만 數年동안에 何等의 向上이 없는 것이 無理는 아닌 것입니다. 우리가 가보지 못하는 北韓에도 長短이 各有하겠지만 多數한 同胞가 南下하는 것을 보면 南韓보다도 더욱 慘澹하다는 것을 想像할 수 있는 것입니다.

先生이여 우리는 美蘇共委에서 이 矛盾이 解決되기를 希望하였읍니다. 그러나 美蘇共委는 도리어 우리에게 信託을 强要하다가 英勇한 우리 愛國同胞의 憤怒와 反對로써 失敗되었읍니다. 이에서 失望한 우리는 UN의 正義의 發動으로써 正當한 解決이 있기를 懇望하였읍니다. 果然 UN에서는 韓國問題에 對하여 冠冕堂皇한 決議案을 通過하고 그 結果로써 臨時委員團을 韓國에 派遣한 것입니다.

果然 그 委員團議長 메논氏는 그 委員團을 代表하여 歡迎會席上에서 或은 放送局에서 우리에게 굳은 言約을 하였읍니다. 말하기를「하나님이 合한 것은 사람이 나눌 수 없다.」「統一이 없으면 獨立이 없다.」「이번에 三八線은 期於히 撤廢하고 統一政府를 樹立하도록 하겠다.」하였읍니다. 그러나 一個月 後에는 그것을 잊어버린 듯한 行動을 取하였읍니다. 北韓에 入境하겠다는 書翰一通을 보낼뿐 入境 拒否가 있은 後에는 何等의 誠意있는 努力도 없었읍니다.

努力이 있었다면 뉴육을 來往한 것뿐이었고 成功이 있었다면 自己가 파키스탄의 分裂에서 맛본 苦痛을 우리에게 맛뵈려하는 것뿐이었읍니다. 이 分裂工作을 成功하는 데는 美國人이 製造한 「北韓에서 人民共和國이 樹立되었다.」는 謠言이 相當한 效果를 내었다는 것까지 率直하게 告白하였읍니다.

그 中에도 우리와 가장 길게 患難을 같이함으로써 親交가 깊은 中國의 代表가 南韓의 單選을 主張하여서 韓國을 宰割하는 것을 國際的으로 合理合法化하려 하는데 努力할 줄은 夢想도 하지 못하였던 것입니다. 中國의 內亂은 中國의 統一 妨害하고 中國의 威信을 國際的으로 墮落시키고 있거늘 우리 韓國에 同樣의 禍根을 심을 必要야 어디 있겠읍니까.

놀라운 것은 比律賓代表가 우리 韓國에 美國의 陸海軍基地를 建設하라고 主張한 것입니다. 그리고 또 워싱톤七日發 유피通信에 依하면 該地 消息通의 傳言으로써 「南韓政府樹立後에라도 一定한 期間은 美國의 保護를 繼續하리라.」고 하였으니 이것은 더욱 놀라운 것입니다. 그러면 南韓의 前途는 불보다도 환하게 보이는 것이며 UN 臨時委員團의 할 일이 무엇이라는 것도 豫測할 수 있는 것이지만 特別히 同病相憐의 處地에 있는 弱小國代表들이 이 工作에 重要한 俳優로 出演하는 것은 우리로서 理解하기 困難한 일입니다.

그들이 우리에게 恩惠를 베풀지 못할찐대 何必 우리 子孫萬代에 永遠히 忘却할 수 없는 怨恨이야 끼칠 것이 무엇이겠읏가? 先生이여! 그러나 이것도 感謝하다고 手舞足蹈하는 수많은 無恥之徒가 우리 안에 있는 바에야 誰怨誰咎하오리까. 四國信託이 싫다고 美蘇共委를 反對한 것이 愛國者라 한다면 UN의 協助下에 實施하려는 一國信託도 反對하는 것이 愛國者일 것입니다. 蘇聯만을 依存하는 人民共和國을 建設하는 것이 祖國을 分裂하는 叛逆者라고 規定하면서 自己自身이 南韓單政을 樹立하려 한다면 그것은 무엇이라고 規定하여야 옳겠니이까. 옛날의 保護條約을 贊成한 것을 賣國奴라 規定한다면 앞으로 오는 保護條約도 防止하는 것이 當然히 愛國者일 것입니다.

先生이여 先生은 祖國의 疆土를 守護하고자 坊坊谷谷에서 목이 터지도록

소리를 질렀던 것입니다. 祖國의 獨立을 完成하려고 氣疲力盡하였던 것입니다. 亡한 祖國을 光復하기 爲하여 萬里異域에서 東奔西馳하다가 不幸히 敵의 捕虜가 되어 囹圄에서 生命까지 빼앗긴 줄을 檀君의 子女로서는 다 알고 있나이다. 그러나 先生의 偉大한 精神과 英勇한 戰跡을 體得하는 者가 果然 얼마나 되겠나이까. 오늘 이자리에서 先生을 追慕하는 者 中에서는 先生의 발자취를 밟고 나갈 同志가 얼마나 되겠나이까. 바라건대 三千萬 各個의 腦髓마다 先生의 偉大한 精神을 注入하여서 祖國의 統一과 獨立이 完成될 때까지 英勇한 鬪爭을 繼續하게 하여 주사이다.

先生이여 옛날에는 祖國의 悲運이 當頭하면 愁雲이 全土에 瀰滿한 中에서 或은 痛哭 或은 殉死 或은 鬪爭等의 各種方式으로써 民族의 正氣가 表現되더니 只今에는 祖國의 危機를 談笑와 歡喜와 追從으로 맞는 者가 不少하나이다. 이러한 正視하지 못할 現象을 볼 때마다 金九도 一死로써 그들의 精神을 喚起하고자 先生의 뒤를 따르고 싶은 맘이 불현듯이 날 때가 한 두 번이 아니었으나 한갓 죽는 것보다는 殘命이 있을 때까지 좀더 奮鬪하는 것이 좀더 有效할가 하여 苟且히 生命을 延長하고 있나이다. 이것이 幸福한 듯한 때도 많으나 도리어 悚懼하고 苦痛스러운 때가 더 많습니다.

先生이여 國難에 良臣을 思한다 하였거니와 祖國의 危機가 漸漸 迫頭할쑤록 偉大한 指導者를 追慕하는 心懷가 더욱 懇切하나이다. 그러므로 이날을 當한 우리는 哀辭를 베풀어 先生의 가신 것을 슬퍼하기보다는 先生에게 오늘의 우리의 處境을 하소연하여서 우리를 引導하여 주시기를 懇願하고 싶읍니다.

先生이여 先生의 靈魂이 계시면 이날 이때에 편안히 누워계시지 못하리이다. 金九는 塗炭에 빠진 三千萬同胞 — 그 中에도 特別히 三八線 넘어 우리의 그리운 故鄕에 있는 可憐한 同胞를 代表하여 先生께 우리의 갈 길을 가르쳐 주시기를 懇求하나이다. 앞 山에서 杜鵑이 울면 先生이 부르시는 줄 알 것이요 뒤 窓에서 빗소리가 나면 先生이 오신 줄 알 것이니 꿈에라도 나타나서 우리의 갈 길을 일러주사이다.

先生이여 江山도 依舊하고 先生의 발자취도 宛然하건만 先生의 英姿만은 찾을 길이 없으니 서글픈 가슴을 어찌 鎭定하오리까. 滾滾한 漢江水가 다할찌언정 綿綿한 此恨이야 어찌 꿋이 있아오리까.

— 『김구주석최근언론집』

金九 先生 會見記: 我觀新「北方政權」
(1948. 9. 1)

九月一日 午前 九時, 京橋莊 二層 베란다에서 先生을 맛나뵙다. 肺炎으로 絶對 靜養 中이라고 들었는데, 健康을 다시 回復하신 듯 이날 初秋의 朝陽을 가득 밧으며 先生은 三四十卷이나 되염 즉한 『白凡逸志』 自著書册에 손소 먹을 갈아 毛筆로 卷頭마다 年月日과 함字를 自書記入하고 개섯다. "——히 親히 署名하심니까" 물엇더니, "써 달라고 하여서 이러케 쓰고 있지요" 하신다. 수전症도 別로 없고, 眼鏡도 안쓰섯다. 七十三歲라면 鶴髮倚仗의 老翁을 想像할일이로되, 先生의 氣力은 一見에 정정하서, 氣骨壯大한 軒軒丈夫로써 壯士의 일홈 날니든 靑年時節을 지금도 想像케한다. 新聞六號活字나 보실 때에 眼鏡을 쓰신다 할 뿐, 書案에는 市內의 여러 朝刊이 널려 있고, 册장에는 무슨 漢籍인 듯한 典籍들이 길길이 씨여 있다. 先生은 十餘年前 上海時節에도 雜誌「三千里」를 보섯다 말슴하신다.

北方政府의 壽命

問   南韓에서 「總選擧」와 「國會開設」과 계속하여 「獨立政府」가 서든 그
쁜으로, 北朝鮮에서도 끗끗내 「八,二五總選擧」가 이제 끗나고, 九月의 人民會
議가 열니어있고, 계속하여 獨立□樣이 서질모양인데, 이제는 한나라 안에 두
政府 期於히 서지고야 말게 되었읍니다. 北方政府서는 이 자리에 先生더러 오
셔달난 말슴이 업엇음니까.

答   最近까지 와 달라고 있었어요. 그러나 내가 무얼하러 가겠어요. 지
난번 四月의 平壤會談때에도 紐育 어떤 美國 新聞에서는 내가 平壤으로 가는
것이 「大統領하러」 간다고 떠들엇는데, 「大統領께」나 하러 내가 가겠어요.

問   大統領으로 推戴되시거든 就任하서서 北朝鮮을 있글고 南朝鮮에 부
처서 두쪽을 合體統一하면 조치안겟슴니까.

答   ……

問   北朝鮮政權은 압흐로 버틔어 나갈 것임니까.

答   하여 나갈 것입니다.

問   祖國의 完全統一을 보자면 앞흐로 한十年 計算하여야 되겠음니까.

答   아니, 그러케 아니 걸닐 것이오. 南은 南대로, 北은 北대로 하여 나
가다가, 전기는 한 機會가 있을 것이니, 그때 合쳐질 것이요, 統一의 길로 바
로 올케 잡아들 것이오.

問   그것은 美蘇戰爭을 利用한다는 뜻임니까.

答   아니요. 戰爭은 나지 안치요. 戰爭은 하고 싶허도 저이들이 準備가
되여 있지 않어서 戰爭은 못할 것이요. 그러나 國際的으로 어떤 큰 機會가 올
것이요. 外勢의 干與만 업다면 우리 同族끼리야 合치는 것이 그리 難事가 아닐
것이고…….

問   先生이 보기기에 北方政府를 領導해나갈 人才는 亦是 金日成氏라고

보심니까.

答　지난번 같을 때에 數次 만나 보앗는데 將來가 있는 사람 같더군.

問　金日成氏가 아니면 金枓奉氏 일넌지요. 그러나 年老할 터인데.

答　金枓奉氏는 上海때부터 오래된 親舊인데 나이도 나보다 아래지요, 그렇게 늙은 것이 아니지요. 그러나 그곳은 妙하여 實際는 七人會議라는 것이 있어서 거기서 모든 것을 決定하는 모양이더군. 七人會議 構成에 아라사사람이 셋이라든가, 넷이라든가, 그리고 남어지가 우리韓人들이라드군, 그러기에 金日成이나 金枓奉이나 다 맘대로 어디 하든가요. 지난번만 하여도 平壤서 내게 電氣를 꼭 보내준다고 하여노문 斷電하여버리고, 또 水利問題같은 것도…… 모다 約束한대로 안하거든. 그게 그 사람들도 맘대로 못하는 일인가봐요.

問　그러니, 오늘날 北方에 獨立政府가 서게 되었으니, 지난 봄 以來 南北協商이요 會談이요 한 것은 背信과 無力으로 結局 헛手苦가 되지 않엇슴니까.

答　南北會談이야 卽時로 한덩어리 된다하여서 그를 豫見 確信하고 한 노릇이 아니엇지요. 合倂 前後부터 日本人이 許多한 돈과 사람을 世界에 퍼내어 온갖 못된 材料만 골라 가지고 세계에 宣傳하기를, 韓國人은 이렇게 愚昧하여 獨立할 힘이 업고 몹쓸 民族이라고, 그러니까 强大한 나라가 保護하고 引導하여야 한다고 惡宣傳으로 일삼엇지요. 例컨대 우리나라 시골 녀자가 물동이 이고 젓통을 내노코 흔들거리고 가는 모양이라든지, 머슴아희가 지게 버서노코 大路邊 길가에 안저 꽁문이 내노코 이잡이 하는 꼴…… 이런 等等의 事實만 寫眞찍고 文字로 써서 작고 宣傳하엿단 말이요. 외국에 자랑할 조흔 美風良俗도 만코, 우리의 優秀한 文化도 文明도 만햇건만 이걸 다 덥허두고 이짓을 하엿지.

　그러더니 最近 數年사이에는 또 外國人들이 까닭잇서 우리 韓人들은 서로 싸홈만 한다고, 合칠 줄은 모르고 自己네끼리 밤낮 싸운다고, 저대로 내버

려두면 쬐고만 나라 한낫도 維持 못해갈 民族이라고 작고 宣傳이 시작된단 말이오.

그래서 우리 大韓사람은 서로 이러케 뭉칠수 잇다. 合하여 統一을 熱望하면서 살려는 國民이라는 것을 實例로 세상에 알려 노으려한 데에 目的이 잇섯지요. 外勢의 干與만 업다면 썩 잘 統一團合해서 사라갈 優秀한 民族임을 알니고 십허서 그리함이엿지요. 合倂 當햇든 사이의 日人의 惡宣傳도 씻처버리고, 그 先入見을 모다 씨처버리려고 해서……

蘇聯軍 撤退, 帝王政治와 大統領政治

問　　蘇聯軍은 北韓서 정말 撤退할 것 갓치 보심닛가.

答　　미더지질 안소. 南쪽의 美國軍隊를 뚜쳐내 떠나 보내려니까, 그 수작인 것 갓소. 나는 원 몬저 간다는 놈이 더 수상하고, 더 안 떠나더라니까…….

問　　「帝王政治」와 「大統領政治」의 優劣과 그 所感을 말슴들려주십시오.

答　　萬人이 다 살라면 民主政治의 길로 나가야지요. 大統領은 民意를 가장 尊重하는 政治를 하여야 함으로 大統領政治가 낫지요. 君主政治란 結局 專制政治에 떠러지기 쉬우니까.

問　　李朝時代의 帝王政治는

答　　朝鮮의 王權이란 甚히 微弱한 것이엇지요. 王이 제마음대로 하는 노릇이 몃가지 잇섯나요. 모다 領議政이 맘대로 하고는 잘못되면 責任만 王에게 둘너씨우는 것이 大多數엿지요.

問　　또 한가지, 王政이든 大統領政治이든 間에 萬百姓이 다 살아갈 수 잇는 「富의 均等」社會가 아니고는 안될터인데.

答　　名辭의 如何를 不拘하고 萬民共榮의 均等社會를 實現하는 原則 우에

우리 新國家의 目標를 두어야 할 줄 암니다.

問　　　우리나라 大統領制도 차츰 改正되어 「終身大統領」이 出現할 憂慮가
없음니까.

答　　　終身大統領은 絶對 안될 말이지요.

南方人, 北方人의 優劣

問　　　南北을 와락 해트러 노으면 南方이 北方을 못 當하리란 말이 잇슴니
다. 그것은 共産主義니 地方觀念이니 해서가 아니라, 民族의 氣質로 보아 그러
타고 하는데, 卽 西北五道人은 野性에 갓가와 勇猛스럽고 慓强하고 大膽한 氣
質과 體軀를 가저서 녜전날에도 西伯利亞나 滿洲 벌판의 獨立軍들이 西北男兒
가 만햇고 또 勇敢스러웟다 합데다. 그러니까 이제 三八線을 흐트러노코 實力
대로 살게 한다면, 李朝 五百年 사이에 벼슬 안식혀 주엇다는 復讐心으로서가
아니라, 事實上 朝鮮을 쥐고 흔들 者 西北人이란 說을 하는 이가 잇슴니다. 文
弱한 남방은 粗强한 北方에 壓倒된다 함니다.

答　　　녜전에 日本公事 井上馨이가 金玉均더러 日本이 出動하면 「서울은
三日이면 占領하겟고, 平壤은 석달이 걸리겟다」라고 말하엿다는데, 그때에 金
玉均은 平壤은 速히 떠러질넌지 모르나 서울은 그러치 안타고, 不幸히 短時日
에 떠러진다손치드래도 「平壤三日에 서울석달」이라고 對答하엿다는 말을 들
엇는데, 나는 金氏의 觀察이 올흔 줄로 아라요. 平壤사람은 긔운깨나 잘 쓰지
요, 힘센 것 갓지요. 平壤뿐아니라, 나는 녜전에 「仁川獄事」 시절에 이리저리
避해서 平安道 黃海道로, 여러 고을로 도라다니며 人心을 격거보앗는데, 욱!
하고 덤벼들어 힘깨나 쓰지만 西北人은 오래 가질안코, 또 標的이 그릇되어
빗나가는 일이 만해요. 智的으로 發達된 南方을 못 이길걸요. 그리고 나는 늘

하는 말이지만, 사람 쓸나거든 南쪽에선 兩班속에 人材가 잇고, 北쪽은 상눔
속에서 골라 볼라하지요. 南韓은 원체 兩班의 勢力이 크고 오래서 제소리나
하는 사람은 兩班들이엇고, 常人은 그 封建社會制度 때문에 그랫겟지만 無氣
力하고 屈從하고 膽小하고 허잘 것 업시 되엇단 말이요.

日本視察與否

問　　「日本」을 가 보신 적이 있슴니까.

答　　한번도 없었소.

問　　가보고 싶으지 안슴니까.

答　　갓가운 곳에 잇는 나라기에 한번 가보려고 작년 겨울에 旅行券을 請
햇더니「나와 日本」의 여러 가지 感情을 考慮하여서인지 東京의 맥아사 司令部
에서 듯지 안는다고 하여 中止하고 만 일이 있어요.

問　　이제는 新政府가 섯스니 外務長官의 힘으로 旅行券 쯤은 周旋될 터
이니 日本視察을 떠나심이 어떠함니까.

答　　글세요.

問　　日本에 對한 講和條約의 條件을, 重慶 當時의 重慶政府에서 어떻게
構想하섯슴니까.

答　　重慶臨政서는 없었소. 日本 降服이란 말도 그 瞬間은 잘 미더지질 안
었는데 講和條約을 미처 생각하였겟서요.

問　　大韓問題도, 極東問題도, 모든 世界의 問題도 모다 모스코-의 하늘과
華盛頓의 日氣에 달려있는데, 華盛頓과 모스코-에 가셔서 우리 當面한 이 國難
을 呼訴, 打開하면 어떠하리까.

答　　그런 政治的 使命이 아니고 그저 한 遊覽客으로 가보고는 십헛소.

死生觀, 其他

問　　先生의「死生觀」은 무어십니까. 그동안 너무도 여러차례의 죽음의
境地를 치르서□□□.

答　　나는 生命을 鴻毛같이 보오. 날개터럭같이 가벼운 것으로 아오. 큰
일을 當했을 때 더욱 그러케 생각이 들었소.

問　　一生中 가장 危機에 들엇다가「어허참 天命이니□엇구나」하고 생각
하신 적이 어뜬 때 임니까.

答　　일흔세 살 먹는 사이에 하도 죽을 곱비를 만히 거스니까, 어느 것이
라고 따러 말하기 어렵구려.

問　　徐博士가 가신담님니다그려, 나라가 獨立되었으니 흐트 든 志士와
愛國者들이 모다 먼곳에서 白骨을 무드려 채 祖國으로 차저오는 法이거든 八
十 老志士가 도로 떠나가심니다. 이러케 우리나라 現實이 차디차고 살기 어려
운 나라이엇슴니까.

答　　글세, 나도 어떻게 심심한 일인지요. 어제 저녁에 招待를 바더 作別
을 하고 왓는데. 그러나 그분 생각은 달느더군.「죽음이 □□ 아무데나 죽
으면 어더냐고. 나라의 獨立을 보앗으면 그만이지」하더군요.

問　　過般 平壤에 가섯을 때 北朝鮮 要人들과 지나시든 이야기를 좀 들녀
주십시요.

答　　내가 豫想햇든 것과는 퍽 親切□寧하게 굴더군요. 金日成氏나 朴憲
永氏나 金枓奉 等이 每日 한자리에서 이야기햇는데 나는 弄談삼아 그들에게
「平壤에서도 現在 宗敎自由는 認定한다는데 그대들은 어째서 基督敎를 迫害하
는가?」그들은「그게 무슨 말슴임니까? 누가 그럽듸까? 그런 일은 없음니다」.
나는 또「그래도 牧師들을 많이 下獄시켯단 말을 들엇는데?」그들은「千萬에
말슴임니다. 具體的 證據를 들어 말슴하세요」. 나는「글세! 그렇다면 고맙소.

그런데 曺晩植氏는 왜 監禁狀態에 두었소?」한즉, 「□□曺先生을 監禁하다늬
요? 이제 當場 이 자리로 모시어 올터이니 만나 보시렵니까? 정말 이제 即時
모□□리아니요」하매, 나는 曺先生을 만날 마음은 懇切하엿으나 或是 잘못하
여 내가 떠난 후 曺先生에게 □□□□□, 그들에게「아! 그렇다면 고맙소!
이제 당장 만나볼 것까지는 없소. 모든 말이 浪說이엇겟지!」하였다. 내가 平
壤을 떠나든날 나는 金日成氏다려「오늘 曺先生을 다리고 가고 싶으니 갓치
가게 해주구려!」햇더니, 金日成氏는 우스면서「아! 제마음이야 얼마든지 갓
치 가게 해드리고 싶습니다마는 어듸 제가 무슨 權限이 있어요? 駐屯軍 當局
의 諒解가 있어야 됩니다」하였다. 나는「그대들의 權限이 그뿐인가? 그래서
야 어듸 自主政權인가?」하며 弄談하엿다. 如何間 外軍만 다 나가면 우리사람
끼리는 妥協 못될 일이 없을 것을 더욱 느꼇소.

問　　　　北朝鮮 政治에 對하야는 特別히 觸感되신 点이 없으셨읍니까?

答　　　　나는 北쪽 가기 전에는 한가지 異常하게 생각한 것은 北에서 쪼껴나
는 사람들 中에는 돈 없는 사람들이 많은데 어째서 그런가 햇더니, 거기 가서
멋날 동안 좀 閑暇하여 낮잠만 자니 머리가 앞으고 해서 小說책이나 하나 사
오라고 햇더니, 李泰俊 作 小說을 한권 사왓소. 자세히 읽엇는데 그속에 北朝
鮮의 革新肅淸의 條件이 씨여 있어 잘 알엇는데, 即 有産者는 物質的으로 搾取
한 者로 比컨대 冷藏庫와 같이 冷酷한 存在이니 新社會에서 모라내야 할 條件
이고, 有産者가 아닌 所謂 道德的 精神的으로 支配해온 者는 모든 弊惡을 기른
溫床的 存在이니 亦是 新社會에서 肅淸해야 한다는 것이었소.

__『三千里』1948년 9월호

김구·김규식이 유엔사무총장에게 보낸 편지

영문 초본(1948. 9. 15)

Hon. Mr. Trygve Lie

Secretary General

United Nations Organization

Sir,

We, representing the Koreans who are inexorably dedicated to the task of achieving unification, independence and democracy, pay our highest respects to you and to all members of the United Nations General Assembly who have been exerting their efforts to establish permanent world peace and create everlasting human happiness. We offer our most heart-felt prayers for rapid and unobstructed advance toward the fulfilment of the U.N. aim.

We consider this opportunity to express our sincere aspirations, a supreme privilege and honour.

Thirty million Korean people all understand that no independence cannot be achieved without unification and that no existence worth maintaining can be acquired without full independence. This is the lesson we have learned from our bitter experience under the Japanese oppression during the thirty six years past. Furthermore, we have learned during the last three years that we cannot expect

economic survival, if South Korea and North Korea are not unified. All the Koreans except the communists, therefore, heartily accepted the resolution adopted by the United Nations General Assembly on Nov. 14, 1947 to the effect that a general election should be conducted throughout North and South Korea in a completely free atmosphere under the supervision of the United Nations Temporary Commission on Korea, and that the United Nations should help those elected representatives establish a unified, independent Korean government in accordance with the principle of national self-determination, totally devoid of foreign intervention (and trusteeship).

But, none of our mutual expectations have been realized. A separate government was established in South Korea. On Aug. 25, 1948 authorities in North Korea held an election which resulted in another government there. Thus the tension arising from the bisection of our country is aggravated by the recent developments in North and South Korea. The passions of our countrymen have mounted and, accordingly, mass bloodshed among our people is the constant vision before us. A surge of chaos in Korea, we foresee, which seriously threatens the peace of the whole world.

We earnestly believe that the meeting of the United Nations General Assembly being held at Paris will carry out the mission of the resolution adopted by the United Nations General Assembly on Nov. 14, 1947; and we, at the same time, ask you to remember that no Korean, if given the opportunity to express his own opinion freely, will call such a government as has been established in either half part of his fatherland the central government of his nation and admit that this separate government will give him happiness, security and equitable opportunity.

We request that you provide the occasion to hear more opinions from important Koreans in order to seek a genuinely constructive solution of the Korean problem.

This society intends to from (from the Korean nationalistic standpoint) a truly democratic government of an undivided nation in order to build a unified, independent and peaceful member of the family of nations. These are the opinions and hopes of the preponderant majority of the Korean people. In grave earnestness we appeal to you to seek means for the representations of this society to voice their opinions before the United Nations General Assembly.

We sincerely hope that your efforts in our behalf to have our request acceded by the United Nations General Assembly are successful, and that we may soon receive a favorable radiographic reply from you.

Wishing you and the General Assembly quick and permanent success,

We are, Honored Sir,
Sincerely yours,

Kim, Koo

Chairman

Society to Accelerate

Unified Independence

Kim, Pung Chun

Secretary General

Society to Accelerate

Unified Independence

Seoul, Korea

Sept. 15, 1948

__ 백범김구선생기념사업협회

Kimkoo's Statement to UNCOK on May 31

RG 59, 501. BB Korea, NARA, U.S.A

Enclosure No. 1 to despatch No. 327 dated June 6, 1949 from the American

Embassy, Seoul, Korea

The following is the text of Kim Koo's testimony before the United Nations

Commission on Korea on May 31, 1949:

I was hoping that UN Commission on Korea would; before asking me for

my opinions on the unification of Korea, clearly lay down its own plan for the

issue.

1. The United Nations will help Korea in the peaceful attainment of her national unification. However, it is hard to say anything as to how to attain national unification before it is made clear what an attitude the UN will take up toward the de facto regime in North Korea.

2. The freedom of speech should be assured to make it possible for the Koreans both in North and South to talk with each other in an effort to find out all the possible ways for peaceful national unification.

Therefore, I hereby reiterate my earlier hope that the UN Commission make public its plan and principle as to how it will help Korea to attain her national unification. I am here accepting the Commission's consultation request only for the purpose of testifying to the fact that all the Korean people both in North and South are anxious for the unification of their country.

I am here also to explain to the UN views universally held.

Regarding the question of the national unification: Unless the Soviet Union and North Korea agree on the principle that the question of Korean unification should be solved through the United Nations, the mission of the UN Commission on Korea will meet difficulties. It is therefore proper that the UN Commission should first exert its efforts to accelerate cooperation between the United States and the Soviet Union for the solution of the Korean problem. In the present situation it would be difficult to attain Korean unification without compromise between the US and the Soviet Union.

As methods of attaining the national unification, from the objective point of view, the following three should be taken into consideration:

(1) To elect 100 representative of North Korea and with them fill the 100 vacancies left in the National Assembly of the Republic of Korea for representatives of North Korea when on 10 May 1948 the general election was carried out under supervision of the UNTCOK.

(2) To carry out another general election both in North and South under the supervision of the UNCOK, so that the representatives of the National Assembly of the Republic of Korea will be newly elected.

(3) To carry out a general election both in North and South in accordance with the resolution passed in the UN General Assembly on 14 November, 1947.

From among the above three methods the UN Commission may choose one that the Commission deems most practicable. Were the first and second methods practicable, the question would be comparatively easy to be solved. As things stand, however, this is as hard to expect as one expects a miracle.

In my opinion, to open the door to a peaceful unification of Korea, a parley of civilian leaders in North and South, or, a joint Enclosure No. 1 to despatch No. 327 dated June 6, 1949 from the American Embassy, Seoul, Korea

conference of the representatives of political parties and social organizations, should, if possible, be held to work out practical ways of attaining the national unification of the nation. If better and fresh plans should be worked out in such a parley, it would be better for attaining national unification.

The present situation is that nobody is able to deny the existence of two

separate political regimes in North and South Korea. Therefore, to make it possible for the two extremes to approach each other and thus help as political powers while accepting the fair accompli in North and South, the political parties and social organization which do not directly participate in either of the two regimes should exert their efforts.

With the view of holding the parley or conference suggested above, the following can be taken into account as practical plans:

a. That civilian leaders or representatives of the political parties and social organizations in North and South shall participate in a North-South parley in their respective individual capacities and therein work with each other for drawing up a plan for national unification. (To avoid all the possible difficulties of formal procedures, representatives of the two regimes in North and South shall participate in the suggested parley also as individuals.)

b. That the suggested parley shall be held in Seoul.

c. That proceedings of the suggested parley shall be made public pending an agreement of those concerned.

d. That as soon as a principal agreement is reached in the suggested parley, the participants shall return to their respective original regions and thereafter endeavor to make possible a formal North-South Political Conference.

e. That the UN Commission on Korea shall help positively to provide the suggested parley with all the conveniences and conditions necessary for the sucess of the parley.

Regarding the measures that the government of the Republic of Korea has thus far taken up for national unification: It seems that so far nothing has been made public of the measures that the government of the Republic of Korea has thus far taken up for accelerating the unification of Korea. However, if the policy of the Republican administration is for the attainment of a peaceful national unification, the interference of the government with political parties and social organizations, and also with the press, in their lawful activities should, above all, be mitigated.

In April, 1948, I, together with Dr. Kim Kyusic went to Pyung Yang to participate in the North-South Joint Conference held there. Since then I have been making every possible effort to make possible the peaceful unification of North and South to be attained, by compromising with the leftists showing them a unified plan drawn up by the rightist. In the future, I will continue my efforts to talk with the leftists (North Korea) on the issue with the support of a wider rightist group behind me.

Regarding how to do away with social and economic obstacles: No obstacle is easy to be done away with, unless the 38th parallel barrier, Enclosure No. 1 to despatch No. 327 dated June 6, 1949 from the American Embassy, Seoul, Korea

the wall that was created with the partition of Korea by the US and USSR Occupation Armies, is lifted and also unless the atmosphere of tension cause by the frequently occurring clashes between the two armed forces in North and South is relaxed. Before the danger of military clash between North and South is lifted, it is impossible to accelerate the social and economic relation between

North and South. Such an issue also calls for a UN endeavor based upon cooperation between the US and the USSR.

Having divided Korea into two parts, then established separate regimes with separate armies respectively in North and South, and finally deciding to pull their respective armies out of North and South without solving the antagonism they created, the US and the USSR are going to commit the same blunder as that of a man when he is sneaking out of another's village after he has cause a quarrel among the villagers. Should a civil war break out, both the US and the USSR would be held responsible for it.

_ 『백범김구전집』 9

출전소개

- 신문

『경향신문』, 『대동신문』, 『독립신문』, 『동아일보』, 『민주일보』, 『서울신문』, 『신조선보』, 『우리신문』, 『자유신문』, 『조선일보』, 『조선중앙일보』, 『중앙신문』, 『현대일보』, 『호남신문』

- 정간물

『개벽』, 『대조』, 『민성』, 『백민』, 『삼천리』, 『새한민보』, 『한보』

- 단행본 및 자료집

『건국훈화』(장시화 편, 경천애인사, 1945)

『김구주석최근언론집』(엄항섭 편, 삼일출판사, 1949)

『남북 조선 제 정당 사회단체 대표자 연석회의 자료』(한국전쟁 당시 미군노획문서). 『북한관계 자료집』6(국사편찬위원회 편, 1988)에 수록되어 있음.

『담원정인보전집』(연세대출판부, 1983)

『백범김구전집』8~12권(백범김구선생전집편찬위원회, 대한매일신보사, 1999)

『자료 대한민국사, 1945. 8~1949. 6』1~12권(국사편찬위원회, 1968~99)

『전 조선 정당 사회단체 대표자 연석회의 보고문 급及 결정서』(평양: 인민위원회 선전국 편, 1948). 『한국현대사 자료 총서』13권(김남식·이정식·한홍구 엮음, 돌베개, 1986)에 수록되어 있음.

『진통의 기록: 전 조선 제 정당 사회단체 대표자 연석회의 문헌집』(박광 편, 서울: 평화도서주식회사, 1948). 김남식·이정식·한홍구 엮음, 1986, 『한국현대사 자료 총서』13권(돌베개, 1986)에 수록되어 있음.

『한국독립운동사 자료』2(국사편찬위원회, 1971)

『혈루의 고백』(김학규 회고록, 미출간 원고)

찾아보기

434